中共中央党校（国家行政学院）创新工程"文化体制改革研究"项目成果

文化建设
前沿问题研究

RESEARCH ON
THE FRONTIER
OF
CULTURAL
CONSTRUCTION

祁述裕　著

社会科学文献出版社
SOCIAL SCIENCES ACADEMIC PRESS (CHINA)

序　言

本书收录了笔者 2015～2018 年撰写的各类文章共 37 篇，以文化产业、文化市场、公共文化服务为研究重点。主要有以下内容。

第一，以年度报告的方式，对 2017 年、2018 年中国文化改革的重要事件分别进行了梳理和概述。

第二，对当代中国文化产业发展的特点进行了深入分析，提出"十三五"时期文化产业发展的主线是提质增效。笔者认为，当代中国文化产业园区的集聚发展呈现了企业集聚、项目集聚、要素和业态集聚等特点；把现代文化产业园区的特征概括为九点，并提出应重视网络空间的企业集聚。同时，本书探讨了文化消费的特点和规律。针对有研究认为我国文化消费存在巨大缺口的问题，笔者通过分析认为，文化消费存在巨大缺口的说法是不准确的，且容易产生误导。应准确认识文化消费的特点和状况，正确发挥政府在扩大文化消费中的作用。

第三，我国公共文化服务面临深刻转型。构建现代公共文化服务体系需处理好基本与非基本、共性与个性、管理与治理、政府与市场、中央与地方、事业与产业、网点与网络、建设与管理八种关系。笔者提出，基本公共文化服务既要做到标准化，又要做到多样化。公共文化硬件设施建设需要一定程度的标准化，但公共服务应适应不同区域、不同民族、不同人群、不同年龄对象的需求，提供多样化的文化产品。笔者认为，公益性文化单位不仅要提供普惠式免费服务，还应善于利用市场机制，为特定人群提供定制化、多层次的优惠服务。应打通文化产业和公共文化服务的任督二脉，文化事业与文化产业应该互相渗透和互相融合。

第四，应进一步放宽文化市场准入，扩大文化服务业开放。应顺应经济全球化、贸易和投资自由化便利化政策潮流，进一步提高文化服务业开放水平，提高中国文化市场国际化程度。笔者就放宽文化市场准入、扩大文化服务业开放提出了自己的思路。

此外，本书还探讨了文化管理体制改革、文化产业政策、国有文化企业经营机制、中国文化"走出去"等问题。相信读者阅后会有所收获。

随着我国从以工业经济为主向以服务经济为主转型，文化产业、文化市场在经济社会发展中的地位更加凸显，文化产业、文化市场研究更加重要。2020年是"十三五"收官之年，也是制定"十四五"规划的重要年份。总结过去、展望未来是2020年的一个重要特点。2020年1月5日，笔者在由中国文化产业管理专业委员会举办的第十七届中国文化产业新年论坛智库对话会上，做了题为《我国文化产业发展态势和任务》的演讲，从两个方面谈了笔者对中国文化产业发展的看法。

一 "十三五"时期文化产业发展的基本状况

总体来说，"十三五"时期文化产业的发展有喜有忧，有以下五个特点。

第一，文化产业规模不断扩大，对经济增长的贡献显著提升。"十三五"时期，文化产业占GDP的比重呈现逐年增加的态势，从2015年占GDP的3.97%增加到2018年占GDP的4.3%。

第二，文化产业结构进一步调整，文化服务业较快增长。文化产业包括文化批发零售、文化制造业、文化服务业三大板块。在这三大板块中，文化服务业增幅最为明显。2016~2017年年均增速为19.0%，明显高于文化批发零售业和文化制造业。以2017年为例。2017年文化服务业占文化产业增加值的比重为55.6%，文化制造业占比为34.8%，文化批发零售业占比仅为9.6%。规模以上文化企业数量和构成情况也说明了这一点。2018年，我国共有规模以上文化企业59908家，比2015年增长21.4%，年均增长6.7%。其中，规模以上文化制造业企业有19547家，比2015年减少了2.6%，占全部规模以上文化企业的比重为32.6%，比2015年下降了8.1个百分点；限额以上文化批发零售业企业有9655家，比2015年增长了12.0%，占比16.1%，比2015年下降了1.3个百分点；规模以上文化服务业企业有30706家，比2015年增长了48.6%，占比为51.3%，比2015年增加了9.4个百分点。

第三，文化产业投资规模持续扩大，公共文化投入增长显著。"十三五"以来，文化产业固定资产投资规模持续扩大，其中 2017 年文化产业固定资产投资额比 2015 年增长了 32.5%，年均增速为 15.1%，占全社会固定资产投资的比重为 6%。预计 2020 年我国文化产业固定资产投资额为 5.9 万亿元，比 2015 年增长 105%，文化产业固定资产投资额占全社会固定资产投资的比重为 6.8%。同时，一般公共预算在文化体育与传媒上的支出也不断扩大，2015 年为 3077 亿元，2018 年为 3522 亿元，预计到 2020 年为 4185 亿元。

第四，"十三五"时期居民文化消费支出总体不断提高，但占比偏低。以 2018 年为例，人均文化娱乐消费支出比 2015 年增长了 8.9%，近三年年均增长仅为 2.9%，增速比同期全部人均消费支出低 5.2 个百分点。文化娱乐消费支出占全部消费支出的比重，2018 年为 4.2%，低于 2015 年 4.8% 的水平。就是说，"十三五"期间人均文化消费支出占比不但没有增加，而且还在减少。

第五，文化贸易总体尽管保持顺差，但增长乏力。2018 年，我国文化产品进出口总额为 1024 亿美元，比 2015 年增长了 1.0%，年均增长 0.3%，增速比同期全部货物进出口低 5.0 个百分点；占全国货物进出口总额的 2.2%，比 2015 年下降 0.4 个百分点。文化产品贸易顺差为 827 亿美元，比 2015 年增长 13.5%。

需要强调的是，我国文化产品贸易保持顺差主要表现在文化制造业贸易的巨额顺差，而文化服务业则存在着明显的逆差。以 2017 年为例。我国文化制造业产品出口额为 881.9 亿美元，同比增长 12.4%，进口额为 89.3 亿美元，同比下降 7.6%，顺差为 792.6 亿美元；文化服务业产品进口额为 232.2 亿美元，同比增长 20.5%，出口额为 61.7 亿美元，同比下降 3.9%，逆差为 170.5 亿元。文化制造业产品在对外贸易上的顺差主要得益于劳动力成本低廉。文化服务业是知识产权密集分布的产业，是文化产业核心领域。在这个领域，我国国际竞争力不强的问题仍然没有明显改观。①

---

① 以上数据均来源于国家统计局。

二 我国文化产业的优势、问题和未来的任务

（一）我国文化产业的优势

我国文化产业的优势在哪里？笔者认为主要体现在四个方面。

第一，庞大的文化消费群体。2019 年我国人口约为 14 亿，人均 GDP 超过 1 万美元，正处于精神消费占比不断提升时期。文化消费群体庞大，文化消费市场极为广阔，这是中国文化产业发展最雄厚的基础，也是最大的优势。

第二，丰富的文化资源。我国历史悠久、地域辽阔，具有极为丰富的传统和地域文化资源。截至 2019 年，中国的世界遗产总数达 55 处，位居世界第一；入选联合国教科文组织非遗名录名册的共有 40 个项目，总数位居世界第一。我国作为多民族国家，民族文化的多样性也是我国的一大优势。同时，东中西部区域文化的差异明显。这些都是文化产业发展的丰厚滋养。

第三，文化业态的多样性。中国地域辽阔，经济形态多样，既有最前沿的互联网经济，也有传统原始的经济形态。从文化角度看，中国经济发展的这种不平衡性，为文化业态的多样性提供了丰厚的土壤；从互联网新媒体业态看，传统民间工艺节庆活动都能各得其所，尤其是生存发展的土壤。

第四，旺盛的创业热情。与其他领域一样，中国的文化企业家堪称世界上最勤奋的文化企业家群体。尽管中国始终存在文化市场波动大、文化产业政策不稳定、文化管理水平有待提升等问题，但总有一大批创业者投身于文化产业领域，这是中国文化产业发展的不竭动力。

（二）中国文化产业发展存在的问题

我国文化产业存在的问题主要有以下几点。

第一，过于看重文化产业对 GDP 的贡献率。许多地方政府之所以重视文化产业，主要是因为其寄希望于文化产业能够带动当地经济增长，但往往事与愿违。这是因为文化产业的大多数行业，往往是投资大、周期长、回报慢的行业，文化旅游业就是如此。实际上，文化产业具有综合价值，其突出体现在具有关联效应。文化产业不仅自身创造经济价值，还能够为

当地带来无形资产和综合效益。比如，彰显地方特色，激发城市活力，解决当地就业，等等。文化产业在这方面的价值比经济价值更具有持久性。这就需要地方政府以可持续发展的眼光和态度看待文化产业。

第二，同质化现象严重。华强集团的方特娱乐主题公园、宋城集团的"千古情"系列在全国密集布点，常常被媒体视为做大做强的成功范例。实际上，方特娱乐主题公园、"千古情"系列在中国城市过于密集的分布，是双刃剑，既有好的一面，也有很大的负面效应，容易造成中国城市文化的同质化。迪士尼乐园是全球最成功的主题公园，但迪士尼的全球布局十分谨慎，目前全球迪士尼乐园的数量也就六七家。主题公园、同一品牌的演艺系列在中国城市分布过于密集，消解了城市文化特色。这个问题应当引起关注。

第三，重视科技驱动力，对文化自身的驱动力重视不足。毫无疑问，科技对文化产业的推动作用是巨大的。活字印刷、电子技术、互联网的出现都带来了文化产业的革命性变革，并推动了文化产业的巨大发展。但文化产业的巨大发展并不仅仅依赖于技术的进步，文化自身的力量同样是文化产业发展的重要驱动力。新业态的出现，如中国传统社会元杂剧的出现、西方现代社会迪士尼主题公园的出现等，就带来城市文化市场的革命性变革。现在学界关注科技对文化产业的影响较多，对文化自身所蕴涵的力量缺乏足够的重视和研究。

第四，文化精品和品牌匮乏。我国文化领域，就产品数量来说在全球名列前茅，如2019年我国出版新书约20万种，电影产量上千部，电视剧约1.5万集。但无论是图书，还是影视产品，能称得上精品的还很少。以电影为例，近年来，尽管国产电影在国内市场的票房占比提升，但中国电影的海外票房惨淡，在国际A类电影节上几乎颗粒无收，与美国好莱坞电影、屡屡获奖的日本电影和韩国电影相比形成鲜明反差。图书的情况类似。以某出版社为例，该出版社以出版有学术含量的书籍而知名。2019年十大畅销书中，翻译类书籍占八本，由国内作者撰写的书籍仅占两本，中国出版图书状况由此可见一斑。由此可见，文化产业最紧迫的任务就是提升产业和产品的品质。

（三）需要更加理性地认识文化产业的特点和价值

近年来，文化产业研究与文化产业实践同行，取得了许多有价值的研究成果，包括对以下基本问题的探讨，匡正了以前一些似是而非的观点和看法。

1. 文化产业是不是新兴产业。一段时间以来，文化产业被定格为新兴产业、朝阳产业。从世纪之交推动文化体制改革，提出经营性文化产业的概念的角度，将文化产业视为新兴产业也未尝不可。但从更宏阔的历史角度看，这种提法是不准确的。

如果我们把"产业"理解为具有一定规模的同类型企业经济活动的集合，从这个角度看，唐代长安酒肆娱乐业就已经十分繁盛，这在唐代诗人的笔下有生动的描写。到了宋代，随着活字印刷术的发明，图书出版业已经有相当的规模。史书记载，当时凡社会上发生重大事件，半年至10个月，记载该事件的书籍就会面世，可见当时出版产业的发达程度。宋、元时期演艺业已有相当规模。据《东京梦华录》记载，当时北宋帝都汴梁有剧场50多家，最大的剧场可容纳数千人，并且这些剧场都十分活跃，每日观众盈座。可见，文化产业的发展有悠久的历史。

2. 文化产业是不是高增长产业。一段时间以来，人们都普遍认同文化产业是高增长产业。确实，从2004年国家统计局首次发布文化产业统计数据以来，文化产业都以明显高于GDP增速的速度发展。其中，2004~2012年是文化产业增加值增速最快的一个时间段。2004~2012年文化产业增加值年均增速为20.9%，同期GDP年均增速为16.2%，文化产业增加值增速高于GDP增速4.7个百分点。之所以有这样的爆发式增长，主要缘于文化体制改革、经济发展、产业政策、加入WTO扩大对外开放等方面的红利。

2012~2018年，文化产业增加值年均增速开始回落，年均增速为11.9%，高于同期GDP年均增速（8.9%）3个百分点，增速出现明显下滑。文化产业增速下滑，跟国民经济增速趋缓是同步的。我们研究发现，随着中国社会进一步由工业经济向服务经济转型，预计到"十四五"期末，文化产业的增速和GDP的增速将逐渐接近。另外，从国家统计局公布的文化产业九大分类看，不同类别发展情况有很大不同，同一类别差异也很大。以第一大类新闻信息服务为例。从2019年看，互联网信息服务固然仍保持较高增速，但报纸信息服务、广播电视信息服务等均出现负增长。可见，不分业态类别，笼而统之将文化产业视为高增长产业，也是不准确的。一段时间盛行的在经济不景气时期文化产业发展会"逆势上扬"、经济危机时期会出现"口红效应"等说法也被实践证明并不可靠，实际是一种似是而非的猜测。

3. 文化消费会不会出现井喷期。在看待文化消费上我们也有误区。一段时间以来，学界普遍认同一个观点，就是人均 GDP 超过 3000 美元以后，文化消费将进入井喷期。从 2007 年我国人均 GDP 超过 3000 美元，到 2019 年人均 GDP 超过 1 万美元，这 13 年间，随着国民收入的增加，文化消费总量确实在逐年增长。但这段时间居民人均文化娱乐消费占消费总支出的比重基本持平，并没有明显变化。如前所述，2018 年与 2015 年相比，居民人均文化娱乐消费占消费总支出的比重不但没有提升，反而在降低，文化消费井喷期并没有出现。由此可见，文化消费与经济增长并不是简单的因果关系。影响文化消费的因素有很多，除经济增长、人均 GDP 外，还有很多其他因素。就外部因素来说，还包括教育、住房、医疗、养老等因素；就内部因素来说，文化消费习惯、文化产品品质、文化服务质量等，都深刻影响文化消费心理和文化消费状况。

这些理论上的澄清，应该是"十三五"时期文化产业研究界的重大收获。理论是实践的先导。理论界准确把握文化产业发展状况，并做出符合实际的判断对文化产业健康发展至关重要。从文化产业发展实践看，学界的研究成果对文化产业政策的制定往往有着直接影响。正确的前瞻性观点会对文化产业发展起到有力的推动作用；相反，不切实际的提法，甚至是哗众取宠的观点，产生的负面效应也不可低估。

因此，文化研究者应该承担社会责任，学术研究应该为中国文化产业的健康发展、为中国文化市场的繁荣贡献力量。这也是笔者写作此书的目的。

是为序。

祁 进玉

2020 年 1 月 20 日

目　录

第一部分　文化政策和管理研究

第二部分　文化建设演讲

第三部分　文化发展短论

第一部分
文化政策和管理研究

创新文化管理体制　激发文化创造活力[*]

——2017 年文化改革发展报告

文化是一个国家、一个民族的灵魂，文化创造活力是判断一个社会生机和活力的风向标。激发文化创造活力、推动新时代文化繁荣兴盛的关键是深化文化体制改革、创新文化管理体制。本报告重点探讨创新文化管理体制、激发文化创造活力需要解决的若干问题。

本报告包括六个部分，分别是落实"放管服"改革精神，激发市场主体活力；健全文化领域法律制度，坚持依法管理文化；创新文艺管理理念和机制，促进文艺繁荣；放宽文化市场准入，构建公平竞争格局，扩大文化市场对外开放；创新文化生产经营机制，激发国有文化机构活力；正确认识文化安全，激发文化创造活力。

一　落实"放管服"改革精神，激发市场主体活力

近年来，为发挥市场在资源配置中的决定性作用和更好地发挥政府作用，党中央、国务院大力推动"放管服"改革，要求做到简政放权、放管结合、优化服务。在文化领域同样要落实中央"放管服"改革精神。对文化管理来说，"放"就是下放文化行政权，降低文化市场准入门槛，厘清多个部门重复管理的文化行政权；"管"就是文化行政部门要创新监管职能，利用新体制、新技术加强监管机制创新，促进文化市场公平竞争；"服"就是转变政府职能，减少文化行政部门对文化市场的干预和对市场主体过多的行政审批行为，降低市场主体运营的行政成本，激发市场主体

---

* 该报告收入张思平主编《2017 中国改革报告——改革在路上》（深圳创新发展研究院、深圳创新发展基金会编，2018），内容略有调整。

活力，提升创新能力。

在很长时间里，由于文化领域具有意识形态属性，广播、电视、出版等媒体行业实施的是特许经营体制，只允许国有文化单位运营；对文化内容产品的监管通常采取严格的前置审批的方式。近年来，随着改革开放的不断深入，文化管理方式也在逐步调整。比如，在落实中央"放管服"改革精神过程中，文化系统减少了许多行政审批事项。2012年，文化部共有13项行政许可项目。截至2017年9月底，文化部共取消3项、下放6项，取消和下放的项目比例达69.2%；中国文化艺术政府奖设置3个子项，分项由24个压缩至8个，评奖数量由530个名额减少到60个。① 与之前相比，文化领域的行政管理有了很大改进。但与其他领域相比，文化领域行政审批过多、市场准入门槛过高的问题仍很突出，文化领域落实"放管服"的任务仍十分艰巨。

（一）行政审批多，准入门槛高，文化市场主体负担重

以北京市中关村互联网教育创新中心为例。中关村互联网教育创新中心是全国首家互联网教育基地，自2014年6月挂牌成立后，吸引了70家互联网教育企业入驻，涵盖了学前教育、中小学基础教育、高等教育等众多领域，为全国的互联网教育产业发展乃至全国网络教育"双创"活动提供了可资借鉴的范式。

笔者在中关村互联网教育创新中心调研时发现，行政审批需要提交的资料多，对互联网教育企业行政审批手续烦琐、审批周期长的问题十分突出，企业对此颇有怨言。例如，申请互联网信息服务增值电信业务经营许可证（即ICP许可证），企业需要提交申请经营电信业务的业务发展、实施计划和技术方案，以及公司经会计师事务所审计的年度财务会计报告等15项材料，审批工作周期为60个工作日；信息网络传播视听节目许可证为省级、国务院两级审批，累计时限也为60个工作日；仅网络文化经营许可证的审批时限为40天。

---

① 《砥砺奋进的五年丨搭建"四梁八柱"、释放改革红利，十八大以来文化体制改革成效和文化法治建设成就显著》，搜狐网，2017年10月23日，https://www.sohu.com/a/199719723_155679。

再以网络视听业为例。我国网络视听产业发展迅速。过去 5 年，中国网络视频用户规模从 3.49 亿人增加到 5.65 亿人，增长了 62%；在线视频市场规模从 2012 年的约 90 亿元增长到 2016 年的 609 亿元，年均增幅超过 60%。网络视听产业成为培育新经济的重要引擎。

网络视听产业的快速发展与行政部门对该产业的较为合理的内容监管有很大关系。互联网兴起后，为适应网络文化产品更迭快速、信息量大等特点，鼓励互联网文化企业发展，有关管理部门对网络视听产品（网络自制剧、网络电影、网络综艺等）采取不同于传统影视产品的管理办法，由以前的审批制改为备案制。传统影视产品须通过由有关管理部门组织的内容审批，领取许可证，方可播出或放映；网络视听产品采取的则是"先审后播、自审自播"的做法。网络视听企业自制的网络剧，其内容审查改为由该网站审核员进行审定（审核员需接受国家新闻出版广电总局培训考核），无须报送有关政府管理部门审批；上线前需在主管部门备案，获得备案编号即可上线。有关部门主要是负责事中、事后监管。管理部门承担对网络文化产品的监管任务，凡网站自制剧播出引发异议的，由政府管理部门组织专家审核团队负责审核，并酌情做出处理。① 上述做法减少了内容审查的时间成本，提高了效率，激发了新兴网络业态的活力。

但近年来，随着网络视听产业在社会生活中的影响越来越大，对网络视听产品的审批有趋严的势头。2016 年，国家新闻出版广电总局《关于进一步加强网络原创视听节目规划建设和管理的通知》规定，从 2016 年 12 月 19 日开始，所有视频网站的网络大电影、网剧、网络综艺等网络视听内容，都须实行重点网络原创节目②备案登记制度。就是说，重点网络原创

① 参见 2012 年 7 月国家广播电影电视总局和国家互联网信息办公室联合下发的《关于进一步加强网络剧、微电影等网络视听节目管理的通知》（广发〔2012〕53 号）。该通知旨在引导和规范网络剧、微电影等网络视听节目发展。2014 年初，国家新闻出版广电总局印发了《关于进一步完善网络剧、微电影等网络视听节目管理的补充通知》（新广电发〔2014〕2 号），要求网络剧、微电影制作机构需要"持证上岗"，网站不得转发非实名用户上传的微电影。这进一步规范了视听新媒体平台下网络剧、微电影等网络视听节目的运营机制。

② 重点网络原创节目是指互联网视听节目服务单位招商主推的节目、拟在互联网视听节目服务单位网站（客户端）首页推广的节目、投资超过 500 万元的网络剧或者投资超过 100 万元的网络电影（微电影）、拟优先供网站会员观看的节目和互联网视听节目服务单位自愿备案的其他重点网络原创视听节目。

节目上线前需要进行"上线备案"和"规划备案"两次备案程序。在原有的"上线备案"程序之前,《关于进一步加强网络原创视听节目规划建设和管理的通知》增加了重点网络原创节目在创作规划阶段需进行"规划备案"的程序,取得规划备案号后方可进行上线备案。两次备案全部审核通过之后才可上线。

《关于进一步加强网络原创视听节目规划建设和管理的通知》发布后引起了一些网络视听企业的不满。按照它的要求,两次备案的审核周期均为 25 个工作日,总共需要 50 个工作日。这将大大延长网络视听产品的上线周期,不符合网络视听节目时效性强、更新速度快的特点,给企业造成不必要的负担。

移动游戏(又称"手机游戏")的管理也存在同样的问题。近年来,随着智能手机的普及和技术的进步,移动游戏快速发展。2017 年中国游戏市场实际销售收入达到 2036.1 亿元,同比增长 23.0%。其中,移动游戏市场实际销售收入占比 57%,实际销售收入达到 1161.2 亿元,同比增长 41.7%。中国移动游戏用户规模达到 5.54 亿人。中国已超越美国成为全球手机游戏第一大市场。①

2016 年 6 月 2 日,国家新闻出版广电总局发布《关于移动游戏出版服务管理的通知》(新广出办发〔2016〕44 号,以下简称《通知》)。为解决移动游戏市场粗制滥造、侵权盗版问题,《通知》对移动游戏上线运营设置了前置审批。《通知》要求移动游戏上线前必须从国家新闻出版广电总局申领版号,否则不允许上线;同时要求已运营的移动游戏必须在规定的时间里补办版号,否则将作为非法出版物处理。《通知》还规定,只有取得出版行政主管部门批准,取得网络出版服务许可证的出版机构和网络企业,才能办理申领版号的相关工作。

《通知》出台之前,国产移动游戏要上线运营需经历移动游戏企业自审、文化部备案和游戏平台测试三个环节,整个流程一个月之内即可完成。移动游戏上线运营后由文化市场执法部门负责监管。具体流程见图 1。

《通知》下发以后,移动游戏的监管产生了很大变化:第一,移动游

---

① 参见中国音数协游戏工委(GPC)、伽马数据(CNG)、国际数据公司(IDC)联合发布的《2017 年中国游戏产业报告》。

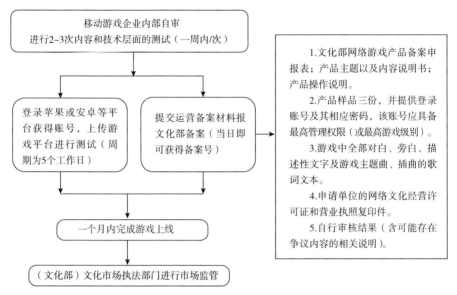

图 1 文化部国产移动游戏上线管理流程

戏由原先仅需在文化部备案调整为必须同时获得国家新闻出版广电总局的版号才可上线；第二，没有网络出版服务许可证的移动游戏公司，需要委托具有互联网出版资质的企业或者出版社进行内容审查，并提交所在省（自治区、直辖市）主管部门进行审批，通过后再报国家新闻出版广电局进行审批。移动游戏原来由事中、事后监管变成事前审批（见图2）。

《通知》发布后移动游戏管理存在三个问题。

第一，审批程序烦琐，不符合互联网行业的特点。《通知》将原先的备案制改为国家新闻出版广电总局和省（自治区、直辖市）有关管理部门两级审批制，审批程序烦琐。有游戏企业经营者反映，情景类游戏从企业申报材料到领取版号需要4～6个月，大致相当于一款畅销的移动游戏在市场上流行的时间。这大大延长了移动游戏产品的上线周期，无疑增加了企业的运营成本，与移动互联网娱乐产品时效性强、产品迭代快速的特点不相吻合。

第二，对中小游戏企业设置了歧视性准入门槛，增加了中小游戏企业的负担。《通知》规定，只有取得国家新闻出版广电总局网络出版服务许可的网络出版服务单位，才能办理申领版号的相关工作。这就意味着小微移动游戏企业研发的移动游戏要想上线，只能花一笔价格不菲的代理费，

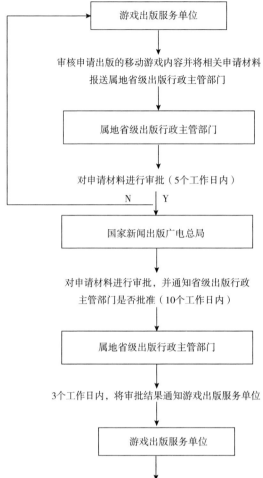

图2 国家新闻出版广电总局《通知》发布后移动游戏审批流程

委托具有网络出版服务许可证的网络出版服务单位代为申领版号，这无疑又增加了小微企业的负担。

第三，无法有效解决移动游戏市场粗制滥造、侵权盗版行为。国家新闻出版广电总局出台《通知》的初衷是要治理移动游戏市场存在的粗制滥造和侵权盗版行为。本意是好的，但实际上《通知》无法根本解决上述问题。首先，政府文件无法为娱乐产品的质量划定标准。手游市场的粗制滥造问题主要靠消费者"用脚投票"来解决。至于手游产品如存在色情、暴力过度乃至政治倾向问题，文化部采取的是备案制，网络平台同样适用，无须增加叠床架屋式的审批。其次，《通知》无法解决对侵权盗版行为的认定问题。认定手游市场侵权盗版行为，主要靠被侵权方的投诉和消费者的举报，版号审批部门是无法判定一款游戏是否存在侵权盗版行为的。而且，让民事主体采取自己维权的行为，成本最小，效果最好。

《通知》出台后，引起一些中小网络企业的不满，也受到学术界和媒体界的质疑。舆论普遍认为，在党中央、国务院三令五申强调简政放权、减少行政审批的背景下，《通知》却增设版号这种行政许可的做法明显不合时宜。

（二）减少行政审批，加强事中、事后监管，做到放管结合，优化服务

1. 尊重互联网产品特点

对网络文化产品监管趋严，其主要依据是网络视听产业管理要坚持线上与线下标准一致。但在调研中许多网络视听企业认为，坚持线上与线下一个标准主要是指文化内容监管，应该根据网络视听产品总量大、更新快、时效性强等特征，采取符合网络文化产品特点和规律的监管方式。

实际上，网络文化产品的海量内容使前置审批难度越来越大。以网络视听节目为例。网络视听节目的特点是数量大，种类多，增长速度快。据统计，2016 年，网络剧备案 4558 部，微电影和网络大电影备案 5556 部，娱乐类栏目备案数达 611 档 6962 期。其中，网络剧备案部数同比增长466%，发展迅速。海量的视频内容给监管带来了很大的压力。以北京市为例。北京有市属网络视听节目服务持证单位 123 家，占全国网络视听节目服务持证机构的近五分之一，而北京市新闻出版广电局投入网络视听节目备案审查的人员编制仅十余人，即便有外聘专家队伍来辅助审查，也很难满足迅速发展的产业需求。

2. 实行备案制管理

互联网文化行业迫切需要减少行政干预，减少对网络文化企业不必要的行政审批，降低网络文化企业运营的行政成本，激发其活力和创新能力。

第一，对提供互联网信息服务企业统一实行备案管理。目前，按照有关规定，我国互联网企业为上网用户提供的信息服务分为经营性和非经营性两类，国家对经营性互联网信息服务实行许可制度，即办理互联网信息

服务增值电信业务经营许可证，对非经营性互联网信息服务实行备案制度。实行许可制度是造成审批标准高、程序烦琐、审批周期长的主因。实际上互联网信息服务增值电信业务经营许可证的主要功能是溯源，即用以追溯提供互联网信息服务企业的基本情况、IP 地址等。目前通过备案管理完全可以满足对溯源功能的要求。因此，为减少行政审批，凡互联网企业申请开展互联网信息服务的，应统一采取备案管理制度，企业可自行决定开展经营性或非经营性互联网信息服务。

第二，对互联网文化产品实行备案管理。以移动游戏为例。如前所述，移动游戏具有市场变化迅疾、产品更迭速度快等特点。采取前置审批的做法，延长了移动游戏产品上线周期，增加了移动游戏企业成本，不利于移动游戏产业的发展。此前，国产移动游戏实行的移动游戏企业自审、文化部备案和游戏平台测试模式，重在加强移动游戏上线运营后的监管，监管情况良好。因此，建议取消移动游戏的版号审批，坚持实行备案制管理。针对移动游戏快速迭代的特点，坚持采取以事中、事后监管为主的监管方法，加大在移动游戏上线之后的日常监管力度，通过抽查、奖励举报、行政处罚等方式，规范移动游戏市场，营造公平竞争环境。

3. 利用新技术加强监管机制创新，积极探索监管的新模式、新方法

第一，充分利用互联网思维和方法监管网络文化产品，加强事中、事后监管，提高监管体系的信息化水平。这既应该包括通过线上监管系统对网络文化产品进行动态监测、举报投诉处理、线上听证、处罚公示等，也应该包括关闭违规网络文化企业和下线相关文化产品。

以网络直播业为例。2017 年，以网络直播为代表的网络表演行业成为网络热点，拥有广阔的发展前景。数据显示，我国在线直播平台数量最多时接近 200 家，网络直播平台用户数量达 2 亿，大型直播平台每日高峰时段同时在线人数接近 400 万。有业内人士预计，到 2020 年，网络直播行业总产值将达到 1000 亿元。① 但网络直播企业运营不规范，靠刺激性信息吸引点击量或打赏，低俗、庸俗、恶俗的现象时有发生。有关管理部门通过加强网上监控，采取清理行动，及时遏制网络直播业的乱象。仅 2017 年

---

① 《文化部处理 1 万多名 "网红" 网络直播缘何成为色情重灾区?》，人民网，2016 年 7 月 15 日，http://zj.people.com.cn/n2/2016/0715/c356505-28671999.html。

1～6月，各部门查处关闭违法违规直播平台73家，累计关闭9.1万个直播间，清理12万个用户账号，封禁了3.8万个违规主播账号，将1819名严重违规主播纳入永久封禁黑名单。①

第二，强化判例借鉴，建立监管大数据库。对网络文化产品实行前置审批之所以饱受诟病，其中一个重要原因是，审批标准只有原则性规定，审批尺度往往因人而异，导致审批结果的公正性无法保证。因此，利用现代科技手段，对已有监管案例进行积累并建立监管大数据库，对提高网络文化产品乃至各类文化产品的监管科学性具有重要价值。应积极推动建设文化内容产品特别是网络文化节目监管大数据库，并公开发布相关信息，使网络运营企业可以查询已有的相关判例和判罚数据，规避风险。同时，建立监管大数据库也有助于进一步明晰监管标准，降低网络视听节目监管中的主观性和随意性，使监管主体在有法可依的同时做到"有例可循"，尽量避免因监管者个人喜好判断而影响监管结果的情况发生。

4. 加强综合管理

第一，从分业管理转向综合管理。目前，我国文化领域实行分业管理。从国家层面看，由中宣部、文化部、国家新闻出版广电总局、国家互联网信息办公室、工信部、中国文联、中国作协等文化部门或社会团体按照文化行业的门类实行分业管理。分业管理的特点是采取分门别类式的管理，优点是责任明确。现代社会的发展以及科学技术的进步，使得新兴文化行业不断涌现，文化行业之间呈融合之势。传统的分业管理方式导致管理职能交叉、监管事项重合，增加了文化市场主体运营的行政成本，越来越不适应文化发展的要求。

以网络文化管理为例。目前，互联网文化企业经营需要领取四证，分别是互联网信息服务增值电信业务经营许可证、互联网出版许可证、信息网络传播视听节目许可证、网络文化经营许可证。这四个经营许可证的审批分别由工业和信息化部（省、自治区、直辖市通信管理局）、国家新闻出版广电总局、文化部负责。部门职能交叉，监管内容重复，事项界定不清晰。

以国家新闻出版广电总局颁发的互联网出版许可证和信息网络传播视

---

① 《"大撒币"狂欢背后：直播平台九成尸横遍野》，搜狐网，2018年1月11日，https：//www.sohu.com/a/216095317_570250。

听节目许可证为例。前者适用范围是"文学、艺术、科学等领域内具有知识性、思想性的文字、图片、地图、游戏、动漫、音视频读物等原创数字化作品",后者适用范围是"制作、编辑、集成并通过互联网向公众提供视音频节目,以及为他人提供上载传播视听节目服务的活动"。上述两证所监管的"音视频读物"和"视音频节目"是同一产品。再如网络文化经营许可证的适用范围包括所有互联网文化产品的制作、复制、发行、播放等活动,其对文化产品的界定并不清晰,与前述监管范围重复。这造成了互联网文化企业多头管理,相关证件需重复申请的现状。因此,有必要对互联网文化企业证照进行合并或两证合一,明确各种证件所适用的内容范围,合并相同的管理证照,减少或取消不必要的重复申请。

第二,加强行业自律,推进社会协同治理。党的十九大报告提出,要构建政府与社会协同治理的新模式,从管理向治理转型。社会协同治理,要求市场主体、社会组织、行业协会都应参与其中,实现文化共治。现在的网络直播生态欠佳,有些网络直播内容明显是"少儿不宜"。让未成年人远离网络直播,需要各大网络直播平台把好第一关。2016 年,多家从事网络表演的主要企业负责人共同发布《北京网络直播行业自律公约》,承诺所有主播必须实名认证,不为 18 岁以下的未成年人提供主播注册通道,这对净化网络空间起到了很好的作用。

二 健全文化领域法律制度,坚持依法管理文化

2017 年是我国文化领域法律制度建设取得明显成效的一年。2017 年先后通过或实施的文化领域法律有《中华人民共和国网络安全法》《中华人民共和国公共文化服务保障法》《中华人民共和国电影产业促进法》《全国人民代表大会常务委员会关于加强网络信息保护的决定》《中华人民共和国公共图书馆法》。这在很大程度上改变了长期以来文化领域"两部半法律"[①] 打天

---

① "两部半法律",一个是《中华人民共和国文物保护法》,一个是《中华人民共和国非物质文化遗产法》,半个是指《中华人民共和国著作权法》。《中华人民共和国著作权法》当中保护知识产权等内容跟文化发展息息相关,但该法律其他内容,如商标、专利等,跟文化领域关系不大。

下的局面。

尽管我国文化领域法律建设已取得显著成绩，但文化领域立法滞后、文化法制体系不健全的问题仍十分突出，与党的十九大报告提出的完善以宪法为核心的中国特色社会主义法律体系，全面推进依法治国的要求还有很大差距。文化领域的法治建设重点应加强四方面的工作。

（一）健全文化领域法律制度

第一，制定文化基本法。维护公民文化权利是文化建设的重要基础和前提，是党的十九大报告提出的以人民为中心的导向的重要基础和前提。维护公民文化权利首先要明确公民文化权利的内涵。我国宪法明确了公民的权利，其中包括文化权利。与很多国家类似，我国宪法对文化权利的表述只是原则性要求，较为笼统。许多国家以宪法为基础，制定了文化基本法，进一步明确公民文化权利的具体内涵，以此作为文化建设的基础。

以俄罗斯 1999 年修订的《俄罗斯联邦文化基本法》（以下简称《文化基本法》）为例。俄罗斯《文化基本法》明确了公民文化权利和政府文化职责。《文化基本法》明确公民享有 10 个方面的文化权利：创作权，个人文化独创权，文化价值知情权，人文教育权，艺术教育权，文化领域所有权，在文化领域创建组织、机构及企业权，在文化领域创建社会团体权，创作活动成果出口权，国外文化活动权。俄罗斯《文化基本法》也明确了政府在文化领域的八大职责，分别是文化保护和发展规划，保障公民参与文化活动、获得文化价值和财富，促进文化领域内慈善、资助、赞助事业的发展，保障所有文化活动主体的自由和独立性，遏制文化垄断，为优秀人才的自我实现创造条件，为俄罗斯联邦民族文化发展提供优先条件，文化统计。这就为制定相关文化政策奠定了基础。

第二，加快文化立法，重点解决立法缺失问题。我国文化领域还存在不少立法盲点，许多应该通过立法规范的文化领域目前还存在立法缺失的现象。如因缺少新闻法，在新闻报道方面对采访权、报道权与拒绝采访权、拒绝报道权，采访范围和隐私范围等都没有明确的法律规定。立法盲点多也表现在具体行业立法缺失上。以广播电视业为例。美国广播电视业出台了《公共电视法》《美国有线电视法》《儿童电视法》《广播电视反低俗内容强制法》等一系列相关法律。我国目前尚无相关法律出台。因此，应尽快出台文化产业促进法、演出法、出版法、文化市场管理法等文化法律法规。

（二）发挥法律规范文化活动的效用，做到宽严适当、明确具体

文化法治建设提速值得肯定，但如何发挥法律规范文化活动的实际效用，推动文化繁荣，更应该受到重视。我国文化法治体系建设中有一个值得关注的现象，就是有的文化法律颁布后，对其所涉及的文化活动并没有产生积极的推动作用。从某种意义上说，个别法律文本的制定变成一种可有可无的例行公事。

以《中华人民共和国电影产业促进法》为例。早在改革开放初期，电影界就呼吁要制定电影法。经过近 40 年的努力，《中华人民共和国电影产业促进法》终于于 2016 年颁布。这本来是一件值得文化界特别是电影界欣喜的大事，但实际上电影界对该法的颁布反应平淡。电影界普遍认为，该法在为促进电影产业发展提供法律保障方面的作用并不明显。

究其原因，一是该法在促进电影产业发展上的条文缺乏实质性的内容。电影产业促进法重在促进，但该法在促进电影产业发展上的措施不够明确具体。二是文化内容管理标准流于原则性描述，过于笼统，难以具体把握。该法规定了在电影内容上严禁出现的 13 类内容或镜头，如：

> 伤害民族感情，破坏民族团结；
> 渲染暴力、恐怖，教唆犯罪或者传授犯罪方法；
> 侵害未成年人合法权益或者损害未成年人身心健康；
> …………

这些原则本身无可厚非，但理解和把握却十分困难。比如，禁止在电影中"渲染暴力、恐怖"。有关专家认为，禁止在电影中"渲染暴力、恐怖"的表述过于笼统。为表现战争的残酷性，恰恰需要表现暴力的残酷和恐怖。比如，电影《芳华》中表现对越自卫反击战惨烈的情节和镜头，可以让观众对战争的残酷性有更直观的认识，这有积极的意义，就《芳华》电影来说，效果也是很好的。

这说明，仅仅出台文化法律还不够，还需要出台实施细则或通过判例来对法律文本进行具体的说明，以增强法律文本的可操作性。比如，应该

明确在什么情况下、对什么人禁止在电影中"渲染暴力、恐怖";同样,"伤害民族感情,破坏民族团结"的边界是什么,怎样的描写和表现算是伤害民族感情,破坏民族团结;等等。遗憾的是,尽管《中华人民共和国电影产业促进法》于 2016 年 11 月 7 日已经由全国人大常委会通过,从 2017 年 3 月 1 日起施行,但迄今为止尚未有细则发布的消息。类似的情况在文化领域其他相关法律法规中也都不同程度地存在。

（三）依法维护文化企业和文化工作者的合法权益

保护文化企业和文化工作者的合法权益,是制定文化法律法规的题中应有之义。尽管公司法中有明确的维护企业权益的条文,但在文化活动中,这些条文很少能被文化机构用来维护权益。实际上,文化企业的权益同样需要保护,它们的合理诉求同样值得重视。保护文化企业的合法权益,是激发文化生产者创造活力的基础性工作。

首先,凡涉及制定促进文化创造和生产的文化法律法规,应以维护文化企业的权益为出发点,以服务文化企业为主要目的。

以《中华人民共和国文化产业促进法（草案送审稿）》起草为例。近年来,相关文化管理部门在主持起草《中华人民共和国文化产业促进法（草案送审稿）》,笔者参与了相关研究和修改工作。笔者认为,《中华人民共和国文化产业促进法（草案送审稿）》应该把维护文化企业合法权益、服务文化企业作为核心内容。《中华人民共和国文化产业促进法（草案送审稿）》中关于文化产品和服务的内容审查标准应保持稳定、持续。由于产业发展、社会变动等客观原因确需对相关文化产品和服务内容审查标准进行修改的,须召开听证会听取相关文化企业意见,并向相关文化企业充分说明理由,修改方案应依法向社会公布。

其次,应保持政策法规的严肃性。就内容审查来说,经评审专家通过的文化产品,就应该是合法合规的产品。如果在播出、放映或演出过程中被禁止,有关管理部门应做出公开解释。同时,审查部门应承担一定的经济责任,作为对产品出品方的补偿。

最后,内容审查标准的变更不具有溯及既往的效力。因修改内容审查标准造成文化企业损失的,如果不涉及不可抗力的因素,应对企业予以适当补偿。

总之，要激发全民族文化创新、创造活力，很重要的一点，就是要约束权力，需要发挥市场配置资源的决定性作用和更好发挥政府的作用。

（四）依法对文化娱乐产品实行消费分级管理

2017 年《中华人民共和国电影产业促进法》实施。该法因没有涉及电影消费分级制问题而受到业内的吐槽。2017 年是国产移动游戏大放异彩的一年，移动游戏风靡世界，但也因许多未成年人沉迷其中而受到多方指责。对文化娱乐产品实行消费分级管理的呼吁再次成为话题。

当代社会，人们精神文化消费需求日趋旺盛，消费需求日趋多样化、个性化、差异化。满足人们多样化的文化消费需求，按照文化产品的不同特点，进行差别化管理，是文化管理科学化的必然要求。

对文化娱乐产品实行消费分级管理是国际通行做法，也是国内文化界多年来的呼吁，但因为种种原因在中国内地难以实行。从某种意义上说，对文化娱乐产品是否实行消费分级管理，是衡量一个国家文化市场成熟度的重要标志。

1. 对文化娱乐产品实行消费分级管理是国际通行做法

以电影为例。美国是最早进行电影分级的国家。从美国电影业发展历史来看，美国电影业经过了一个由行政审查到分级制的过程。20 世纪五六十年代以后，美国电影协会提出电影分级制，把电影分成五级：大众级、普通辅导级、特别辅导级、限制级、成人级。其主要是根据电影的暴力与性表现的程度等进行划分，并对每个类别作了界定。实行电影分级制，帮助消费者选择不同类型的电影，此举有助于消费者的身心健康。美国电影分级标准见表 1。

表 1　美国电影分级标准

级别	分级标准
大众级（G）	所有年龄均可观看，无裸体、性爱场面，吸毒和暴力场面非常少
普通辅导级（PG）	建议在父母陪伴下观看，基本无性爱、吸毒和裸体场面，即使有时间也很短，恐怖、暴力场面不超出适度范围
特别辅导级（PG13）	不适于 13 岁以下儿童，无粗野的持续暴力镜头，一般无裸体镜头，有时有吸毒镜头和脏话

级别	分级标准
限制级（R）	17 岁以下未成年人必须由父母或监护人陪伴才能观看，包含成人内容，有较多性爱、暴力、吸毒场面和脏话
成人级（NC 17）	17 岁以下的未成年人禁止观看。有清楚的性爱场面，大量吸毒、暴力镜头和脏话

美国电影分级的做法后来为世界绝大多数国家和地区所效仿。以中国香港为例。香港把电影分为三级（其中第Ⅱ级又分为 A 级和 B 级），其中，第Ⅰ级适合任何年龄人士观看，第Ⅲ级只准 18 岁及以上人士观看。香港电影分级标准见表 2。

表 2　香港电影分级标准

级别	分级标准
第Ⅰ级	适合任何年龄人士
第Ⅱ级	儿童不宜
第ⅡA级	儿童不宜，但建议家长指引
第ⅡB级	青少年及儿童不宜，但建议家长指引
第Ⅲ级	只准 18 岁及以上人士观看

电视也一样。20 世纪末，由美国广播电视协会（NAB）、有线电视/电信协会（NCTA）和美国电影协会（MPAA）共同制定了"电视家长指导原则"，即电视分级体系（TV rating system）。这一指导原则获得美国联邦通信委员会（FCC）通过和采用，电视分级制正式生效。① 根据《1996 年通信法案》规定，从 1998 年 2 月开始，所有在美国境内销售的 13 英寸以上电视机都必须装置一种可读取节目编码信号的 V - Chip（童锁），家长可以通过 V - Chip 选择家庭可以收看的电视节目。

① 美国电视节目的分级信息会在节目开始时显示在屏幕上，通常是在左上方，时间是 15 秒，如果节目时间长于 1 小时，那么在以后开始的每小时都要显示分级信息。美国电视剧分为 7 个级别，主要的 4 个级别包括：TV - G（suitable for all audiences），适合所有人群观看；TV - PG（parental guidance suggested），儿童需要在父母指导下进行观看；TV - 14（parental guidance suggested for children under 14），14 岁以下儿童需要在父母指导下进行观看；TV - MA（suitable for mature audiences），仅适合 17 岁以上成年人观看，1998 年 10 月以前使用 TV - M 标志。

世纪之交，随着网络游戏的快速发展，参照影视产品消费分级制，网络游戏消费分级制也应运而生。实行消费分级制，有助于消费者选择不同级次的文化产品。

人们往往以为，实行消费分级制会导致表现暴力和性内容的文化产品泛滥。其实不然。科学的管理在满足人们不同需求的同时，也在引导健康的文化消费。以美国电影为例。美国是最早实行电影分级制的国家。美国电影分了五级，最低级别的是大众级（G），最高级别的是成人影片（NC 17）①，就是17岁以下的孩子不得观看。在美国，如果一家影院要放 NC 17级电影，必须要查验每一个观众的可证明身份的证件，证明他必须满17岁。如果观众没有带相关证件而进电影院观看，若被警察查获，这家电影院会受到很重的处罚。此外，美国 NC 17级电影做广告，不能让未成年人在他的经过区域看到。可见，美国影院放映 NC 17级电影很麻烦，要增加检查相关证件的工作人员，还不能在公共空间做广告宣传。其实，对 NC 17级电影感兴趣的人群相对较少。所以，美国主流商业电影院基本不放映 NC 17级电影。相反，等级越低，观众越多。有统计称，实行电影分级制以后，美国历史上票房最高的前十部电影，都是大众级电影。中国香港实行电影分级制以后，一度成人电影盛行，但很快就回归常态。现在，主流影院很少放映成人电影。

电视也一样。规范公共广播电视频道的内容，有利于保持公共文化媒体的健康性。保持公共文化媒体的健康性，关键是要做到有法可依、赏罚分明。有别于我国文化管理上大多依靠"禁、查、堵"的做法，美国联邦通信委员会对公共广播电视内容管理严格，对低俗节目、不敬节目、淫秽节目内容有清晰的界定，其目的是让电视节目生产机构和播出机构有章可循。

又如，美国《儿童电视法》规定，商业电视台每周至少播出3小时儿童节目，含有色情、暴力的节目只能在0点至凌晨4点播出。从1998年始，法律要求所有电视厂商必须对13英寸电视内置"防暴力芯片"，密码由成年人掌握。此外，还对违规播出低俗内容者进行高额处罚。

---

① 就是中国俗称的"三级片"，"NC"即 No Children，就是17岁以下的孩子不得观看，"No"就是不得，这是一个禁止性的级别。

再如，2005 年美国国会制定了《广播电视反低俗内容强制法》，将违规播出低俗内容者罚金由每次违规罚款最高 3.5 万美元提高到最高 50 万美元，对特定违规案例的累计罚款可达 300 万美元。

美国《刑法》第 1464 条规定，禁止公共电视台播出含有"淫秽、亵渎或粗俗"内容的节目，违法者罚款高达 12500 美元或者最高两年徒刑，也可两罪并罚。

2. 我国影视娱乐产品迫切需要探索分级制

2017 年，冯小刚导演的《芳华》放映后，其中对越自卫反击战的情节反映了战争的残酷和血腥，给观众带来极大的震撼，由此也再次引发了在内地实行电影分级制的讨论。

在内地，有关影视娱乐产品实行分级制的呼吁一直没有间断。早在改革开放初期的 20 世纪 80 年代，《大众电影》复刊第一期就呼吁实行电影分级制。这方面的诉求几乎贯彻改革开放的全过程。

没有电影分级制的结果是不同年龄、不同类型的观众可以无差别地观看同一部电影。这些电影未必对所有人都合适。比如，电影《芳华》中反映对越自卫反击战的惨烈镜头对 13 岁以下少年儿童不一定合适。同样，冯小刚执导的另一部电影《老炮儿》男女主角的房事镜头，也同样不合适 13 岁以下的少年儿童。

实际上，如果用美国的电影分级标准来分，中国内地大部分电影基本上都要进入二级（即美国的普通辅导级和中国香港的第Ⅱ级）以上，中国内地也基本上没有 NC 17 级的电影。业界曾按照美国和中国香港评级标准对中国内地近年来部分电影进行尝试性评级，结果发现，相当一部分电影都是二级以上，需要对观众进行分级管理（见表3）。

表3　国产电影的中国香港/美国评级

电影	评级	电影	评级
《画皮2》	中国香港：ⅡB	《昨天》	美国：R
《一九四二》	中国香港：ⅡB	《洗澡》	美国：PG－13/中国香港：Ⅰ
《王的盛宴》	中国香港：ⅡB	《霍元甲》	美国：PG－13/中国香港：ⅡB
《白鹿原》	中国香港：Ⅲ	《南京！南京！》	美国：R/中国香港：ⅡB

电影	评级	电影	评级
《逆战》	中国香港：ⅡB	《风声》	美国：R/中国香港：ⅡB
《金陵十三钗》	美国：R/中国香港：ⅡB	《十月围城》	美国：R/中国香港：ⅡB
《龙门飞甲》	美国：R/中国香港：ⅡB	《功夫》	美国：R/中国香港：ⅡB
《新少林寺》	美国：R/中国香港：ⅡB	《疯狂的石头》	中国香港：ⅡB
《白蛇传说》	美国：PG-13	《2046》	美国：R/中国香港：ⅡB
《武侠》	美国：R/中国香港：ⅡB	《集结号》	中国香港：ⅡB
《让子弹飞》	中国香港：ⅡB	《投名状》	美国：R/中国香港：ⅡB
《叶问2》	中国香港：ⅡB	《活着》	中国香港：Ⅱ
《非诚勿扰2》	中国香港：Ⅰ	《英雄》	美国：PG-13/中国香港：ⅡB
《大兵小将》	美国：PG-13/中国香港：ⅡB	《大红灯笼高高挂》	美国：PG
《赵氏孤儿》	中国香港：ⅡB	《菊豆》	美国：PG-13
《狄仁杰》	美国：PG-13/中国香港：ⅡB	《秋菊打官司》	美国：PG
《剑雨》	美国：R/中国香港：ⅡB	《摇啊摇，摇到外婆桥》	美国：R
《苏乞儿》	美国：R/中国香港：ⅡB	《满城尽带黄金甲》	美国：R/中国香港：ⅡB
《斗牛》	美国：R/中国香港：ⅡB	《三枪拍案惊奇》	美国：R/中国香港：ⅡA
《霸王别姬》	美国：R	《紫蝴蝶》	美国：R
《可可西里》	中国香港：ⅡB	《十七岁的单车》	美国：PG-13

网络游戏作为大众娱乐方式，同样迫切需要实行分级管理，这有助于防止暴力等内容对未成年人产生负面影响。

多年前，我国相关行业协会已经研究并发布了网络游戏分级制度，如

2004 年 9 月中国青少年网络协会与游戏工委联合推出的国内第一套以游戏推广为目的的游戏分级制度《中国绿色游戏评测与推荐制度》。该制度将游戏划分为 5 级，分别为"全年龄段""初中生年龄段以上""高中生年龄段以上""18 岁年龄段以上""危险级"。无论是游戏评定标准还是评定程序等均较为成熟，基本能够作为推行的基础。

三　创新文艺管理理念和机制，促进文艺繁荣

繁荣文艺产品创作和生产历来是文化建设的核心。近些年来，我国文艺创作和生产十分活跃，出现了不少好作品。但正如习近平同志所指出的，两"缺"的问题仍很突出：一是有数量缺质量，二是有"高原"缺"高峰"。① 我国文艺创作和生产与人民对美好生活的需求还有很大差距，中国文艺产品的国际竞争力和影响力还不强。要改善这一现状，需要坚持以人民为中心的创作导向，创新文艺管理理念和机制，重点是从两个方面入手：一是加强现实题材创作，推动艺术创新；二是尊重文艺特点和规律，坚持科学的文艺作品评价标准。

（一）加强现实题材创作，推动文艺创新

文艺是时代的一面镜子。衡量一个时代文艺繁荣与否，文艺成就的高低，很大程度上是看其反映当代现实生活、表现人民群众喜怒哀乐的广度和深度。历史上的伟大诗人和作家如杜甫、曹雪芹等，他们的作品都因深刻表现其所生活时代的矛盾和冲突而成为不朽之作。

以影视业为例。2017 年我国影视业现实题材的影视产品明显增加。2017 年初，湖南卫视黄金时段播出的电视连续剧《人民的名义》，制作精湛，收视率高，引起了社会的热议。随后播出的电视连续剧《欢乐颂 2》，也以细腻地表现当代都市女性的生活和情感而获得观众的好评。2017 年现实题材的电影产品迭出，包括冯小刚导演的电影《芳华》，以反映底层女性生活艰辛、揭露官商勾结为题材的电影《嘉年华》。

---

① 《习近平关于社会主义文化建设论述摘编》，中央文献出版社，2017，第 154 页。

1. 现实题材少，文艺类型失衡问题突出

尽管 2017 年我国影视产品在现实题材上有所拓展，但现实题材少、文艺类型单调的问题仍很突出。以影视题材为例，目前，影视题材选择上存在"四多四少"现象："四多"即抗战神剧多、宫廷题材多、娱乐题材多、玄幻题材多；"四少"即现实题材少、民生题材少、重大问题题材少、少数民族题材少。

有学者对 2017 年 7 月国内 40 余家卫视黄金档电视剧的题材进行了分类整理（见表 4）。

表 4　2017 年 7 月全国卫视黄金档电视剧题材统计

单位：家

题　材	数量
抗战	19
都市言情	9
古装	8
现当代军事	3
革命领袖人物传记	2

从表 4 可见，7 月份黄金档播出电视剧的题材只有 5 种，分别是抗战、都市言情、古装、现当代军事、革命领袖人物传记。其中，播出抗战题材的 19 家，播出都市言情题材的 9 家，播出古装题材的 8 家，播出现当代军事题材的 3 家，革命领袖人物传记题材的 2 家。

当代社会正经历深刻转型，社会深刻变革为艺术表现提供了无比丰富的题材，比如城市化、农民工、留守儿童、教育等，这些既是社会转型过程中发生的重大矛盾，也是关系人民群众切身利益的现实问题。

将我国影视题材类型与影视发达国家相比，就更能看出在题材涉及面上的差距。2017 年，笔者把中国近 5 年影视作品所表现的题材与美国互联网电影资料库（IMDB）① 网站排名前 200 位的电影、韩国近 5 年电影票房排前 50 位的电影的题材做了比较，发现近 5 年我国影视在七大类型（题材和内容）上没有涉及或很少涉及（见表 5）。

---

① 美国亚马逊网站下属一家公司，简称 IMDB，是专门发布有关电影信息的网站。

表 5　近 5 年中国电影未涉及或很少涉及的类型（题材和内容）

题材	美国	韩国
涉案题材（真实案件、监狱、黑帮、犯罪）	《肖申克的救赎》《教父》《后窗》《七宗罪》《沉默的羔羊》	《杀人回忆》《金福南杀人事件始末》《恐怖直播》
对法律和社会问题的反思	《达拉斯买家俱乐部》	《辩护人》《熔炉》《素媛》
科幻片（超级英雄、太空探索）	《星球大战》《星际穿越》《独立日》《钢铁侠》	《超能力者》
宗教（民族）	《聚焦》《但丁密码》	《密阳》
历史、战争反思话题	《现代启示录》（越战）	《鬼乡》（"慰安妇"题材）
灾难（自然灾害、僵尸、鬼怪、世界末日）	《2012》《后天》《末日崩塌》《我是传奇》	《汉江怪物》《釜山行》《雪国列车》
爱情（有情色成分、儿童情感、同性恋、婚外恋等）	《人鬼情未了》《这个杀手不太冷》《断背山》	《小姐》《王的男人》《失乐园》

资料来源：美国互联网电影资料库（IMDB）排行榜和韩国近 5 年电影票房排行榜。

从表 5 可以看出，我国影视作品在上述七大类型（题材和内容）中存在着明显的缺失现象，这七大类型大都是国际影视业的热点。以涉案题材为例。涉案影视剧以情节生动、深刻揭示人性、多方面反映社会生活等特点而成为热门题材，历来是最受欢迎的类型片之一。美国互联网电影资料库排行榜由观众对历年来放映的电影进行评分，其中评分超过 9 分的仅有 3 部影视作品，这 3 部均为涉案题材，分别是《肖申克的救赎》《教父 1》《教父 2》。可见，涉案题材在文艺作品中具有特殊地位。我国传统戏曲中也有不少涉案经典剧，如《窦娥冤》《杨乃武与小白菜》等。我国当代影视剧固然也有涉案题材作品，但数量较少。

2. 减少行政干预，完善文艺产品内容审查机制

长期以来，我国影视剧的放映或播出，实行的是对内容进行事先审查和发放发行许可证制度。尽管学术界对这种对内容进行事先审查的做法有争议，但就目前来说还是有其合理性的。事先审查可以保证影视剧等大众文化产品不出现突破政治底线、有损民族团结等问题。

同时也要看到，近年来，随着简政放权政策的施行，影视剧的行政审批也在减少。比如，电影审批程序不断简化。以前，我国电影实行的是配额制。拍电影受许可证限制，就是发多少许可证，拍多少部电影，后来逐步取消了指标限制。又如，以前向国家广电总局申请拍电视剧需要提供成熟的剧本，后来只提交故事梗概即可。又如，20 世纪 90 年代，我国对电视剧播出的审批制进行了改革，从原来由国家电视剧管理部门负责审批改为由省一级相关部门进行审批，只有重大革命题材仍由原国家电视剧管理部门组织专家进行审定。如此等等。

但总体来说，在内容审查上行政干预略多，进一步减少行政干预，完善文艺产品内容审查机制，是激发创新创造活力、繁荣文艺需要解决的一个问题。

以反腐涉案剧为例。2017 年上半年播出的电视连续剧《人民的名义》，被称为"15 年来第一部黄金时段播出的反腐涉案电视连续剧"。就是说，反腐涉案剧曾是电视台黄金时段出现过的电视题材，只是最近 15 年，此类题材的电视连续剧在卫视频道黄金时段消失了。

实际上，在世纪之交，我国卫视频道曾经历过涉案题材的"电视剧热"。这种现象引起了管理部门的担忧：一是担心屏幕上过多的案件、犯罪场面会让观众不安和误解；二是认为有的反腐涉案剧制作存在粗制滥造、水平参差不齐的问题。为此，21 世纪初，管理部门先后三次对反腐涉案剧进行调控。

第一次是控制反腐涉案剧的数量，手段是在题材规划时严控涉案题材电视剧，将反腐涉案剧审批权从省级机构收上来，重新由国家电视剧管理部门负责审定，其目的是对反腐涉案剧数量进行严格限制。

第二次是对创作方法、表现手段进行限制。原国家广电总局和公安部联合发布了通知，明令禁止以纪实方式展示作案过程和侦破过程，防止可能帮助犯罪嫌疑人形成反侦查意识并掌握反侦查手段现象的出现。

第三次是规定反腐涉案剧不准进入黄金档时间段。经历了前两次调控，对涉案题材的调控仍然没有达到预期效果。于是，2004 年，国家广电总局规定，卫视黄金时间不得播放"凶杀暴力涉案剧"。这一条政策"杀伤力"最强。从此，反腐涉案剧在电视剧类型系列里消失了，因为黄金档不让播出等于掐断了电视剧制作的资金来源。黄金档不让播出意味着没有多少观众收看节目，没有足够的观众收看节目就意味着不会有企业赞助、广告支持。从那以后，反腐涉案剧的生存空间基本上局限于地方电视台、网络等。

2007 年电视剧管理部门对卫视黄金档播出的电视剧又做了进一步的规定，卫视黄金档只能播放主旋律作品。从此，在卫视黄金档，观众再也看不到除了主旋律题材警匪片之外的其他涉案题材作品了。

多年来，电视剧管理部门在对电视剧进行事先审查中归纳出 60 多条是非判断的具体标准，这些标准是经验的积累，如同负面清单，提醒电视剧制作机构、制作方需要注意的一些方面，有很大价值。问题是，这些具体标准应该与判例结合起来才能更好发挥可供借鉴的作用，如果仅仅是一些原则性规定，在审查过程中就难免出现把握失衡的问题。

3. 取消"部门一票否决"

"部门一票否决"是指凡影视剧涉及的题材须由分管部门进行审定，如涉及民族、宗教的须由统战部审定，涉及公安机关的必须由公安部审定，涉及教育的必须由教育部来审定等。"部门一票否决"是题材拓展的一大障碍。

不同部门由于工作性质不同，评判文化产品肯定有不同的视角，标准也肯定有差异。政府部门的工作是政治把关，其视角、标准与艺术视角、标准肯定有差异，也严格很多，可能导致有些影视作品难以过关。应该说，对于一些敏感题材或敏感内容，职能部门参与审定有其合理性，也是必要的，其意见很有参考价值；但职能部门的意见不能代替文艺评价，不应赋予行政部门一票否决的权力。

凡此种种都说明，激发文化创新创造活力，迫切需要进一步完善影视剧内容审查机制。

（二）尊重文艺特点和规律，坚持科学的文艺作品评价标准

文艺产品的评价标准是个重大问题，与促进文艺繁荣息息相关。

1. 把握文艺特点和规律，坚持科学的文艺作品评价标准

艺术有其自身的特点和表现形式。

第一，文学是人学。文艺的基本特点是表现人性，文艺家从人性的角度观察社会和人生。文艺从人性的角度观察社会和人生这一特点，使得文艺与政治评价有不同的观察视角，呈现不同的情感态度。《兵车行》暴露了当时征兵打仗给普通家庭带来的不幸，据此可断定杜甫否定唐代对外战争的正义性。

比如，2017 年由冯小刚导演的电影《芳华》上映。这部影片中反映对越自卫反击战的情节和镜头时间不长。电影呈现战争残酷性、我军伤亡惨重的镜头，给观众以很强烈的情感刺激并留下了深刻印象。尽管电影并没

有正面解说这场战争的正义性与否，但观众对电影中这样的情节和镜头还是予以理解和认可。

第二，文艺的特点是表现具体的人和事。文艺汲取的是生活中的个案经验，不能简单地与政治理念相对应。用政治教科书的标准衡量文艺作品，往往犯削足适履的错误。以陈忠实 20 世纪 90 年代出版的著名小说《白鹿原》为例。这部小说出版后，以其深厚的历史感和高超的艺术价值受到读者好评，但小说中的有些人物描写和情节仍然受到一些批评，比如小说描写地主老财与长工成了莫逆之交，又如描写革命者在当时"左"倾路线中被打成"反革命"，蒙冤屈死，有的甚至被活埋等。这些描写被指责为混淆阶级矛盾，抹黑我党革命历史。因为《白鹿原》有上述不符合主流政治理念的描写，当时影视管理部门有人断言，小说《白鹿原》永远也不会被改编成电影。时过境迁，现在我们再重新审视当年的这些批评，就会有一种纯粹从政治角度评判小说、把文学的个性描写等同于政治理念之感，其观点是经不住推敲的，当年有关管理部门的断言也失之草率。

第三，文艺形象大于理念。文学的特点是形象描写。衡量文学的价值主要是看其表现的生活和人物形象的真实性和丰富性。文学形象当然包括作家的政治态度和作品所反映的政治态度，但远不是政治态度所能概括的。莎士比亚和巴尔扎克是马克思、恩格斯非常欣赏的两位欧洲作家，从政治态度上看这两位作家都属于保皇派，但他们的作品表现了异常丰富的社会生活，表现了生活自身的演进逻辑，超越了其政治观念的束缚。这就是文艺的价值和魅力所在。正如恩格斯所说，巴尔扎克《人间喜剧》给我们提供了一部法国社会特别是巴黎上流社会的卓越的现实主义历史。在政治上属于保皇党的巴尔扎克，虽然他的同情是在注定要灭亡的封建贵族方面，但他却辛辣地嘲讽了他们，并歌颂了当时代表历史前进方向的共和党英雄。

2. 鼓励文艺家追求先进理念与艺术表现力的统一

我们讲要尊重艺术的特点和规律，讲文学是人学，讲形象大于理念等，并不意味着艺术家不需要先进理念。伟大的作家大都追求先进理念和艺术表现力的统一，优秀的艺术作品大都重视表现先进的思想观念和反映生活的丰富、深刻度的有机统一。因此，应该鼓励艺术家追求先进理念与艺术表现力的统一。对艺术家来说，应该把追求先进理念与艺术表现力的统一作为自己的人生追求和艺术追求。

四　放宽文化市场准入，构建公平竞争格局，扩大文化市场对外开放

党的十九大报告指出："清理废除妨碍统一市场和公平竞争的各种规定和做法，支持民营企业发展，激发各类市场主体活力。"2017 年发布的《国家"十三五"时期文化发展改革规划纲要》也强调："降低社会资本准入门槛，鼓励和引导非公有制文化企业发展。"创新文化管理体制、激发文化创造活力迫切需要落实坚持权利平等、机会平等、规则平等，废除对非公有制经济各种形式的不合理规定，消除各种隐性壁垒，制定非公有制企业进入特许经营领域具体办法的中央精神。

（一）放宽文化市场准入，构建公平竞争格局

首先要放宽国内文化市场准入，努力构建公平竞争的市场环境。

1. 引入社会资源，引进竞争机制，促进媒体业发展

为维护意识形态安全，新中国成立以来，我国广播、电视、出版等媒体领域实行特许经营，授权国有文化单位经营，其他行业的资本和民营资本均不得进入。随着互联网新媒体的出现，媒体格局深刻调整，年青一代将新媒体作为获取信息的主要渠道，传统媒体逐步从主流走向边缘，影响力逐渐下降，舆论引导能力越来越弱，出现了传统主流媒体无法掌控主流舆论的困局。

近年来，中央积极推动媒体改革，包括推动传统媒体和网络新媒体融合、[1] 推进媒体结构调整和融合发展、打造一批新型主流媒体和媒体集团等。[2] 在国家层面，中央电视台、中央人民广播电台和中国国际广播电台合并重组。

---

[1]　2014 年 8 月 18 日，中央全面深化改革领导小组第四次会议审议通过了《关于推动传统媒体和新兴媒体融合发展的指导意见》，明确要求在新形势下，着力打造一批形态多样、手段先进、具有竞争力的新型主流媒体，建成几家拥有强大实力和传播力、公信力、影响力的新型媒体集团，形成立体多样、融合发展的现代传播体系。

[2]　参见《国家"十三五"时期文化发展改革规划纲要》。

上述举措都是适应媒体格局深刻调整的正确之举，但应该认识到，传统媒体改革仅仅靠盘活内部资源是远远不够的，还要引入社会资源，引进竞争机制。

就打造一批新型主流媒体和媒体集团来说，我们应该从更开阔的视野来看待中国媒体产业，应该打破国有、民营的界限看待中国媒体业。在传统媒体时代，主流媒体和媒体集团地位的确立是靠特许经营来实现的，但在互联网时代，主流媒体和媒体集团地位的确立将更多是市场和受众选择的结果。在传统媒体和网络新媒体双峰并立的今天，只要能够表达好国家话语，传播好社会主义核心价值观，有市场竞争力，有广泛受众，有国际影响力，无论是传统媒体还是新兴媒体，都有可能成为新型主流媒体和媒体集团。实际上，一些互联网企业已经具有发展成为媒体集团的实力、规模和影响力。

互联网时代形成的这种传统媒体与网络新媒体竞争格局对中国媒体业的发展无疑是好事，这既有助于为传统媒体转型升级注入动力，也有助于强化网络新媒体的社会责任。

在互联网成为信息传播主要渠道的今天，为了盘活传统媒体，对于一些意识形态属性不强的，可引入社会资源，引进竞争机制，促进传统媒体产业的发展。以图书出版业为例。有统计发现，现在每年60%以上的畅销书实际上是民营图书公司策划和生产的。但行业壁垒限制了民营图书公司进入图书出版业，也限制了其他行业的资本进入出版业。

中国移动杭州手机基地目前是国内最大的移动数字阅读平台，该平台购买的图书版权超过30万册，阅读月访问用户达8500万，每天页面点击量在5亿次。但是，该基地却无法进入图书出版领域，难以延伸产业链。民营文化企业就更是如此。腾讯公司旗下的阅文集团已经成为国际上最大的网络小说平台，拥有7个网络小说网站，拥有小说版权300万册，占据国内原创版权的80%以上，超过全国581家出版社小说版权的总和。但因政策所限，阅文集团仍进入不了图书出版领域。

2. 放宽对民营企业进入网络文化产业的准入限制

20世纪末，为赶上国际信息化浪潮，我国政府对互联网实行宽松的市场准入政策。2000年9月，国务院出台了《中华人民共和国电信条例》和《互联网信息服务管理办法》，允许民营企业进入互联网领域，包括通过互联网和多媒体网络提供信息以及其他相关服务等。世纪之交，腾讯、阿里巴巴、百度、新浪、搜狐、网易等一大批目前互联网中坚企业应运而生，开启了我国网络文化产业发展的全新局面。但随着网络文化产业的发展，我国对民营企业参与文化生产存在着管理趋严的情况。

（1）所有制限制。以互联网视听业为例。2005年前后，优酷网、土豆网、六间房等国内视频网站先后成立并运营。2007年12月，国家广电总局和信息产业部联合发布了《互联网视听节目服务管理规定》（以下简称《规定》）。《规定》要求，从事互联网视听节目服务的机构或单位必须为"国有独资或国有控股单位"。《规定》出台后引起网络视听企业不满。按照《规定》，由社会资本投资或控股的土豆网、优酷网、六间房等国内影响较大的几家网络视频企业都面临关门的窘境。鉴于《规定》不利于网络视听产业的发展，反对声过于激烈，相关部门对《规定》做了重新解释，实行"老人老办法，新人新办法"，即《规定》发布之前成立的网络视听企业可重新登记并继续从业；《规定》发布之后申请从事互联网视听节目服务的企业，必须符合《规定》的要求。

（2）准入门槛过高。在网络文化产业领域，除所有制限制外，其他方面准入门槛过高的问题也很突出。

绝大多数互联网教育企业是民营类的中小企业。根据现有政策法规，从事互联网教育业务的企业需分别申请互联网信息服务增值电信业务经营许可证、互联网出版许可证、网络文化经营许可证、信息网络传播视听节目许可证。这些证件对公司性质（国有独资或国有控股）、注册资本、人员数量与职称等均有严格要求。互联网出版许可证、互联网信息服务增值电信业务经营许可证相关申请条件见表6。

表6 互联网出版许可证、互联网信息服务增值电信业务经营许可证相关申请条件

资质类型	申请条件
互联网出版许可证	有适应互联网文化活动需要并取得相应从业资格的8名以上业务管理人员和专业技术人员，其中3名以上具有中级职称
互联网信息服务增值电信业务经营许可证	在全国或跨省、自治区、直辖市范围内经营的，其注册资本最低限额为1000万元人民币；在省、自治区、直辖市范围内经营的，注册资本最低限额为100万元人民币

从表6可见，如申请《互联网出版许可证》，须有适应互联网文化活动需要并取得相应从业资格的8名以上业务管理人员和专业技术人员，3名以上具有中级职称。如申请《互联网信息服务增值电信业务经营许可证》，对注册资本有严格要求：在全国或跨省、自治区、直辖市范围内经营的，其注册资本最低限额为1000万元人民币；在省、自治区、直辖市范围内经营的，注册资本最低限额为100万元人民币。

这些准入条件对众多中小规模互联网教育企业来说难以达到。以申请互联网出版许可证需要有取得相应从业资格的8名以上业务管理人员和专业技术人员，3名以上具有中级职称为例，这是按照出版社的规定来要求互联网教育企业。对互联网教育企业来说，既不现实，也无必要。

这些要求使得大量中小规模互联网教育企业无法合法进入互联网教育领域。目前在中关村（含周边）具有一定规模的互联网教育企业约为300家，但多数互联网教育企业只能获得"教育咨询"营业执照。这导致企业执照与经营范围不相符合，在开展业务时束手束脚、瞻前顾后，政府则处于"管"则不利于新事物发展、"不管"则放任自由的"两难境地"。

发达国家对互联网信息企业的管理通常采取"宽入严惩"的原则，以事后追责为主。这既可避免"无证经营"，维护良好的市场秩序与规则，也可让更多企业进入互联网教育行业，促进该行业发展，还可以促进企业自我监管、严控风险。因此，我们应放宽互联网教育行业经营资质要求，重在规范产品与服务，探索在科技、语言、音乐等与意识形态联系不紧密的互联网教育领域放开对企业国有资本控股的要求。同时，取消或降低对互联网教育企业注册资本的要求，降低企业从业人员数量及其资质的要求。

3. 消除政策歧视

民营文化机构获得的政府财政支持有限，也值得重视。

以博物馆为例。据统计，截至2015年全国共有备案博物馆4692家，其中文物行政部门管理的国有博物馆2837家，其他行业性国有博物馆745家，非国有博物馆1110家。[①] 其他行业性国有博物馆和非国有博物馆在全

---

① 《2017年中国博物馆行业发展趋势及市场前景预测》，中国产业信息网，2017年1月11日，http://www.chyxx.com/industry/201701/485943.html。

国备案博物馆中占有相当比例。尽管这三类博物馆都承担着提供公共文化服务的职能，但其他行业性国有博物馆和非国有博物馆却难以获得与文物行政部门管理的国有博物馆一样稳定的财政资金支持，尤其是非国有博物馆基本上处于自生自灭的状态，生存状况堪忧。因此，公共文化服务体系的建设和改革迫切需要解决根据博物馆承担的公共职能情况给各类博物馆平等待遇的问题。

（二）放宽文化市场准入，扩大对外开放

党的十九大报告提出，要"推动形成全面开放新格局"，"实行高水平的贸易和投资自由化便利化政策，全面实行准入前国民待遇加负面清单管理制度，大幅度放宽市场准入，扩大服务业对外开放，保护外商投资合法权益"。①

文化产品和文化服务贸易是国际贸易的一部分，放宽文化市场准入是推进我国国际贸易和投资自由化的重要内容。但目前在是否应进一步放宽文化市场准入的认识上存在不同看法。其中，一种有代表性的观点认为，在国际贸易和投资自由化谈判中，为维护文化安全，应坚持文化例外。这种观点不利于扩大对外开放，不符合十九大精神。

1. 近年来我国文化市场对外开放的政策走势

改革开放以来，我国逐步放开国内文化市场，特别是世纪之交加入世贸组织，进一步激发了文化市场对外开放的热情。21世纪初，一些文化机构竞相探索扩大文化市场开放的路径。如2003年，国家广电总局出台《外商投资电影院暂行规定》。该规定放宽了此前实行的合营外方建设电影院注册资本的投资比例不得超过49%的要求，明确规定北京、上海、广州等一些试点城市，合营外方在注册资本中的投资比例可以放宽到最高不得

---

① "准入前国民待遇"指凡是在我国境内注册的企业，都要一视同仁、平等对待，投资审批等要给予外国投资者不低于本国投资者的待遇。"负面清单"是一种国际上广泛采用的投资管理方式。政府以清单的方式明确列出禁止和限制企业投资经营的行业、领域和业务等，清单以外则充分开放，换言之，就是我们常说的"法无禁止即可为"。这与以前通行的"正面清单+行政许可"的方式相比，大大减少了政府的自由裁量权。参见《习近平在中国共产党第十九次全国代表大会上的报告》，人民网，2017年10月28日，http://cpc.people.com.cn/nl/2017/1028/c64094-29613660-7.html。

超过 75%。

上述做法引起了有关管理部门的忧虑。有关管理部门认为，我国文化市场对外开放的步伐不宜太快，凡中国在入世协议中没有承诺的内容，不宜轻言放开。在此背景下，2005 年，文化部、国家广电总局、新闻出版总署、国家发改委、商务部等五部委联合下发了《关于文化领域引进外资的若干意见》（以下简称《意见》）。《意见》的出台旨在进一步规范文化领域引进外资工作，维护国家文化安全。《意见》取消了试点城市电影院建设外资占股可达 75% 的政策，恢复 2003 年以前外资占股不超过 49% 的政策。《意见》的出台使得一些正在进行的国内与外资合作项目搁浅。例如 2004 年 1 月，全球最大的文化传媒集团——美国华纳兄弟国际影院公司（简称"华纳兄弟"）宣布与中国大连万达集团合作，进军中国电影市场，计划在全国建造 30 家国际影院，并且已经在南京建起了中国大陆首家外资控股影院（华纳兄弟占股 51%）。华纳兄弟看好中国的电影市场，已经将该公司的全球影院设计中心从伦敦搬到了上海。《意见》出台后，时代华纳于 2006 年 11 月发表声明，宣布取消在中国建设影院的计划，已经在国内投资的 6 家影院也全部退出。①

2. 正确认识"文化例外"与"文化多样性公约"的内涵

"文化例外"与《保护和促进文化表现形式多样性公约》（以下简称《文化多样性公约》）是近年来在研究文化对外开放中经常提及的概念和文件，也往往成为不赞成扩大文化市场对外开放的一个重要依据。因此，需要全面、客观地理解上述概念和文件的内涵。

（1）"文化例外"有特定的内涵及应用范围。目前学界普遍认为，法国、加拿大等国在与美国进行贸易自由化谈判时提出了文化例外的要求，以此作为中国在贸易和投资自由化谈判中应坚持文化例外的依据。确实，以法国为代表的欧盟国家在与美国进行贸易自由化谈判中提出了对电影和音像产品给予不同于一般产品的保护，并因立场不同，与美、日等国发生争执，但欧盟国家提出的文化要求与中国学界所理解的"文化例外"有很大的不同。

---

① 《华纳影院退出中国真相》，新浪网，2006 年 12 月 18 日，http://news.sina.com.cn/c/2006 – 12 –18/111711821213.shtml。

第一，内涵不同。法国等欧盟国家提出的"文化例外"仅限于电影和音像产品，而我国学界认为的"文化例外"是全方位的，包括整个文化领域。第二，出发点不同。欧盟首先同意将文化纳入贸易自由化谈判的内容，只是要求对部分文化产品采取特殊保护的措施，以保护本国一些弱势文化行业发展。但我国学界提出"文化例外"，是要求将"文化例外"原则作为防范外来文化入侵，维护文化安全的手段。

关于以法国为代表的欧盟国家在与美国进行贸易自由化谈判时的文化态度，法国学者贝尔纳·古奈在他的《反思文化例外论》一书中有详细的论述，值得一看，该书有助于匡正国内对此问题的一些似是而非的认识。①《反思文化例外论》一书认为，法国等欧盟国家从来没有"文化例外"这样的说法，"文化例外"这个概念是媒体对法国等欧盟国家文化理念的归纳，与法国等欧盟国家的文化主张并不完全吻合。实际上，法国等欧盟国家在与美国进行贸易自由化谈判时，都认同贸易自由化的理念，都认为应当取消对一般产品的保护措施，包括政府补贴、税收扶持等，确保不同国家的产品在同等规则下进行自由竞争。双方的争议点主要在电影和音像产品方面。美国认为，电影和音像产品（包括电视剧、综艺节目）属于大众娱乐产品，不应该被纳入文化艺术保护之列；法国等欧盟国家则认为电影和音像产品是最重要的当代艺术，欧盟国家市场空间小，电影和音像产品同样应该被纳入保护之列。两者的分歧并非针对文化是否应该对外开放这一点。

（2）联合国教科文组织发布的《文化多样性公约》不是双边贸易自由化谈判依据。2007年，中美两国就出版物和视听产品发生争端。美方认为，在电影进口方面，只有中国电影集团公司一家拥有经营进口电影权，②这违反了中国加入世贸组织时的承诺。③针对美国的抗议，我国依据联合国教科文组织《文化多样性公约》和国内有关法律法规对美方的指责进行了反驳。双方争执不下。后来，美国向世贸组织提起诉讼。于是，世贸组

---

① 〔法〕贝尔纳·古奈：《反思文化例外论》，李颖译，社会科学文献出版社，2010。

② 后来又增加了华夏电影公司一家。华夏电影公司是由原15家国有电影公司合资成立而来的。

③ 中国在入世协议书中承诺："将逐步放宽贸易所有权的获得及其范围，以便在加入后3年之内，使所有在中国的企业均有权在中国的全部关税领土内从事所有货物的贸易。"

织成立专家组对此事展开调查，并于 2009 年形成了具有最终裁决权的《中美出版物及视听娱乐产品争端专家组最终报告》（以下简称《最终报告》）。该报告裁定，根据中国《电影管理条例》第 30 条和《电影企业经营资格准入暂行规定》第 16 条规定，只有中国电影集团公司一家具备电影进口资格。这种制度与中国在入世协议书中放开贸易权的承诺不一致，裁定中方败诉。

《最终报告》认为："中国依据联合国教科文组织《保护和促进文化表现形式多样性公约》（2005）及其一系列国内立法所做的抗辩，是不恰当的。""援引《文化多样性公约》无法证明中国的观点。《文化多样性公约》本身也禁止援引该公约来证明违反《WTO 协定》行为的正当性。同时，《关于争端解决规则与程序的谅解》相关条款也明确禁止专家组接受上述观点。"

由此可见，联合国教科文组织发布的《文化多样性公约》不能作为国际双边贸易自由化谈判的依据。①

3. 形成全面开放新格局需要放宽文化市场准入，提高文化对外开放水平

开放带来进步，封闭必然落后。一部中华民族文化发展史，就是一部与不同民族文化交流、交融的历史。坚持不忘本来、吸收外来、面向未来，既继承中华优秀传统文化，又积极吸收人类一切优秀文化成果，是党的十九大报告提出的繁荣社会主义文化的重要原则。要做到这一点，就要进一步放宽文化市场准入，提高文化领域对外开放水平。

按照党的十九大报告提出的实行高水平的贸易和投资自由化便利化政策，全面实行准入前国民待遇加负面清单管理制度，大幅度放宽市场准入，扩大服务业对外开放的要求，文化领域在放宽文化市场准入、提高对外开放水平方面还有很多事情要做。尽管文化领域具有意识形态属性，在对外开放方面应谨慎行事，但在方向上应该坚持采取更加积极的举措，尽快改变文化领域在国家对外开放总体格局中行动相对滞后的局面。

---

① 从国际趋势来讲，不仅要倡导维持文化的多样性，更要强调世界各国适应全球化。虽然国际组织出台了一系列的文件，例如《文化多样性公约》《保护非物质文化遗产公约》等，但是文件中也同样提出，在保护民族文化的同时，更加支持采取市场的方式实现产业化，促进文化长久的发展。因此，《文化多样性公约》并不鼓励国家采取文化保守的态度发展本国文化。

（1）我国文化市场对外开放还有很大发展空间。目前，我国与美、日、印等国在广告，演艺，电影制作、院线经营，报刊印刷、出版、发行，广播电视，互联网等领域相比较，开放度还比较低。表7反映了中、美、日、印四国文化领域外资市场准入情况。从表7可以看出，我国在文化市场对外开放方面，还有很大的发展潜力。

表7　中、美、日、印四国文化领域外资市场准入管理规定一览

领域	中国	美国	日本	印度
广告	不限制	不限制	不限制	不限制
演艺	禁止（外国机构在中国）设立文艺表演团体	不限制	不限制	不限制
电影制作、院线经营	电影制作、院线经营均须合资	不限制	不限制	不限制
报刊印刷、出版、发行	禁止进入出版编辑领域，印刷发行可合资，中方控股	不限制	不限制	允许经营，但外资不可控股，其他不限制
广播电视	禁止外国资本投资广播电视播出、传输、制作、经营等	允许经营，但外资不可控股	允许经营，但外资不可控股	允许经营，但外资不可控股
互联网	禁止投资互联网新闻信息服务、网络出版服务、网络视听节目服务、网络文化经营（音乐除外）、互联网公众发布信息服务	不限制	不限制	不限制

注：笔者根据相关资料整理而成。

我国文化市场对外开放仍有很大潜力。长期以来，对我国文化市场对外开放程度不够的解释是我国经济还不够发达，人均收入偏低，文化市场还不具备进一步开放的条件。其实这种看法站不住脚。和印度相比，印度的GDP和人均收入远低于我国，但印度的文化市场对外开放程度超过我国。如20世纪90年代，印度允许外资独立注册电影制作公司和兴建电影院；20世纪90年代末，30多家境外电视频道落户印度，包括CNN、BBC、STARTV等；2002年，印度相关法律规定，报业外资最多可以拥有26％的股份；印度允许外资新闻、娱乐频道利用本国通信卫星进行播出。

值得注意的是，印度在开放的同时，也对外资新闻频道利用通信卫星进行播出及外资进入印度的媒体领域提出了一些限制，要求外国新闻频道

在印度境内进行卫星传输时需符合四项规定：第一，根据 1956 年印度公司法，申请公司所持外资股份不得超过总股份的 26%；第二，董事会的大部分成员应为印度公民；第三，申请公司的总裁或新闻频道负责人必须是印度公民；第四，新闻编辑或新闻时事节目的审定人必须是印度公民。

印度文化市场对外开放的做法值得研究和借鉴。

（2）扩大国际合作迫切需要放宽文化市场准入，扩大文化对外开放。随着我国经济发展、国际影响力的提升，我国文化、体育等领域的国际合作也越来越多。按照国际通行做法开放文化市场，已经成为顺利开展国际合作的基础。

以承担体育赛事为例。随着互联网的普及，网络社交媒体成为体育赛事必备的传播手段之一，[①] 其发展情况也成为考核一个城市是否有能力承办国际赛事的重要标准。但由于目前国际通用的一些网络社交媒体还没有正式进入中国市场，近年来，国家体育总局在申请承办国际赛事时，媒体选择往往成为竞争国际赛事举办权的一个短板。可见，有条件放宽类似媒体的市场准入，对国际合作有很大的裨益。不仅是体育赛事，科技、商务等其他领域的国际合作也如此。

（3）我国文化企业"走出去"迫切需要放宽文化市场准入，扩大文化对外开放。近年来，我国文化企业"走出去"步伐加快。如数字电视运营商四达时代已拥有非洲 45 个国家的直播卫星运营平台，形成了星地结合的无线数字电视网络体系，覆盖人口达 9.7 亿；俏佳人传媒全资并购美国国际卫视，在美国开展华人电视频道服务；万达集团并购了北美第二大影院集团 AMC 影院公司，并以 35 亿美元现金收购了美国传奇影业。"走出去"与"引进来"历来是相辅相成的。我国文化企业"走出去"步伐加快也倒逼国内放宽文化市场准入，扩大文化开放。

（4）放宽文化市场准入，扩大文化对外开放，需要坚定文化自信。改革开放以来，文化对外开放会不会危及我国文化安全和意识形态安全，会不会冲击我国文化市场，一直是政府、学界讨论的热点话题。在此问题上，我们应坚定文化自信，应该敢于在进一步开放的条件下与外来文化同台竞争。在我国加入世贸组织的过程中，有关部门就曾担忧随着我国承诺

---

① 国际上通用的网络社交媒体主要是 Facebook、Twitter、Youtube。

的兑现，国外媒体集团将千方百计地利用有关规则，进行资本渗透。资本的渗透必然会影响我国新闻舆论阵地的建设。[①] 但事实是加入世贸组织以后，我国文化企业竞争力更强，文化产业更具有国际竞争力。究其原因，就在于中国具有文化优势。中华文化绵延数千年，具有极强的包容性和融合、创新功能，可以兼收并蓄世界先进文明成果，具有极大的凝聚力。只要把制度优势和文化优势充分发挥出来，在推进形成全面开放新格局过程中，我国的文化产业只会越来越具有竞争力，我国文化市场也越来越具有包容性和融合能力。

4. 放宽文化市场准入，扩大文化领域对外开放的思路

进一步放宽文化市场准入，扩大文化领域对外开放，是推进形成全面开放新格局的迫切要求，要坚定不移地贯彻实施。但具体实施既要积极，又要稳妥，做到有序推进。

（1）明确文化市场对外开放的行业顺序。在开放顺序和程度上，应根据文化行业和产品意识形态属性的强弱、不同文化行业发展状况，采取区别对待、分类实施的原则。此外，还要尊重国际惯例。具体来说，开放顺序应该如下。

硬件设施。首先应加大文化硬件设施的开放力度，如电影院、剧场、网吧等，也包括其他公共文化设施。

中介服务。上海自贸区、北京天竺综合保税区先后允许国外演艺经纪公司开展全资业务。2015 年北京出台的扩大服务业对外开放的文件，也明确允许外资独资演艺经纪公司在北京开展相关业务。这些先行先试的做法，已经为中介服务领域扩大文化开放做出了很好的探索。

意识形态属性不强的行业。如印刷业、发行业等可以允许外资独资经营；科技、知识、娱乐类出版行业也可以探索实行合资经营。

竞争力强的行业。一些在国际上有竞争力的文化行业开放力度可以更大一些。

要顺应国际惯例，尊重实际需要。例如，Facebook、Twitter、Youtube 这些网络社交媒体已经成为世界上绝大多数国家信息传输的平台。因此，

---

① 成思行：《改革开放 30 年我国文化发展和体制变迁之路》，人民网，2008 年 10 月 7 日，http：//theory. people. com. cn/GB/49150/49152/8138614. html。

针对涉外活动、外籍人员或国内有正当需求的特定人群，应考虑在城市的特定区域提供链接等开放方式。在这方面，2004 年三星级涉外宾馆允许一些境外卫视节目落地的做法已经做出了很好的探索，可以汲取经验。

（2）完善文化对外开放的相关政策。有必要对现行的一些涉及文化对外开放的文件进行梳理，完善相关政策，放宽市场准入，扩大文化对外开放。如文化部、国家广播电影电视总局、新闻出版总署、国家发展和改革委员会、商务部《关于文化领域引进外资的若干意见》（文办发〔2005〕第 19 号）第 4 条规定："禁止外商投资设立和经营新闻机构、广播电台（站）、电视台（站）、广播电视传输覆盖网、广播电视节目制作及播放公司、电影制作公司、互联网文化经营机构和互联网上网服务营业场所（港澳除外）、文艺表演团体、电影进口和发行及录像放映公司。"影视节目制作机构、互联网文化经营机构等应允许外资以合资等形式进入。实际上，上述有些行业已经有中外合资机构。

（3）坚持四个原则。第一，坚持文化自信，坚定不移地不断提高文化对外开放水平。第二，坚持分类管理。第一种，外资可以进，外籍人员不可进；第二种，外资可以进，外籍技术人员可以进，但管理层不能进；第三种，外资可以进，外籍管理层可以进。第三，把握底线，做到分类管理、有序开放。意识形态属性强的文化行业，如电视网络频道、时政类新闻服务等涉及国家意识形态安全和信息安全，应把握主导权、控制权，不能对外资开放；意识形态不强的文化娱乐行业，可视其行业竞争力等实际情况，在生产、销售等领域分别采取合资或独资等形式，允许外资以多种形式参与市场竞争。需要指出的是，即使外国文化产品在一些行业占据较大市场份额，只要符合法律法规、没有构成垄断，也是可以接受的。这对营造积极的市场竞争环境有好处。21 世纪初，外国网络游戏占据绝对垄断地位，但经过多年的竞争，我国网络游戏开始占据主体位置。这说明，市场竞争有利于本国文化产业的健康快速发展。第四，扩大开放与加强监管相结合，尤其要加强事中事后监管和依法监管。

五　创新文化生产经营机制，激发国有文化机构活力

文化企业是文化市场的主体，是推动文化繁荣兴盛的决定性力量。激

发全民族创新创造活力，关键是激发文化企业的创新创造活力。国有文化企业是推动我国文化发展的中坚。因此，搞活国有文化单位是创新文化管理体制的头等要事。

（一）改革开放以来，国有文化单位经历了四次改革

2017 年底，国有文化单位改革传出新信息。中央电视台、中央人民广播电台、中国国际广播电台启动了合并的步伐。在许多城市，市级电视台、广播电台、报社（杂志社）合并也在紧锣密鼓地进行。

实际上，新一轮国有文化单位改革的信息在 2017 年年中发布的《国家"十三五"时期文化发展改革规划纲要》中已经透露。该规划纲要提出，要"发展骨干文化企业，推动产业关联度高、业务相近的国有文化企业联合重组，推动跨所有制并购重组"，加快培育一批主业突出、核心竞争力强、市场占有率高的综合性文化企业集团，力争若干家进入世界同行业前列。该规划纲要还提出，"以党报党刊所属非时政类报刊、实力雄厚的行业报刊为龙头整合报刊资源，对长期经营困难的新闻出版单位实行关停并转"。①

如果把此次改革视为新一轮国有文化单位体制机制改革的话，改革开放以来，国有文化单位已经经历了四轮较大改革。

第一轮改革是 20 世纪 80 年代至 90 年代初，主要特点是放宽对传统媒体的数量限制。"文革"时期，媒体主要发挥意识形态引领功能，数量受到严格限制。改革开放以后，随着文化市场的兴起，承担非意识形态功能的媒体，如都市报、晚报、娱乐性刊物、知识性刊物等出现了爆炸式增长。以纸质媒体为例，改革开放初期全国报刊只有数百种，至 20 世纪 90 年代初，报纸、杂志达到了 1.2 万多种。

第二轮改革是 20 世纪 90 年代至 21 世纪初，主要是推动传统媒体集团化。媒体数量大幅度增加带来了传统媒体的繁荣，但也出现了新的问题：一是媒体数量增加的同时，也增加了管理难度，特别是意识形态管控的难

---

① 《中共中央办公厅、国务院办公厅印发〈国家"十三五"时期文化发展改革规划纲要〉》，中央政府网，2017 年 5 月 7 日，http://www.gov.cn/zhengce/2017 – 05/07/content_5191604.htm。

度；二是国有文化单位小、散、差的问题突出，国际竞争力弱。为解决上述问题，20 世纪 90 年代中期，以国有文化单位做大做强为目标，相关部门着力推动传统媒体合并，走集团化的路子。广州日报报业集团和无锡广电集团是最早一批实行媒体集团化改革的单位，也取得了一定的成效。

广州日报报业集团的成功，使得传统媒体集团化成为国有文化单位改革的不二途径。在一些媒体集团化改革取得成效的鼓舞下，2001 年，广电系统成立了号称"中国媒体界航母"的中国广播电影电视集团。该集团把中央电视台、中央人民广播电台、中国国际广播电台、中国电影集团公司等 6 家国字号的广电媒体整合在一起，旨在打造"国际媒体航母"。有关部门对中国广播电影电视集团的成立寄予厚望。成立大会开得轰轰烈烈，国际国内关注度都很高。中国广播电影电视集团尽管挂了牌，但没有真正运营过，6 家单位还是各自独立经营，跟集团成立之前没有任何区别。一段时间以后，曾挂在国家广电总局门前的"中国广播电影电视集团"的招牌被悄无声息地撤下，集团也被撤销。究其原因，是这 6 家机构本身就是事业单位，不是企业。按照企业运行规则把这 6 家事业单位捏合在一起，实行企业化运营是不可能的。

第三轮改革是 2003～2013 年。世纪之交，我国加入世贸组织要求进一步放宽市场准入，允许更多的国外文化企业和文化产品进入中国，国内文化市场竞争加剧。这要求国有文化单位提高竞争力。而中国广播电影电视集团的失败，给相关部门一个启示，就是国有文化单位要提高竞争力，要做大做强，首先要由事业单位改制成企业。改制成企业意味着要参与文化市场竞争，自负盈亏，优胜劣汰。但并不是所有的国有文化单位都要改制成企业，有些国有文化单位承担着意识形态服务功能，如人民日报社、新华社等；有些国有文化单位承担着提供公共文化服务的功能，如博物馆、图书馆等。

于是，相关部门从国有文化单位的功能切入，从 2003 年开始，启动了被称为"两分法"的分类改革。这次改革的基本特点是按照国有文化单位承担的功能，将其划分为两类：一类是承担公益性（主流意识形态宣传和提供公共文化服务）功能；一类是承担经营性（为市场提供文化产品和服务）功能。前者由国家财政提供运营费用，后者要参与市场竞争，自负盈亏，优胜劣汰。此次分类改革被划分为公益性单位的数量很少，绝大多数被列为经营性文化企业。以出版社为例。2003 年启动改革时全国出版社共有 581 家，从国家层面看，被列为公益性出版社的只有 4 家，分别是人民出版社、民族出版社、藏文出版社和盲文出版社，其他都要改制为文化企业。按照此次改革的政策，即使是承担公益性功能的国有文化事业单位，也只是将承担公益性职能的部门列为公益性文化事业机构，企业部门也要转制为企业。以人民日报社为例。除编辑部门因承担服务主流意识形态功能仍然保留公益性事业单位职能外，其他部门，如广告部门、印刷部门、下属出版社、杂志社等都要转制为企业，优胜劣汰。按照当时的政策设计，中央电视台也是如此。中央电视台除新闻频道保留事业单位职能外，其他频道，如电视剧频道、体育频道、经济频道等，都要通过制播分离剥离出去。包括中央、国务院各部委的行业报刊、出版社等，都要由事业单位转制为企业，参与市场竞争，优胜劣汰。全国数千家演艺机构，除少数可保留为事业单位外，绝大多数都要转制为企业。

这次改革本意很好，力度也很大，但在改革过程中遇到的问题越来越多，阻力越来越大。阻力来自三个方面。其一，政策设计有重大漏洞。国有文化单位千差万别，仅仅用公益性和经营性来分类过于粗疏，而且在公益性文化单位中过于强调意识形态服务功能，忽视其他公益性服务的价值，如服务于政府工作（如行业报）、历史文化传承（地方戏曲）等。其二，绝大多数国有文化单位缺乏在市场竞争中生存的能力。其三，合并同类项式的文化企业集团化改革效果不佳，无法实现做大做强的目标。

2017 年第四轮改革的主要特点是融合和合并。

一是推动传统媒体和新媒体融合。国有媒体机构集中在传统媒体领域，在 20 世纪八九十年代占据绝对的话语权，互联网的兴起颠覆了媒体格局。年青一代将网络媒体作为获取信息的主渠道。正如习近平同志在 2013 年全国宣传思想工作会议上所指出的："互联网已经成为舆论斗争的主战场。""很多人特别是年轻人基本不看主流媒体，大部分信息都从网上获取。"[①] 传统媒体逐步从主流走向边缘，影响力急遽下降，舆论引导力减弱。为改变上述局面，2014 年 8 月，中央全面深化改革领导小组第四次会议审议通过了《关于推动传统媒体和新兴媒体融合发展的指导意见》，强调传统媒体与网络媒体相融合，打造有竞争力的新型主流媒体，形成立体

---

① 《习近平关于总体国家安全观论述摘编》，中央文献出版社，2018，第 103 页。

多样、融合发展的现代传播体系。

二是跨行业融合。与第三轮改革合并同类项式的集团化改革不同，第四轮改革注重跨媒体、跨行业合并重组。如一些城市正在推动的电台、电视台、报纸的合并，此举打破了行业界限，具有积极意义。

此外，值得一提的是，为适应国家经济发展的要求，此次国有文化单位改革还提到了鼓励混合经营，一些国有文化单位也有实践。但此项改革尚处于探索阶段，没有对全局产生什么影响，此处不做赘述。

（二）打破地域藩篱、行业界限，整合国有文化资源

当前，国有文化单位，特别是传统媒体机构迫切需要深化组织结构、传播体系、管理体制改革。

目前我国传统媒体的困境与互联网的兴起有直接的关系。人类媒体发展的历程表明，一种新型媒体的崛起往往伴随着传统媒体的弱化乃至衰落。我国国有传统媒体的急遽衰落，更多地缘于国有文化管理体制机制的束缚。

美、日等发达国家的传统媒体同样面临着互联网兴起所带来的冲击，但为什么这些国家的传统媒体所受到的冲击远没有中国这么大？笔者认为，主要有两方面的原因。

第一，缺少对内容的知识产权保护。美、日等发达国家的传统媒体企业固然在信息传输的便捷性等方面不如网络媒体公司，但传统媒体企业长期经营所拥有的内容生产优势仍然是网络媒体所无法比拟的。这种内容生产的优势，一方面使得传统媒体仍然在公众中拥有很大市场，另一方面也使得传统媒体在向网络媒体延伸过程中占有很大优势。我国传统媒体既没有网络媒体的便捷性优势，也缺乏内容方面的知识产权保护。

第二，文化体制的束缚。在市场经济条件下，任何一个行业都会经历一个从自由竞争到相对垄断经营的过程。报刊、影视业同样如此。但中国的传统媒体市场是高度封闭的市场，也是不充分竞争的市场。这种封闭性和不充分竞争表现在几个方面。一是行业垄断。只有广播电视系统才能办电台、电视台，其他政府部门、社会机构禁入。二是行政垄断。中国是按照中央、省（自治区、直辖市）、地级市、县（区）四级行政层级来办电视、广播的。以电视台为例，每一级都是几十个频道，重复覆盖，电视市

场有 40 多个主体同时竞争，且相互之间无法整合，不能合并。这种状况必然是每一家电视台都活不好，也死不了，也就谈不上真正地做大做强。形成鲜明对照的是互联网行业。从 1994 年开始在中国出现到今天，虽然仅仅走过 20 余年的发展历程，但是现在互联网行业集约化程度已经很高了。以网络视频业为例。中国网络视频业经过 10 余年的发展，现在爱奇艺、腾讯、合一集团（优酷土豆）这 3 家企业占有全国超过 50% 的市场份额，网络视频业的产业集中度由此可见。

2017 年启动的国有文化单位改革打破了行业藩篱，使得跨行业合并成为可能，这值得肯定，但还很不够，还要进一步按照市场规律去推动国有文化单位改革。

第一，要允许和鼓励跨地区兼并重组。跨行业、跨地区经营是国外跨国文化企业的突出特点。如德国贝塔斯曼集团是世界上最大的出版集团，但实际上出版收入只占其整个市场收入的 8% 左右，它也经营音像、广播电视、网络等文化产品。贝塔斯曼集团的业务分布在全球各地。

第二，引入社会力量参与国有文化单位改革。如报刊业，目前承担意识形态服务功能的报刊很少，大量的是娱乐休闲类的报刊。这类报刊完全可以通过引入社会资本盘活国有资产。出版社也是一样。有关这方面的内容，在前面的内容中已经有涉及，此处不再详述。

第三，更多地尊重市场经济规律推动国有文化单位改革。文化企业能否做强做大，要看市场选择，而不是取决于政府的意愿。采取简单的拉郎配的方式试图做强做大国有文化企业，往往事与愿违。

（三）由公益性文化事业与经营性文化产业二分法转向营利机构与非营利机构二分法

分类改革是 2003 年文化体制改革的一个重要特点。这项改革将文化事业划分为公益性文化事业与经营性文化产业两类。公益性文化事业机构承担提供公共文化产品的职责，其运营费用由财政包干，工作人员原则上参照公务员管理；经营性文化产业机构向文化市场提供产品，须进行转企改制，参与市场竞争，自负盈亏，优胜劣汰。

将分类管理引入国有文化单位管理，明确了不同国有文化机构的职责，改变了过去国家大包大揽的做法，是很大的进步。但是，公益性文化事业与经营性文化产业二分法式的管理在实践中也暴露出很多问题。

首先，分类标准存在致命缺陷。就媒体来说，公益性文化事业与经营性文化产业二分法是以文化单位承担意识形态服务职能作为划分标准，这样一来，党报党刊、政治类读物出版社等被作为公益性文化事业机构，而其他报刊，包括承担公共文化服务职能的学术报刊和各部委承担政策指导职能的行业报刊均被划为经营性文化产业机构，要求这些报刊自负盈亏，按照上述改革思路，占总数95%以上的经营性报刊要参与市场竞争。

其次，管理体制存在重大缺陷。从公益性文化事业机构来看，运营经费由财政包干，实行收支两条线，缺乏激励机制，因而缺乏活力；从经营性文化产业机构来看，一方面需要在市场竞争中生存，另一方面又要受到社会效益第一、经济效益第二的严格约束，常常进退失据。

最后，管理范围存在重大缺陷。公益性文化事业与经营性文化产业二分法只限于国有文化机构的改革，没有兼顾民营公益性文化机构的诉求。实际上，随着经济社会的发展，民营博物馆、美术馆发展迅速，这些民营公益性文化机构同样承担着提供公共文化服务的职能。如何为这些民营文化机构提供同等支持，应该是迫切需要解决的问题。此外，非文化系统的公益性文化单位，如科委系统的科技博物馆、工会系统的"职工之家"等，也不在公益性文化事业与经营性文化产业二分法考虑之列。这使得这类文化机构陷入尴尬的境地。

采取公益性文化事业与经营性文化产业二分法，其根本问题是设想公益性文化事业可以生存在一个没有市场干扰的真空地带，通过政府配置资源，就可以完成公益性目标。实际上，在市场经济条件下，文化事业与文化产业两者不存在无法逾越的鸿沟：第一，文化事业与文化产业都是为消费者提供文化产品和服务，都是为了满足公众的精神文化需求；第二，文化事业与文化产业都要重视投入与产出；第三，文化事业与文化产业都可能产生良好的社会效益和经济效益。如中央电视台综合频道属于公益文化事业，其《新闻联播》前后广告时段在中央电视台各个频道中广告收费最高，经济效益最好。文化事业单位也可以开发出适应市场需求的产品，如2017年北京故宫博物院开发的文创产品收入近10亿元。同样，追求商业价值的文化产业在传递社会价值观上同样能发挥巨大作用，如2017年国内票房第一的商业大片《战狼2》同样在弘扬主旋律。可见，公益性文化事业需要重视开拓市场，经营性文化产业也要重视公共价值，两者并不矛盾。只有经济和社会效益都得到体现，文化产品才能实现价值最大化。

因此，调整分类改革思路，是新时代深化文化体制改革的一个紧迫问题。按照营利机构与非营利机构对文化单位进行分类改革是更科学也更符合国际惯例的改革思路。

按照营利机构与非营利机构对文化机构进行划分，其最大的特点是以文化单位承担的职能来进行划分，不论所有制，不论国有或民营，也不论是文化系统的单位还是其他政府部门的文化单位。以营利为目的，经营者有权占有和支配经营收益的文化单位，就应该在文化市场中自负盈亏，优胜劣汰；相反，以提供公共文化服务为目标、不以营利为目的，经营者无权占有经营收益的，无论是国有还是民营文化机构都可以获得财政支持、税收政策优惠，也可以接受社会捐助等。

以美国为例。美国杂志有营利的商业杂志与非营利的公共教育（学术）杂志之分，广播电视业有公共电台、电视台与商业电台、电视业之分。美国共有1150座商业电视台和9800座商业广播电台，有公共广播电台1630座、公共电视台365座。美国的《联邦通信法》便是针对电信和广播电视媒介的私营部分而制定的；公共广播电视台所遵循的法律并不是1967年美国国会通过的《公共电视法》；有线电视遵循的是1992年制定的《美国有线电视法》。美国演艺娱乐业有表演艺术与娱乐业两大类。其中，表演艺术属非营利行业，由表演艺术发展基金会来运作，国家通过法律规定的免税政策提供支持，有严格清晰的法律规范和审计程序；而娱乐业则是高度商业化和高盈利的，其主要形式为大型演唱会、电影、电视、音像、体育等活动，主要是通过与媒体的紧密互动，运用企业的广告费进行大规模商业运作，以此来实现其盈利目标。

相比公益性文化事业与经营性文化产业二分法，营利机构与非营利机构的划分的优胜之处，一是按照单位的目标确定其性质，而不是按照所有制、意识形态人为确定；二是将对收益的支配权作为衡定机构性质的重要标准，从而防止公共资金的私人占有；三是强调无论是什么类型的机构都必须最大限度地利用市场，都要以满足公众的需求为目标；四是有助于调动社会力量支持非营利机构发展，使非营利机构的资金来源多样化。

按照营利性机构与非营利性机构两大类来划分，并进行相应的改革，应是下一步我国深化文化体制改革的重要内容。

基于以上国有文化企业做大做强引发的一些问题和存在于认识上的误区，就需要进一步拓展对国有文化企业价值实现形式的认识。国有文化企业完全可以考虑引入目前"社会企业"的定义。社会企业是以公共利益为目标的营利事业，其营利不全是为了出资股东，也是为了提升竞争力、永续经营和扩大服务。社会企业追求的目标是承担社会责任，而不是利润，主要通过商业活动创收所得为社会项目提供资金，兼具市场驱动和使命导向。应该鼓励国有文化企业向社会企业形式转变。国有文化单位作为政府职能的延伸，其首要目标不是资产增值，而是承担社会责任，维护社会公平正义，弥补市场失灵，其经营理念和治理结构应该接近于社会企业模式。国有文化单位作为一种社会企业其首要目标不是追求利润，而是在善用政府资助、吸纳和运用社会资本的前提下，承担起涵养文化产业发展资源、支持文化产业创新，实现文化传承，加强文化教育等多重社会责任。

六　正确认识文化安全，激发文化创造活力

近年来，随着《中华人民共和国国家安全法》的颁布，"文化安全"问题备受关注。尤其是 2017 年，随着《中华人民共和国网络安全法》在当年 6 月 1 日实施，"文化安全"更是成为被文件和报刊文章频频提及的热门词。在一些文章中，文化安全被等同于意识形态安全，维护文化安全被视为首要任务。

激发文化创新创造活力，需要宽松的社会环境和文化氛围。如何正确认识文化安全，正确处理文化繁荣与文化安全的关系，在"防范和抵制不良文化的影响，掌握意识形态领域主导权"的同时，[①] 防止在文化管理中泛意识形态化，是推动新时代文化繁荣兴盛需要解决的一个重要问题。

1. 防止文化管理泛意识形态化

文化安全是文化不受威胁的客观状态，是国家安全的重要组成部分。防范和抵制各类不良文化的侵蚀、维护文化安全是促进文化繁荣兴盛的重

---

① 《中华人民共和国国家安全法》第 23 条，中国人大网，2015 年 7 月 7 日，http://www.npc.gov.cn/npc/c10134/201507/5232f27b80084ele869500b57ecc35d6.shtml。

要内容。

　　值得关注的是，在实际工作中存在着把文化安全等同于意识形态安全、把文化管理泛意识形态化的问题。比如，出于维护文化安全的考虑，现在有些研究课题成果审定、文艺作品评论、文化艺术专项资金项目评审等，往往把是否坚持正确的文化方向作为一票否决的基础和前提。至于出现什么情况算是违背了正确的文化方向、威胁了文化安全，并无科学、合理、具体的界定。又如，在国际贸易和投资自由化谈判中，为维护意识形态安全，主张应坚持"文化例外"，对放宽文化市场准入、扩大文化服务业对外开放持消极甚至否定态度。这种过度强调文化安全威胁的情况，不利于激发艺术创作的积极性、创造性，不利于文化市场的对外开放，不利于推动文化繁荣兴盛。

　　文化管理领域存在的泛意识形态化倾向，与计划经济时期文化管理"政治挂帅"的理念有某些相似之处。改革开放以后，鉴于"文革"的惨痛教训，邓小平同志将文艺（文化）管理的宗旨由文艺为政治服务调整为文艺为社会主义服务、为人民服务。"二为"成为改革开放以后我国文化发展的基本方向。党的十九大报告再次论述了"二为"方向，强调文化领域要坚持以人民为中心的导向。我们应该珍视历史教训，坚持正确的文化发展理念。

2. 泛意识形态化倾向不利于激发文化创新创造活力

　　毫无疑问，意识形态是国家的精神根基，关系到我们党的执政地位和国家安危。因此，维护意识形态安全在文化管理中居于特殊重要位置。但是意识形态安全是一个有特定内涵的概念。

　　危及意识形态安全的主要是涉及重大政治原则问题。正如习近平同志所指出的，在舆论领域主要是指"恶意攻击党的领导、攻击社会主义制度、歪曲党史国史、造谣生事的言论"，[1] 在研究领域主要是指把政治问题当作学术问题的观点、做法。[2]

---

① 《2013年在全国宣传思想工作会议上的讲话》（2013年8月19日），转引自《习近平关于社会主义文化建设论述摘编》，中央文献出版社，2017，第28页。

② 《在哲学社会科学工作座谈会上的讲话》（2016年5月17日），转引自《习近平关于社会主义文化建设论述摘编》，中央文献出版社，2017，第93～94页。

泛意识形态化的问题是在把意识形态问题扩大化，把非意识形态的问题意识形态化。比如有的评论把从人性的角度对人物性格刻画的作品上升到政治的高度予以批判等。这些不利于激发文化创新创造积极性，不利于文化繁荣兴盛。

2016年，习近平同志在哲学社会科学工作座谈会上的讲话中指出："百花齐放、百家争鸣，是繁荣发展我国哲学社会科学的重要方针。要提倡理论创新和知识创新，鼓励大胆探索，开展平等、健康、活泼和充分说理的学术争鸣，活跃学术空气。要坚持和发扬学术民主，尊重差异，包容多样，提倡不同学术观点、不同风格学派相互切磋、平等讨论。"① 显然，泛意识形态化倾向不符合百花齐放、百家争鸣的方针，有违学术民主、艺术民主。

3. 正确认识文化安全与意识形态安全的关系

（1）文化安全不等同于意识形态安全。泛意识形态化倾向的错误是把文化安全等同于意识形态安全。实际上，从内涵上看，文化安全是比意识形态安全更大的概念。文化安全包括意识形态安全，但不等同于意识形态安全。当前文化产品涉及文化安全的情况主要有四类：违反四项基本原则、激化民族矛盾和宗教冲突、有违社会公德、侵犯个人权利。上述四类都属于危及文化安全的行为，而涉及意识形态安全的主要是前两者。尽管上述四类都涉及文化安全，但其性质、影响面有很大不同，应区别对待。②

就当前我国文化领域的现实状况而言，文化安全主要包括三方面内容：意识形态安全、民族文化安全和公共文化安全。加强文化安全建设就是要增强防范和抵制不良文化的能力。"防范和抵制不良文化的影响"是国家安全法对文化安全提出的具体要求。从我国文化发展存在的问题来看，"不良文化"主要包括以下四方面内容。

第一，危害意识形态安全的文化。意识形态是特定社会中反映统治阶级意志、代表统治阶级利益的理论体系，意识形态安全是反映统治阶级意

---

① 习近平：《在哲学社会科学工作座谈会上的讲话》，人民出版社，2016，第28页。

② 目前，以维护文化安全为由，对不同类别的文化产品采取一刀切的做法并不少见。比如对移动游戏采取前置审批的做法就是一例，再如在有些评奖等活动中，经常出现涉及文化安全一票否决的要求。这种对文化安全内涵不加区别的做法，不利于激发文化创新创造积极性。

志、代表统治阶级利益的观念和理论体系不受威胁的客观状态。

第二，激化民族矛盾和宗教冲突的文化。不同的自然环境和社会生活造就了不同的民族文化，民族文化之间的差异是文化多样性的基础，也是人类文明进步的重要动力。但极端民族主义者偏狭地理解民族文化差异，对其他民族文化持歧视甚至敌视态度，鼓吹本民族文化至上，贬低其他民族文化，煽动民族仇恨，制造民族矛盾和冲突。

第三，违背社会公德的文化。社会公德是指被社会全体成员普遍认可、遵循的基本道德准则和行为规范，它包含了人们对善与恶、美与丑、荣与辱等现象的认识和判断。在利益驱动下，一些文化企业和文化从业者生产一些低俗、庸俗、恶俗的文化产品迎合市场，违背了社会公德，违反了文化产品社会效益与经济效益相统一的原则。

第四，侵犯个人权利的文化。在文化产品的生产和传播中，因利益驱动，捏造事实诽谤他人，为博人眼球泄露他人隐私信息，为非法牟利歪曲、篡改、剽窃他人作品的侵犯个人权利的情形并不鲜见。

对上述四类不良文化我们都要旗帜鲜明地反对和抵制。同时，正如党的十九大报告所指出的，要"注意区分政治原则问题、思想认识问题、学术观点问题"，[1] 用不同的方法来解决这些问题。比如 2017 年对网络直播的专项整治行动，主要就是针对网络直播业存在的违背社会公德、低俗、恶俗等问题开展的一项文化市场执法行动。

（2）文化安全是一个动态概念，具有以下三个特点。

第一，文化安全状况随着文化内容和接受者的改变而改变。一般来说，文化安全状况与文化产品接受者的素质具有正相关性。同样的文化产品，接受者的素质越高，其文化安全系数就越高，所受到的威胁就越小。同样的文化内容，适合成年人的，不一定适合儿童；适合高素质人群的，不一定适合低素质人群。

第二，文化安全状况与一国的经济、政治、社会发展状况有着紧密的联系。一般来说，文化安全状况与国家总体状况具有正相关性。一个国家的经济、政治、社会发展状况越好，文化安全状况就越好；反之，则越差。

---

① 《习近平在中国共产党第十九次全国代表大会上的报告》，人民网，2017 年 10 月 28 日，http://cpc.penple.com.cn/nl/2017/1028/c64094 – 29613660.html。

第三，文化安全状况与文化背景等直接相关。一般来说，不同民族之间文化接受度与文化差异呈负相关。文化贸易中有一个"文化折扣"概念，指的是国际市场中的文化产品会因文化背景差异不被其他地区的受众认同或理解而导致其价值的降低。比如中国文化和东南亚国家文化相近，与欧美国家的文化则差异较大。因此，中国文化产品进入东南亚市场较为容易，进入欧美市场的难度就大得多。文化背景差异越大，被不同国家或地区受众接受的程度就越低，对这些国家或地区的文化威胁就越小，文化安全系数也就越高。

（3）协调好文化安全与文化发展的关系。要正确认识文化安全与意识形态安全的关系。意识形态是政治安全的核心要素，它与新闻、出版、广播、电影、电视等文化生产中所包含的精神要素或思想观念有联系，但并非完全重合。英国社会学家、传媒学者约翰·B.汤普森曾指出："象征现象，或某些象征现象，并不就是意识形态的，而只有在特定环境中它们服务于维持统治关系时才是意识形态的。"① 也就是说，只有当新闻、出版、广播、电影、电视等文化生产所包含的精神要素或思想观念与权力（政治权力）相关联或相互作用时，它们所涉及的文化安全才关乎意识形态安全。因此，文化安全是一个比意识形态安全更大的概念，文化安全包括但不限于意识形态安全。

在实际工作中处理好文化安全与文化发展的关系十分重要。文化要讲安全，安全是发展的条件；文化更要讲发展，发展是安全的基础，是最大的安全。维护文化安全应以发展为原则。只有发展和安全并重才能增强文化整体实力和竞争力，防范和抵制不良文化的影响，实现持久的文化安全。

在对待我国开展国际文化交往和参与国际文化市场竞争问题上也一样，要以开放为原则、安全为底线。吸收各国优秀文明成果、开拓国际文化市场、推动中华文化"走出去"都要建立在文化开放的基础之上。在文化开放过程中难免会遇到各种各样的文化安全问题，只要实事求是、理性辨别、科学应对，都能有效化解。这也是坚持文化自信的题中应有之义。

_____

① 〔英〕约翰·B.汤普森：《意识形态与现代文化》，高铦等译，译林出版社，2012，第63页。

科学管理文化市场　完善文化领域治理*

——2018 年中国文化改革发展报告

本报告包括三部分：第一部分"2018 年中国文化体制改革：蓄势待发的一年"，对 2018 年我国文化体制改革的总体情况进行了简要梳理；第二部分和第三部分"整治偷税漏税、天价片酬与中国影视业变局""处在十字路口的中国网络移动游戏业"，分析了 2018 年我国文化市场的两个热点问题，着重探讨如何推进文化领域改革、完善文化治理。

一　2018 年中国文化体制改革：蓄势待发的一年

2018 年中国文化体制改革的特点可以用"蓄势待发"四字来概括。

文化体制改革的基本任务是为提供更多更好的文化产品和文化服务创造良好的体制机制环境。文化领域涉及意识形态，文化体制改革也敏感和复杂。因此，文化体制改革相较于经济领域的改革历来较为谨慎。同时，上一轮文化体制改革（2003～2012 年）的任务尚未全部完成，遗留问题尚待解决。[①] 上述两方面原因的存在，使得 2018 年文化领域体制改革总体上

---

* 该报告收入张思平主编《2018 中国改革报告—— 新时期，新挑战，新机遇》（深圳创新发展研究院、深圳创新发展基金会编，2019），收入本书时有改动。

① 为适应加入世贸组织，激发国有文化单位活力，提高竞争力的需要，从 2003 年开始，文化领域进行了大规模的体制机制改革。这次体制机制改革方案可以概括为"两属性、两分类、一重点、四分开"："两属性"是指在市场经济条件下，文化产品包含两种属性，即意识形态属性和商品属性；"两分类"是指根据国有文化单位的服务功能，把国有文化单位划分为公益性文化单位与经营性文化企业两类，并提出了不同的改革思路；"一重点"是指此次机构改革的重点是以做大做强国有文化企业为目标；"四分开"是指改革要坚持事企分开、政企分开、政事分开、管办分开。这次改革历时约 10 年，取得了很大成绩，但也引发了许多问题。有些问题随着中央人事的变动而被搁置下来，尚未完全解决。

仍处于营造环境、创造条件阶段。

但是，这并不意味着 2018 年的文化改革完全无所作为。为适应经济社会不断发展的需要，文化领域也适时推出了一些改革举措。这些改革举措促进了文化领域生产力和生产关系的新调整，既有利于激发文化活力，也在为更大的改革积蓄力量。

2018 年文化领域的改革开放主要体现在三个方面：第一，文化娱乐市场的对外开放有所突破；第二，文化经济领域的机构变革是热点；第三，整合国有文化资源是重点。

（一）文化娱乐市场的对外开放有所突破

为适应对外开放新格局，2018 年，中央决定在一些特定区域，进一步放开文化娱乐市场，这是文化领域改革开放引人注目的举措。

2018 年 4 月，中共中央、国务院发布《关于支持海南全面深化改革开放的指导意见》（以下简称《意见》），这是我国经济社会生活中的重大事件。《意见》提出，允许外资在海南试点设立在本省经营的演出经纪机构，允许外资在海南省内经批准的文化旅游产业集聚区设立演出场所经营单位，演出节目需符合国家法律和政策规定。

2017 年 12 月 22 日，《国务院关于在北京市暂时调整有关行政审批和准入特别管理措施的决定》发布，该决定允许北京从 2018 年 5 月 15 日开始，选择文化娱乐业聚集的特定区域，允许外商投资设立演出场所经营单位，不设投资比例的限制；选择文化娱乐业聚集的特定区域，允许外商投资设立娱乐场所，不设投资比例的限制；允许外商投资音像制品制作业务（限于在北京国家音乐产业基地、中国北京出版创意产业园区、北京国家数字出版基地内开展合作，中方应掌握经营主导权和内容终审权）；等等。① 与《意见》相比，该决定允许外资可以投资音像制品制作业务，涉及的文化行业更多。

这两份文件对扩大文化开放具有重要意义。

---

① 参见《国务院关于在北京市暂时调整有关行政审批和准入特别管理措施的决定》（国发〔2017〕55 号），中国政府网，2017 年 12 月 22 日，http：//www.gov.cn/zhhengce/content/2017 - 12/22/content_ 5249525. htm。

改革开放以来，文化领域的开放政策主要集中在影院建设、报刊发行、广告发布等方面。出于意识形态的考虑，涉及文化内容的对外开放均十分谨慎。改革开放以来涉及文化内容开放的有三个比较重要的决策。一是改革开放初期，我国在创新文化管理体制、开展中外媒体合作方面进行了大胆探索。1980 年，由信息产业部所属电子科技情报所与美国国际数据集团（IDG）合作出版报纸《计算机世界》，这是改革开放以后第一份，也是唯一的中外机构合办的报纸。值得一提的是，《计算机世界》一度名列全国报业十强。二是 20 世纪 80 年代，允许中外合资机构从事影视产品制作。三是 2001～2003 年，国家有关部门制定了相关管理办法，允许部分境外卫星电视频道在三星级以上涉外宾馆、饭店和专供境外人士办公居住的涉外公寓等落地，允许部分境外卫星电视频道落户珠三角地区等。①

很长时间里，围绕应该不应该允许迪士尼主题公园和环球影城主题公园落户中国争议颇多，一个很大的争议点就是演艺市场能不能对外开放。有关部门对迪士尼主题公园和环球影城主题公园落户中国一直持反对态度，理由之一就是反对迪士尼和环球影城自行开展演艺活动。此次发布的《关于支持海南全面深化改革开放的指导意见》和《国务院关于在北京市暂时调整有关行政审批和准入特别管理措施的决定》，在演艺娱乐市场对外开放和允许外商投资音像制品制作业务方面做出了调整，在进一步开放方面迈出了重要一步。

（二）文化经济领域的机构变革是热点

2018 年，按照中共中央印发的《深化党和国家机构改革方案》，文化部、国家旅游局进行职责整合，组建文化和旅游部，作为国务院组成部门，不再保留文化部、国家旅游局。

组建后，文化和旅游部的主要职责是，贯彻落实党的文化工作方针政策，研究拟订文化和旅游工作政策措施，统筹规划文化事业、文化产业、

① 国家广播电影电视总局从 2001 年到 2004 年先后出台了三部管理办法，分别是：2001 年 12 月通过的《境外卫星电视频道落地审批管理暂行办法》（国家广播电影电视总局令第 8 号），自 2002 年 2 月 1 日起施行；2003 年制定的《境外卫星电视频道落地管理办法》（国家广播电影电视总局令第 22 号）；2004 年制定的《境外卫星电视频道落地管理办法》（国家广播电影电视总局令第 27 号）。

旅游业发展，深入实施文化惠民工程，组织开展文化资源普查、挖掘和保护工作，维护各类文化市场包括旅游市场秩序，加强对外文化交流，推动中华文化"走出去"等。截至 2018 年 12 月 31 日，31 个省份文化和旅游部门已经全部完成整合工作。

随着经济社会的发展，文化和旅游融合趋势凸显。文化资源、文化创意能够提升旅游品位、丰富旅游业态，旅游则是文化传播、文化交流的重要渠道和纽带。长期以来，文化和旅游分属于两个政府部门管理，文旅融合存在行政障碍。此次机构改革为文化和旅游优势互补提供了体制机制保障。目前，新成立的文化和旅游部正在按照"宜融则融，能融尽融，以文促旅，以旅彰文"的思路，推进文化和旅游融合工作。

近些年，文化和旅游融合问题一直受到高度重视。2009 年，文化部、国家旅游局联合发布《关于促进文化与旅游结合发展的指导意见》。"2011 年"被国家旅游局确定为"中国文化游"主题旅游年，"2011 年 5 月 19 日"还被确定为第一个"中国旅游日"，主题就是"读万卷书，行万里路"。近年来，有关部门出台了不少政策文件，目的就是推动文化和旅游等融合发展。此次成立文化和旅游部则是从政府机构上为推动文化和旅游融合发展提供了保障。

（三）整合国有文化资源是重点

国有文化单位掌握着大量的文化资源，但这些文化资源普遍存在机制不活、使用效率不高等问题。盘活国有文化资源始终是国有文化单位改革的重点。2018 年一项重要的改革就是整合国有文化资源，包括整合国有媒体资源和整合基层公共文化服务资源。

1. 整合国有媒体资源

随着信息技术的快速发展，传统媒体在互联网、移动互联网的冲击下不断萎缩，陷入生存压力大、影响力减弱的双重困境。整合传统媒体资源，改善其生存境遇，提升传统媒体影响力是国有媒体改革的紧迫问题。整合媒体资源就是将原来独立运营的电台、电视台、报纸、网站等媒体整合在一起，实现资源共享，发挥综合效能。

整合传统媒体资源包括中央和地方两个层面。

2018 年 4 月 19 日，由原中国中央电视台（中国国际电视台）、原中央人民广播电台、原中国国际广播电台共同组建的中央广播电视总台正式揭牌亮相。这拉开了中央层面媒体融合的序幕。根据中央要求，省一级改革方案要在 2018 年 9 月底之前进行提交，2019 年 3 月底之前完成。

县级融媒体中心建设也在同步推进。2018 年 9 月，中宣部召开县级融媒体中心建设现场推进会，要求 2020 年底基本实现县级融媒体中心的全覆盖，2018 年先行启动 600 个县级融媒体中心建设。不同于以往历次改革着眼于市场化，此次组建融媒体中心，旨在回归新闻宣传主业，去除商业化目标，打造融媒体中心的公信力与影响力，做好基层的信息与舆论传播渠道拓展工作。同时，有少数经济发达地区通过组建媒体集团走上市场化经营之路。

以北京延庆区融媒体中心为例。2018 年 6 月 16 日，延庆区融媒体中心正式揭牌成立。在人民日报媒体技术股份有限公司提供的技术支持下，延庆区融媒体中心成为国内首家"广电 + 报业"模式的"中央厨房"，是集报纸、电视、广播和新媒体于一身的全媒体发展平台。

再以浙江省湖州市长兴传媒集团为例。2011 年 4 月，长兴传媒集团由原来的广播电视台、宣传信息中心、县委报道组、政府门户网站四个单位整合组建而成，成为全国第一家县级传媒集团；2012 年，集团整合报社等的采访资源，成立了全媒体采访中心；2016 年搭建了融媒体中心，整合采编人员；2017 年实行全域融合，打造"中央厨房"；2018 年进一步深化融合，将内容生产与经营进一步融合，进一步拓展指挥平台的功能。①

2. 整合基层公共文化服务资源

（1）公共文化服务设施缺乏统筹

由于分业管理的格局，我国公共文化设施长期存在多头建设、各自为政的问题，主要表现为两个方面。

第一，多头建设。目前我国的公共文化服务体系建设实际上只是宣传文化系统的公共文化服务体系建设，其他部门如工会、共青团、妇联、科协、教育系统等所拥有的众多公共文化设施，因不受宣传文化系统管辖，也就没有被纳入公共文化服务体系建设之中，既不享受公共文化服务体系建设资金的支持，也不接受相关的考核监督。这些非宣传文化部门其拥有

---

① 《推进县级融媒体中心建设，这些案例值得借鉴》，搜狐网，2018 年 8 月 31 日，http://www.sohu.com/a/251188924_451230。

的公共文化设施数量众多，规模很大。据统计，全国文化系统县以上公共图书馆、文化（群艺）馆共有 6377 所；而工会系统的工人文化宫、共青团系统的青少年宫、妇联系统的妇女儿童活动中心、科协系统的科技馆、教育系统的中小学课外活动基地，共有 6681 所，超过文化系统公共图书馆、文化（群艺）馆的数量。公共文化设施建设存在一个矛盾的现象：一方面，宣传文化系统一直在呼吁要加大硬件设施建设力度；另一方面，工、青、妇、科、教等系统的公共文化设施只为本部门服务，公共文化服务职能履行不到位，设施闲置情况严重。

第二，各自为政。宣传文化系统同样存在各自为政、缺乏统筹的问题。一是不同宣传部门各搞一套，自成一体，造成资源浪费。比如原文化部建设乡镇社区图书馆，原新闻出版总署建设农家书屋；又比如在农村基层，文化信息资源共享工程、党员教育网、远程教育网、数字农家书屋等各自为政，未能产生综合效益。二是分级建设。一级政府建设一级公共文化设施，实行分级管理，只对本级政府负责，横向整合不够，这使得文化资源无法获得最大限度的利用。

（2）创新公共文化服务管理体制机制

第一，建立公共文化服务体系建设协调机制。建立协调机制，首先是统筹公共文化设施网络建设，重点是把工、青、妇、科、教等系统的公共文化设施纳入公共文化设施网络体系，盘活存量资源，优化设施网点布局，完善设施网络体系。

第二，整合基层公共文化资源。国务院办公厅印发了《关于推进基层综合性文化服务中心建设的指导意见》，要求统筹各级各类基层公共文化资源，建设综合性文化服务中心，提供公共文化服务。

以浙江农村文化礼堂建设为例。浙江农村文化礼堂建设就是整合基层公共文化资源的一种实践。浙江农村文化礼堂有以下三个特点。

一是改变了传统公共文化设施建设局限于文图两馆、基层文化中心的状况，将目光投向具有地方特色的祠堂、礼堂、庙堂等设施，以现代文化要素的注入使具有地方特色的老建筑物焕发新的生命力，也延续了传统乡土社会的风俗，兼顾了当地百姓独特的文化生活习惯。

二是通过对乡村传统礼堂、祠堂等设施进行改建、扩建，盘活存量资源，把有限的公共文化服务财政资源用在刀刃上，应建则建，能改则改，实现一次投资达到多重目标的效果。

三是尊重文化设施建设自主性，建设以文化为核心的农村发展新地标。在农村文化礼堂主题的挖掘上，重视农村自然禀赋，挖掘各村的特色文化资源，注重"一村一特""一堂一品"，避免了"千村一面"。

建设农村文化礼堂的目的是提升农村文化礼堂服务效能。将农村文化礼堂建设成满足群众多方面需求的集学习、礼仪、娱乐等于一体的文化设施综合体，要求文化礼堂做到"五有"，即有场所、有展示、有活动、有队伍、有机制。

浙江农村文化礼堂建设重塑了农村社会公共空间。一是农村文化礼堂的集会议事功能可以增进村民对农村公共事务的理解与关注，有助于保障村民参与公共事务决策的权利，有助于农村公共事务的决策民主，培养具有现代公民意识的农村治理主体。二是农村文化礼堂打造了村民公共交往空间，村民通过参与集体活动与集体决策增进彼此认同，形成文化共识，有助于和谐邻里关系。三是农村文化礼堂促进了社会主义核心价值观日常化、具体化。比如，农村文化礼堂对农村最美人物和道德榜样的展示，有助于在农村形成见贤思齐的良好氛围。①

二 整治偷税漏税、天价片酬与中国影视业变局

在市场经济条件下，文化市场是文化建设的重要抓手，也是观察中国文化发展的晴雨表。近些年，随着经济发展、人民生活水平的不断提高，居民消费结构发生了重大变化，精神文化消费快速增长，文化市场日趋活跃。但是，我国文化市场体系还很不健全，问题频出。"如何科学管理文化市场，完善文化领域治理"是文化建设中的一个重点问题。

影视业一直是文化领域中受众多、关注度高、影响力大的文化行业。2018 年"范冰冰事件"以及中国影视业监管新政，将影视圈推向了风口浪尖。"偷税漏税""阴阳合同""国家税务总局介入""巨额罚单""治理天价片酬"，这些都成为舆论关注的焦点，在中国影视业引发了强烈震动，也对未来的影视业产生了深刻影响。

---

① 参见祁述裕、孙博《文化礼堂 精神家园——浙江省农村文化礼堂建设案例评析》。

（一）整治偷税漏税

2018 年，以整治偷税漏税和天价片酬为抓手，有关管理部门加强了对影视业的监管。

2018 年 10 月 8 日，国家税务总局下发了《关于进一步规范影视行业税收秩序有关工作的通知》，重点是整治影视娱乐企业的偷漏税行为。

1. 明令禁止地方实行对影视业的税收优惠

地方政府对影视业实行的税收优惠是影视娱乐工作室和企业被追究偷税漏税责任的一个主要问题。

近年来，为了大力扶持影视业，财政部、国家发展改革委、国土资源部、住房和城乡建设部、中国人民银行、国家税务总局、新闻出版广电总局等多部门在 2014 年共同发布了《关于支持电影发展若干经济政策的通知》，同年财政部、海关总署，国家税务总局也发布了《关于继续实施支持文化企业发展若干税收政策的通知》。与此同时，多地开始针对影视业推出落地优惠政策。

许多地方为了发展影视业，成立了影视产业园区，采取了一些税收优惠和财政奖励措施，吸引文化企业和影视人才到当地落户。其中，知名度较大的有无锡国家数字电影产业园、浙江东阳横店影视基地、上海松江区影视基地、新疆霍尔果斯影视产业园等。

目前，各地针对影视公司的税收优惠政策分为两种。

其一，税收减免。一些地方参照《中华人民共和国企业所得税法》及其实施条例中对高新技术企业采取的"五免五减半"政策，吸引影视企业和其他文化企业到当地落户。①

所谓"五免五减半"政策，是指经认定后，减按 15% 的税率征收企业所得税，其中经营期在 15 年以上的，在 2017 年 12 月 31 日前自获利年度

---

① 根据《中华人民共和国企业所得税法》及其实施条例和《国务院关于印发进一步鼓励软件产业和集成电路产业发展若干政策的通知》（国发〔2011〕4 号）精神，为进一步推动科技创新和产业结构升级，促进信息技术产业发展，财税〔2012〕27 号文件规定：集成电路线宽小于 0.25 微米或投资额超过 80 亿元的集成电路生产企业，经认定后，减按 15% 的税率征收企业所得税，其中经营期在 15 年以上的，在 2017 年 12 月 31 日前自获利年度起计算优惠期，第一年至第五年免征企业所得税，第六年至第十年按照 25% 的法定税率减半征收企业所得税，并享受至期满为止。

起计算优惠期，第一年至第五年免征企业所得税，第六年至第十年按照 25% 的法定税率减半征收企业所得税，并享受至期满为止。不仅如此，许多地方还出台了增值税返还、上市公司奖励等多项吸引文化企业落户的政策。

以新疆维吾尔自治区伊犁哈萨克自治州霍尔果斯市为例。霍尔果斯是一个县级市，人口不到 10 万人，与哈萨克斯坦毗邻。该市在 2010 年被国务院确立为经济特区。根据霍尔果斯的税收政策，2010 年 1 月 1 日至 2020 年 12 月 31 日期间在霍尔果斯新办的《新疆困难地区重点鼓励发展产业企业所得税优惠目录（试行）》（以下简称《目录》）范围内的企业享受自取得第一笔生产经营收入所属纳税年度起企业所得税"五免五减半"、增值税、员工的个人所得税、办公用房补贴等多方面的优惠政策。根据《目录》可知，霍尔果斯的税收优惠政策主要针对农林、水利、煤炭等需要扶持的领域，也包括文化领域，比如数字音乐、手机媒体、动漫游戏、广告行业、创意投资以及广播影视全链条。2016 年营业税改征增值税试点在全国全面推行后，霍尔果斯新设立企业还可享受增值税及附加税按比例奖励返还政策。由于注册成本低、税收回报率高，霍尔果斯吸引了大批外地影视、娱乐、广告企业前来注册。据不完全统计，先后共有上千家影视公司落户霍尔果斯。

浙江省东阳市横店影视基地也是最早采取优惠政策吸引影视等文化企业落户的地区之一。2008 年，中共东阳市委、市人民政府发布了《关于加快横店影视产业实验区发展的若干意见》（市委〔2008〕36 号）。《关于加快横店影视产业实验区发展的若干意见》提出：对政府鼓励类的新办的影视文化企业免征 3 年的企业所得税；对区内影视集团符合规定的可给予合并缴纳企业所得税的优惠；允许投资人以商标、品牌、技术、科研成果等无形资产评估作价出资建设影视文化企业，作价入股注册资本的比例不超过 40%。

横店影视基地良好的拍摄条件，加上优惠政策，吸引了许多影视、文化企业到当地落户。华谊兄弟、光线传媒这些国内顶级影视公司把公司注册地由北京迁到了东阳市。据称，多年前东阳市就在该市市委、市政府门前的宣传栏上，张贴了当地企业纳税前 20 名的光荣榜。其中，华谊兄弟、光线传媒都赫然在列。但众所周知，这两家影视公司创办于北京，公司主管、主创人员、签约演员等主要活动地也还是北京。由于税收优惠等因素，这些公司把东阳市作为其纳税的地方。

上海市则对按国家规定认定为国家重点扶持高新技术企业的上海电影企业，减按 15% 税率征收企业所得税。

其二，税收奖励。比如在江苏省无锡市，无锡国家数字电影产业园实行税收贡献度奖励。前三年其征收的增值税、所得税按照市级留成部分的 80% 由专项资金进行奖励，后两年按 50% 进行奖励。在东阳市横店影视产业实验区内影视文化企业从入区之年起前两年增值税留市部分按 100%、后八年按 60% 的比例每年度给予一次性奖励；从获利之年起前两年企业所得税留市部分按 100%、后八年按 60% 的比例每年度给予一次性奖励。

尽管全国各地采取扶持高新技术企业的税收优惠做法吸引影视文化企业落地已有多年，但这种做法没有得到中央政策和法律法规的支持，因此严格来说，这是一种违规行为。

实际上，为了坚持税收法定原则，规范税收优惠政策，维护公平的市场竞争环境，2014 年国务院曾针对地方税收优惠政策进行了集中清理，明确提出除依据专门税收法律法规和《民族区域自治法》规定的税政管理权限外，各地区一律不得自行制定税收优惠政策；未经国务院批准，各部门起草的其他法律、法规、规章、发展规划和区域政策都不得规定具体税收优惠政策。

但此政策对新疆霍尔果斯并不适用。因为根据现行法律法规的规定，民族自治地方自治机关有权制定税收优惠政策。新疆作为我国五个少数民族自治区之一，其自治州、自治县决定的减税或者免税政策，报自治区人民政府批准即为有效。此次"范冰冰事件"中，霍尔果斯之所以也被作为清理对象，很重要的原因是后来霍尔果斯成为避税的地方。许多外地公司在当地注册分公司，通过分公司"合理避税"。有媒体报道，鼎盛时期，霍尔果斯有 300 多家"一条龙"代理注册和提供相关服务的公司，这些公司生意在当时都十分火爆。

由于注册审查不严以及监管不规范，这些在霍尔果斯注册的影视公司多数是空壳公司。很多艺人工作室虽注册在霍尔果斯，但注册资本只有 1 万元，实为空壳，只用于财务运作，享受税收优惠。此次国家税务总局规范影视行业税收秩序引发了霍尔果斯影视公司注销潮。据媒体报道，仅

2018 年 8 月 27 日一天《伊犁日报》就刊登了 25 则"注销公告"。[①]

2. 对艺人工作室税收征收由定期定额征收改为查账征收

影视税务新政很重要的一个内容就是不再承认艺人（演员、编剧、导演等）工作室个体工商户属性，对艺人工作室税收征收方式由定期定额征收改为查账征收。

众所周知，按照最新修订的《中华人民共和国个人所得税法》，从 2018 年 10 月 1 日起实施最新起征点和税率，个税起征点由原来每月 3500 元提高至每月 5000 元（每年 6 万元）。我国采取累进制所得税管理办法，个人所得税税率分为不同级数，收入越多，全年应纳税所得额就越高。如全年应纳税所得额（综合所得适用）不超过 3.6 万元的部分，税率为 3%，全年应纳税所得额（经营所得适用）超过 50 万元的部分，税率为 35%（见表 1、表 2）。

表 1 个人所得税税率（综合所得适用）

级数	全年应纳税所得额	税率（%）
1	不超过 36000 元的部分	3
2	超过 36000 元至 144000 元的部分	10
3	超过 144000 元至 300000 元的部分	20
4	超过 300000 元至 420000 元的部分	25
5	超过 420000 元至 660000 元的部分	30
6	超过 660000 元至 960000 元的部分	35
7	超过 960000 元的部分	45

资料来源：《中华人民共和国个人所得税法》。

表 2 个人所得税税率（经营所得适用）

级数	全年应纳税所得额	税率（%）
1	不超过 30000 元的部分	5
2	超过 30000 元至 90000 元的部分	10
3	超过 90000 元至 300000 元的部分	20
4	超过 300000 元至 500000 元的部分	30
5	超过 500000 元的部分	35

资料来源：《中华人民共和国个人所得税法》。

[①] 《范冰冰重罚后霍尔果斯"大逃离"：1 天登 25 则注销公告》，中华网，2018 年 10 月 9 日，https://news.china.com/domestic/945/20181009/34112762.html。

知名影视娱乐明星收入高，按照《中华人民共和国个人所得税法》，其每年须缴纳的所得税税率自然也高。为了少缴税，近些年一些影视娱乐明星纷纷成立工作室。一些地方为吸引影视娱乐艺人工作室入驻，将这些艺人工作室定性为个体工商户。按照规定，个体工商户生产、经营规模小，无法建账。于是，由税务部门按照一定方法进行核定，实施定期定额征税。这种征税方式由纳税人自报生产经营情况和应纳税款，再由税务机关对纳税人核定一定时期的税款征收率或征收额。于是，收入不菲的明星通过设立工作室，可以少缴不少税。

业内人士透露，在2018年10月国家税务总局下达《关于进一步规范影视行业税收秩序有关工作的通知》之前，霍尔果斯、无锡、东阳、上海青浦区都有企业优惠扶持政策。原来国内有很多人在横店开公司，上海青浦区有优惠政策后，有的演员、编剧、导演也会在这些有优惠的地方建立工作室，工作室收入在500万元以下税率为3%，收入在500万元以上税率为6%。[①]

《华夏时报》记者2018年6月调查得到的霍尔果斯税收数据显示，单单霍尔果斯，在影视公司数量猛增之外，每年会有40亿元税收流失，而落户浙江东阳的，也有一个影视公司落户10年节税3000万元的说法。范冰冰、李晨、刘诗诗、赵丽颖、王宝强等业内知名明星演员都有影视公司落户于此。

据媒体报道，国家税务总局下发了税务事项通知书。通知书显示，依据《个体工商户税收定期定额征收管理办法》，艺人工作室已不符合个体工商户税收定期定额管理条件，从2018年6月30日起将终止定期定额征收方式，要求艺人工作室在45天内按照定额终止前执行期内每月实际发生的经营额、所得额向主管税务机关进行分月汇总申报，未按规定期限如实申报缴纳税款的，税务机关将依法处理。终止定期定额征收方式后，征收方式将改为查账征收。一位地方税务系统人士谈到，影视行业是监管的重点之一，改为查账征收主要是出于加强监管的考虑，这要求相关企业编制完整的财务报表，经营更加规范。

---

① 《影视税打击的是谁？偷漏税者、高收入人群和承诺代缴税的甲方公司》，搜狐网，2018年8月3日，http://www.sohu.com/a/244941977_330259。

值得一提的是，艺人工作室除了终止定期定额缴税方式，征收方式改为查账征收以外，还须补缴 2016～2018 年的税款。有媒体报道，2018 年 11 月 29 日上午，有部分艺人工作室陆续接到税务部门通知，补税工作正式实施，共分为四个阶段：自查自纠、约谈补税、税务上门辅导、检查以及重点检查（税务抽查）。工作室需要根据 2016～2018 年三年总收入的 70%（最少）按个人劳务计算税款。如总收入为 100 万元的，100 万 × 70% 为个人补缴劳务费用的计税依据，同时扣除之前已经缴纳过的税款金额，最终补缴税款为 192500 元。总体而言，工作室补缴税款需按工作室总收入的 20% 左右计算。①

3. 阴阳合同

所谓"阴阳合同"，是指交易双方签订金额不同的两份合同，一份金额较小的"阳合同"用于备案登记纳税；另一份金额较大的"阴合同"则实际约定双方交易价格。就法律层面而言，签署"阴阳合同"是一种违背诚实信用原则的行为，会带来一系列的法律风险。最常见的风险便是"阴阳合同"会导致其中的某些甚至全部合同不具备法律效力。该行为常见于建筑施工和房屋买卖经营活动中。在中国，一般来说按照行规，影视演员获得的片酬通常是税后报酬，因此，"阴阳合同"主要是影视公司采用的避税行为。在早期，各个行业在税收征管方面的要求都不是很严格，管理也不够规范，很多行业采取"阴阳合同"的方式避税，影视行业也是如此。毫无疑问，"阴阳合同"是违反税务相关法律法规的行为，必须予以制止和惩罚。但范冰冰等演艺明星的主要收入是演出的片酬，按照行规，一般来说，片酬通常是税后收入，因此，"阴阳合同"并不是范冰冰等影视明星被追究偷税漏税的关键。

（二）治理天价片酬

天价片酬是中国影视业的一个老问题，各界呼吁多年但其一直没有得到解决。长期以来，中国演员的片酬占据一部电视剧总投入的 50%～80%。其中，明星演员又占片酬的绝大部分。而韩国与美国演员的片酬

---

① 《影视工作室接补税通知编剧行业缴纳 16% 税款》，新浪网，2018 年 11 月 29 日，ht-tp：//ent. sina. com. cn/v/m/2018 - 11 - 29/doc - ihpevhcm3153978. shtml。

一般不超过整体投资的 30%。国内影视剧为保证流量，将大部分投入放在主演片酬上。编剧、制作等方面的投入偏少，这是中国影视作品粗制滥造的一个重要原因。

针对影视业天价片酬问题，2018 年 6 月 27 日，中共中央宣传部、文化和旅游部、国家税务总局、国家广播电视总局、国家电影局等部委联合发布通知，要求加强对影视业天价片酬的治理，控制不合理片酬，划定了"全部演员、嘉宾的总片酬不得超过制作总成本的 40%，主要演员片酬不得超过总片酬的 70%"的政策红线。8 月 11 日，爱奇艺、优酷、腾讯三大视频网站联合正午阳光、华策影视、柠萌影业、慈文传媒、耀客传媒、新丽传媒六大制片公司，发出《关于抑制不合理片酬，抵制行业不正之风的联合声明》，共同抑制演员"天价片酬"，倡议：总片酬不超过制作成本的 40%，主要演员片酬不超过总片酬的 70%；单集片酬不超过 100 万元，总片酬不超过 5000 万元。

中国演员片酬整体偏高是不争的事实。对比中韩两国同等级别的演员单集片酬和年收入就会发现，中国演员的片酬明显高于韩国演员的片酬（见表 3）。

表 3　中韩电视剧演员片酬对比

	中国	韩国
演员片酬占总投资的比重	50% ~80%	10% ~30%
A 级（一线）演员单集片酬	40 万元至 100 万元（顶级流量明星可突破 100 万元）	30 万元至 60 万元
B 级（二线）演员单集片酬	10 万元至 20 万元	6 万元至 12 万元
C 级（三线）演员单集片酬	5 万元至 10 万元	工薪阶层水平

资料来源：根据相关资料整理而成。

问题不在于中国演员片酬高，而在于演员片酬在总制作成本中占比过高。中国演员的片酬一般要占电视剧总投入的 50% ~80%，而韩国与美国演员的片酬均不超过整体投资的 30%。演员片酬占比过高，其他费用支出自然就少，比如编剧。优秀的剧本是保证影视剧作品质量的关键，韩国尤为重视编剧的作用，知名编剧的费用比主演费用高的现象非常常见。

因此，在实际上，中国影视娱乐业有两个问题同时存在：一是演员特别是主要演员片酬占影视制作总投入的比例过高，二是投入不足。以国产剧《那年花开月正圆》为例。该剧总投资为 2.2 亿元人民币，总计 74 集。其中，几位主演的片酬加一起就将近 1 亿元，占比将近 50%，单孙俪一个人的片酬就超过 6000 万元。虽然，美国顶尖演员的片酬和收入属各国之最，但无论是美剧还是美国电影，其影视投入远远大于国产剧和国产电影。以《权力的游戏》为例。《权力的游戏》每集投入 600 万～800 万美元，第 6 集、第 7 集更是突破了 1000 万美元，高出大多数国产电影投资水平。而 A 级演员在前 5 集片酬占投资的比重不到 10%，加上 B 级、C 级，演员总片酬也不会超过总投资的 20%。后 2 集演员片酬占比有所上升，但也只占三成左右。①

同时，要理性看待演员片酬偏高问题。正如著名影视评论家尹鸿所说，从合理的薪酬结构上来讲，演员片酬应控制在总投资的 50% 以下，但演员片酬很大程度上确实取决于供求关系，因为明星在电影市场上属于稀缺资源。中国是世界文创产品数量最多的国家，文创产品数量越多，对明星的依赖性就越强，因此明星就变成了稀缺元素，这导致明星价格的高涨。这种现象需要一个过程来调整。当一个行业的成本高到难以维系的时候，市场会调整供求关系，这部分成本也可能会在演员的薪酬里面去消化。这个博弈需要一个过程，所以可能短时间之内对中国的影视行业的生产状况、产业结构会造成一些负面影响，但从长期来看，也许褪去泡沫之后，影视行业会在一条更健康的道路上往前走。②

（三）科学管理影视市场，促进影视业健康发展

1. 加强中国影视市场监管势在必行，但应避免运动式整治

从某种角度看，中国影视业有活力、发展快，但又浮躁、乱象丛生。这突出表现在两个方面：一是部分资金以投机心态进入影视业，破坏了商品价值规律，造成影视产品价格与价值的背离；二是一些影视娱乐明星，

---

① 《看了〈权力的游戏〉演员片酬，终于知道为什么美剧质量那么高了》，新浪网，2018 年 3 月 4 日，http：//k. sina. com. cn/article_ 6435189023_ 17f91311f001004j69. html？from = ent&subch = oent。

② 《专访清华教授尹鸿：范冰冰事件对中国影视产业的影响》，搜狐网，2018 年 10 月 15 日，http：//www. sohu. com/a/259051127_ 100160903。

借助于中国庞大的娱乐市场和互联网平台，在很短的时间里获得了惊人的财富，同时想方设法偷税漏税，这自然引起舆论的不满。此次有关部门对影视业施以重手，加强监管，得到了民意的鼎力支持。而影视市场的诸多乱象，也引起业内人士的严重不安。这也说明了此次影视业整治的必要性和紧迫性。

中国影视市场整治势在必行，但要注意科学整治、依法整治，防止运动式整治、选择性整治。受传统管理模式的影响，监管机构惯于将"运动"思维运用于监管活动中，在行政执法活动中则通常以集中检查、专项整治、专项执法等形式出现。这种执法方式有一个标准化的运作流程，即"出现问题—上级发出集中执法命令—运动式执法解决问题"，其管理重心在于防止问题的蔓延，是一种典型的应急管理式监管思路。

从政府管理的角度来看，运动式治理有利于短时间内高效地整合资源、集中精力解决当前严峻的社会问题并取得显著成效。但是，这种监管思路仍是使问题以个案的方式得到解决，无法将个案的执法成效上升到更高层次的制度安排，进而指导其他类似问题的社会治理。集中突击式的执法模式不仅无法弥合执法漏洞，也损害了执法的公信力。运动式执法扰乱了正常的政府与市场关系。[①] 这种执法方式存在以下三大突出问题。

第一，行政成本高。以这次国家税务总局规范影视业税收秩序的行动为例。此次规范影视业税收秩序的行动从 2018 年 10 月开始，到 2019 年 7 月底之前结束，时间长达近一年，分为四个阶段，分别是自查自纠、督促纠正、重点检查、总结完善，规范对象涉及数千家影视娱乐企业。工作量之大、行政成本之高可想而知。

实际上，影视娱乐企业在税收缴纳上存在的问题早已有之，也是人所皆知。国家税务总局在 2011 年就注意到了这个问题。2011 年，国家税务总局发布了《关于切实加强高收入者个人所得税征管的通知》（国税发〔2011〕50 号）。《关于切实加强高收入者个人所得税征管的通知》指出，"加强对个人从事影视表演、广告拍摄及形象代言等获取所得的源泉控管，重点做好相关人员通过设立艺人工作室、劳务公司及其他形式的企业或组

---

① 刘天永：《税案观察：影视行业补税 117 亿，最大税务风险点仍是税收筹划》，搜狐网，2019 年 1 月 30 日，http://www.sohu.com/a/292393520_ 665862。

织取得演出收入的所得税征管工作"。只是这个文件提出的问题在此后长达七八年的时间里并没有被解决，致使问题越积越多并形成痼疾。

第二，对影视娱乐企业正常经营造成负面影响。据媒体报道，按照国家税务总局的要求，艺人工作室全部改为查账征税，个人所得税统一由原先的核定征收改为查账征收，即利润的35%。一些地方相关企业暂停开票，静等国家税务总局出文。有律师透露，他的顾问单位很多是影视公司。这次税收严查引发的"地震"，使得有的影视公司乱成一锅粥。不只是以前的项目补税与否尚不确定，现在的项目也难以进行。很多项目已经签约，对方要毁约，因为根据现在的税率可能要亏，还不如不做。①

第三，影响政府公信力。根据2018年10月2日国家税务总局下发的《关于进一步规范影视行业税收秩序有关工作的通知》（税总发〔2018〕153号），江苏、浙江、上海、新疆等地地方政府多年实行的影视产业园区税收优惠政策失效。享受了第一种直接税减免的影视公司都需要按要求补缴过去三年因为优惠政策而被减免的税款。尽管根据上位法的原则，国家的税收主管部门有权力纠正地方政府针对产业园区的税收优惠政策，但这种措施毕竟对地方政府的公信力产生了负面影响，也影响了中央政府部门的公信力。

税收优惠政策突然被作废，同时被要求补缴原本被免除的税款，引起了影视从业者的反弹。多位知名编剧及影视人纷纷发表意见表示不妥。国税、地税合并统一后，针对工作室税收的问题，若有新规，应先广泛调研、定位试点，然后提请全国人大审读，通过之后确定实施日期。②

2. 影视娱乐业税收整治应做到既统一标准，又尊重行业特点

据媒体报道，影视娱乐业在按照"明星—导演—编剧—影视公司—老板"这个顺序通知补缴。此次整治行动结束后，国家税务总局还会发布影视娱乐业税收征收标准。在这个过程中，应该既要做到全国统一、令行禁止，又要调动影视娱乐业的积极性，这是核心问题。

---

① 《影视税打击的是谁？偷漏税者、高收入人群和承诺代缴税的甲方公司》，搜狐网，2018年8月3日，http://www.sohu.com/a/244941977_330259。

② 《税收地震再袭影视圈17名艺人被约谈，产业税收优惠就此作废?》，36氪网，2018年12月1日，https://36kr.com/p/5164935。

税率必须统一标准，各地不能自行其是，这是毋庸置疑的。但同时应该尊重影视娱乐业的特点，不搞"一刀切"，这对尊重影视从业人员的劳动，调动其积极性、创造性同样至关重要。

以艺人工作室为例。在现代社会，知名影星、歌星的从业活动早已不是个人行为，而是团队化运营的结果。就是说，明星背后通常有一个专业化的运营团队，这个团队专门负责演艺明星的各种经纪活动，包括演出、唱片制作、媒体宣传、广告策划、危机公关等。因此，影视娱乐明星的片酬并不完全是个人所得，而是以明星为核心的团队收入。因此，在核定艺人工作室所得税时，按照个体工商户的纳税标准征收固然不妥，但如果完全按照明星个人收入征收所得税，也不符合实际。对此，应该有一个更加合理的核定标准。

又如影视编剧所得税税率的核定，如果完全按照个人收入来核定也未必妥当。因为电视剧编剧的收入往往是多年积累所得，而且电视剧创作往往有一个工作周期，有的甚至长达数年。固然知名电视剧编剧一个剧本往往价值数百万元，甚至上千万元，编剧收入不菲，但如果仅仅把编剧的收入以一次性收入来计算所得税，也不一定合理。要考虑到编剧过程的较长时间段。从这个角度考虑，数百万元的收入也并不算很多。同时，现代编剧往往也是采取团队合作方式。这些都是一些行业和专业的特点。

须知税收是否合理，直接关系到文化市场的兴衰。国外多次出现过因为税制不合理文化市场发生反弹的情况。主演《一夜风流》的演员克劳黛·考尔白，曾经一部影片片酬15万美元，要是每年拍三部影片，则税后片酬可能只剩3万美元，第四部、第五部影片的税后收入更是少得可怜。大牌明星纷纷减少接戏数量，一年只接一两部戏，好莱坞一级大片因此爆发"用工荒"。

1951年，美国政府鼓励本国民众到国外勘探石油，规定若每18个月里公民有17个月的时间待在国外，则可免除国外收入的个税。好莱坞明星大喜过望，纷纷赴国外拍起独立电影，《罗马假日》等赴欧洲取景的影片应运而生。

2012年出演《大鼻子情圣》的法国国宝级演员德帕迪约为了逃避高额税收公开宣布放弃法国国籍，加入俄罗斯国籍。这位大鼻子情圣在移民前给法国当局写过一封公开信，他最后干脆说："法国我不住了，我把护照还给你们，还有那张从未用过的社会保险卡一并还给你们。从今以后，井水不犯河水，我是欧洲公民、世界公民。"2012 年有超过 5000 名企业家和名人离开法国。①

令人欣喜的是我国税务部门考虑到了这一点。2018 年 11 月 29 日各地工作室收到补税通知后，中国电视剧编剧委员会会长、《雍正王朝》《北平无战事》编剧刘和平在 29 日下午发布微博称：29 日跟国家税务总局领导沟通交流得很好，国家对影视业的扶持政策不变，只会更好，关于这三年补缴应纳未纳税款总局对编剧行业已给予明确答复，按国税发〔2002〕52号文件缴纳 16% 的税款，未足 16% 补足即可。② 这次沟通起到了很好的效果。

3. 影视娱乐业税收整治需区别明星高收入群体与一般文化企业，文化娱乐行业总体应落实中央减税降费精神

李克强总理在 2019 年政府工作报告中提出，要推进更大力度的减税降费，包括大幅度下调增值税的税率。③ 同时强调，根本上还要降低制度性交易成本。

在此背景下，包括影视娱乐业在内的文化行业减税降费势在必行。吊诡的是，据媒体报道，在此次影视娱乐业税收整治行动中，相关部门一度考虑采取的一个做法就是除了要对艺人工作室由核定征收变为查账征收外，还决定将影视行业工作室个人所得税税率从 6% 大幅度地提升到 42%，从 2018 年 8 月开始执行。涉及的工作室和个人，一次性需补缴 6 个月的税款。而且有的地方税务局已经下达了相关通知，但后来又取消执行。④ 从现实情况看，这个没有实施的通知显然很不妥当。

---

① 《国家要提高影视行业税率，最后为什么不提了？》，搜狐网，2018 年 8 月 27 日，ht-tps：//www. sohu. com/a/250365851_ 824915。

② 《电视剧编剧委员会回应影视行业补税：编剧按 16% 缴纳》，搜狐网，2018 年 11 月 29 日，http：//www. sohu. com/a/278671346_ 436725。

③ 减税降费措施主要有：一是大幅度下调了增值税的税率，将制造业等行业现行 16% 的税率降至 13%，将交通运输业、建筑业等行业现行 10% 的税率降至 9%，保持 6% 一档的税率不变。

④ 《国家要提高影视行业税率，最后为什么不提了？》，搜狐网，2018 年 8 月 27 日，ht-tps：//www. sohu. com/a/250365851_ 824915。

应该明确，此次影视娱乐业税收整治的主要目的是治理影视娱乐市场的不规范经营方式，纠正偷税逃税行为，要求影视娱乐业从业人员遵纪守法，照章纳税，并不是一味地提高影视娱乐业的税率，以此增加税收。

从笔者对文化产业的调研分析看，与其他行业一样，包括影视娱乐在内的文化企业同样普遍地存在经营成本高、税负重等困扰。

2018 年底，笔者受北京市委宣传部委托，就文化企业经营状况在国家文旅部和北京市委、市政府共建的位于北京市朝阳区的国家文化产业创新实验区，发放了调查问卷，共回收问卷 210 份。

从对调查问卷的分析中笔者发现，经营困难是文化企业的普遍感受。调查发现，文化企业存在的问题主要集中在五个方面：第一是房租、人员工资等经营成本过高（占调查企业的 57.46%）；第二是税负重（占 54.70%）；第三是资金紧张（占 48.07%）；第四是人才匮乏（占 48.07%）；第五是市场不稳定（占 43.09%）（见图 1）。

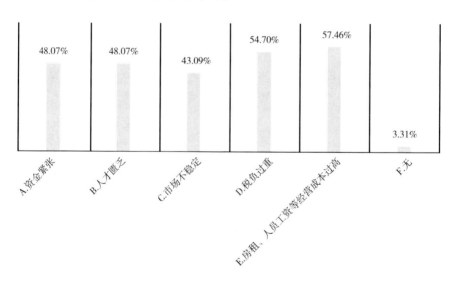

图 1　国家文化产业创新实验区部分文化企业经营中存在的问题

在希望政府提供的 8 项支持中，74.03% 的受访企业希望加大税收优惠力度，此项支持居首位。可见，减轻税负是文化企业最迫切的诉求（见图 2）。

在对国家文化产业创新实验区 210 家文化企业税收方面的诉求调查中笔者发现，87.85% 的企业希望适度返还企业所得税；44.75% 的企业希望

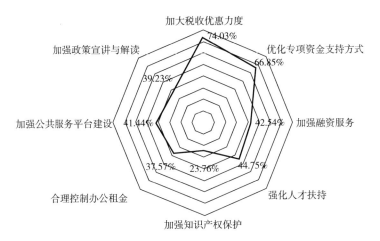

图2 国家文化产业创新实验区部分文化企业希望政府提供的8项支持的占比情况

适度返还高管个税；39.78%的企业希望扩大能够开具增值税发票的企业的范围；28.18%的企业希望落实对重点鼓励的文化产业的出口退（免）税政策。

文化企业之所以感觉税负重，是因为创意、时间、原创产品等因素在税收中没有体现。文化产品的特性是不可复制的，无法以工业化商品来衡量。文化产品的一些核心制造成本往往难以计算，如创意、思想、时间等。如果剧本不再以成交时的商品税来计算，而是以时间单位来计算，按月申报，时时统计税额，将会存在如何计算的困难。一部作品的创作需要历时几年，而作品完成之后，市场在确定其商业价值之时，也存在估值困难的问题。这就导致了如果不计算出一个可行的、包含风险成本在内的可计算生产成本，那么对文化产业是不公平的。社会科学研究也一样。由于没有解决文化产品的核心价值问题，我国实行的一些减税措施，如营业税改征增值税，对文化企业来说并没有起到降费的作用。不仅如此，由于文化创意类小企业往往没有多少前端成本环节，无法获得进项增值税发票，无法抵扣，所以其实际税负不减反增。这个问题不解决，将极大地制约文化创意企业的发展，不利于高端文化服务业的发展。

4. 影视娱乐业税收整治的背后是各种博弈

第一，影视娱乐业的税收整治反映了中央与地方的博弈。从中央政府角度看，保持全国税收标准统一，是维护税收秩序、保证国家税收稳定的基础。地方政府为了促进地方经济发展，总是想方设法吸引外来企业落户，而吸引外来企业的一个重要途径就是税收优惠。一些地方对艺人工作室按照个体工商户的标准实行定期定额征收，并根据其收入情况将税率定为3%和6%两个标准，就是在考虑影视娱乐业的特点的基础上以税收优惠吸引影视娱乐企业落户的普遍做法。这种做法造成了国家税收的流失，但地方政府能从中受益。

第二，影视娱乐业税收整治也反映了城市之间的博弈。在中国，长期的计划经济体制，使得文化资源的集中度总是与行政资源的集中度成正比。越是行政权力集中的地方，越是集聚着更多的资源和要素。影视娱乐业也是如此。北京市是行政权力最集中的城市，也是影视娱乐业资源最集中的地方。

近些年来，全国各地都承担着经济发展的巨大压力。为了经济发展，一些城市必须与中心城市争夺资源。就影视娱乐业来说，最重要的资源当然是文化企业和影视娱乐明星。各地要发展影视娱乐业，首要的自然是吸引文化企业和明星入驻。这些地方要想对企业和明星有吸引力，最重要的就是让利，包括税收优惠和土地优惠等。在城市发展的博弈中，有条件的城市都使出了浑身解数来吸引企业和明星。

此次税收整治风暴虽有助于解决偷税逃税问题，但并不能缓解城市之间的竞争压力。因为地方经济发展的压力还在，地方吸引企业和明星的渴望也没有消除。税收优惠这条路走不通，还有其他路径可选，比如土地优惠等。税务部门可以调整的主要是地方的税收减免政策，而针对税收奖励补贴，税务部门是无法干涉的，因为这属于财政补贴范畴，其管理权归属财政部门。比如青岛市为吸引影视公司到当地影视基地拍电影，明确给在青岛影视基地拍电影的影视制作公司数千万元的拍摄制作补助。其他地方也有类似的情况。

5. 强化自律是艺人获得尊重的前提，尊重艺术劳动是文化繁荣的基础

一是娱乐明星应强化自律，公众人物就要承担公共责任，中外皆然；二是落实管理部门的责任，进一步规范市场，把文化市场存在的问题一律归咎为文艺界从业人员是不客观的；三是尊重艺术劳动，科学劳动、艺术劳动都是创造性的劳动，有助于满足社会需求、推动社会进步，两者并无高下之分，那种不分青红皂白、把从事艺术工作的人一律蔑称为"戏子"，认为艺术劳动天然就要低于科学劳动的观点是不可取的，也是有害的。

三 处在十字路口的中国网络移动游戏业

根据中国互联网络信息中心（CNNIC）提供的数据，截至 2018 年 6 月 30 日，我国网民规模达 8.02 亿人，其中手机网民规模达 7.88 亿人，互联网普及率为 57.7%。巨大的网民规模推动了数字创意产业的快速发展，网络游戏则是其中发展最快的行业之一。

随着互联网对经济社会发展影响的加深，推动数字创意产业发展和扩大数字消费成为国家发展战略的一部分。

2016 年，国务院发布的《"十三五"国家战略性新兴产业发展规划》把"数字创意产业"①列为五大关键产业之一。国家发改委发布的《战略性新兴产业重点产品和服务指导目录》（2016 版）和国家统计局公布的《战略性新兴产业分类（2018）》，进一步明确了数字创意产业的具体类别。2017 年，由中办、国办发布的《国家"十三五"时期文化发展改革规划纲要》提出，要优化文化产业结构布局，加快发展网络视听、移动多媒体、数字出版、动漫游戏、创意设计、3D 和巨幕电影等新兴产业。2017 年 8 月，国务院发布了《关于进一步扩大和升级信息消费持续释放内需潜力的指导意见》（国发〔2017〕40 号），将"面向文化娱乐的数字创意内容和服务"纳入了未来我国消费发展的重点领域，同时提出了提高信息消费供给水平、扩大信息消费覆盖面、优化信息发展环境三大重点任务，明确了互联网消费是下一步扩大消费的重点领域。

但国家宏观政策对数字创意产业的重视，与对数字创意产业的核心产业——网络游戏行业发展的限制性措施构成了很大的反差，这也成为 2018 年的一个突出的文化现象。

（一）加强网络移动游戏监管是 2018 年的基调

这一轮整治网络游戏行动在很大程度上起因于移动游戏取代 PC 端游

---

① 数字创意产业是指以互联网、移动互联网等新媒体为依托，以数字化、智能化、网络化技术为支撑，所形成的网络文学、游戏、影视、音乐、摄影、美术、创意设计、出版发行、在线教育、VR 等新型文化业态。

戏（电脑游戏），成了网络游戏的主体。

2016 年 5 月 24 日，国家新闻出版广电总局以规范行业秩序、净化市场环境为由，出台了《关于移动游戏出版服务管理的通知》，针对移动游戏上线运营设置了前置审批环节。该通知要求移动游戏在上线前必须申领版号，否则不允许上线。市面上已有的游戏也必须补领版号，否则将被作为非法出版物处理。由于移动游戏上线需要申领版号大大延缓了游戏上线运营的时间，增加了游戏公司的成本，该通知招致移动游戏企业的普遍不满。

随后，管理部门强化网络游戏监管的措施迭出。

2017 年 12 月 28 日，中共中央宣传部、中央网信办、工业和信息化部、教育部、公安部、文化部、国家工商总局、国家新闻出版广电总局联合印发了《关于严格规范网络游戏市场管理的意见》，要求严格规范网络游戏市场管理，开展针对网络游戏违法违规行为和不良内容的集中整治。从以往经验看，采取集中整治的做法，加强对娱乐业和游戏业的监管，通常是行业存在严重问题而采取的非常之举。

整个 2018 年，文化市场不断释放出对网络游戏业不利的消息。

2018 年 3 月，《游戏申报审批重要事项通知》明确表示，因机构改革将影响游戏审批工作，网络游戏版号从 3 月开始停发。停发网络游戏版号的做法，在网络游戏界产生了极大震动，网络游戏界哀鸿一片，许多中小企业被迫停工或停产，一些网络游戏企业因此倒闭，直到 9 月份网络游戏审批才恢复。网络游戏版号停发持续了大半年。

后来尽管恢复了审批版号，但游戏业界普遍对网络游戏业前景持悲观态度。一是由于停发了 7 个月，恢复审批版号后审批数量也并没有增加，大量游戏产品积压待批。有媒体统计，按照业内过往每个月 700 款新游戏算，版号停发期间大约积压有 7000 款游戏等待过审。① 二是恢复审批版号后，审批版号实行总量控制，提高新增游戏上线门槛已经成为既定要求。

2018 年 8 月 30 日，教育部等八部门发布了《综合防控儿童青少年近视实施方案》（以下简称《方案》）。《方案》要求，实施网络游戏总量调

---

① 《面对"网络游戏道德委员会"，人们在害怕什么？》，搜狐网，2018 年 12 月 11 日，ht-tp：//www.sohu.com/a/281170554_ 120052689。

控，控制新增网络游戏上网运营数量，探索符合国情的适龄提示制度，采取措施限制未成年人使用时间。《方案》印发后，游戏公司股价应声下跌。腾讯公司的股份一天蒸发市值 1300 多亿元。美股挂牌的网易股价下跌超7%，创下 2016 年 6 月 1 日以来的新低。

2018 年 12 月，网络游戏道德委员会在北京成立。网络游戏道德委员会是在中宣部指导下，由有关部门以及高校、专业机构、新闻媒体、行业协会等的研究网络游戏和青少年问题的专家、学者组成的组织，负责对存在道德风险的网络游戏进行评议。12 月 7 日，网络游戏道德委员会对首批存在道德风险的网络游戏进行了评议。据媒体报道，根据网络游戏道德委员会的意见，网络游戏主管部门对其中 11 款游戏责成相关出版运营单位认真修改，消除道德风险；对其中 9 款游戏做出不予批准的决定。网络游戏道德委员会的成立遭受一片质疑之声。正如一篇文章所说："游戏玩家和从业者怕的，并不是监管压力，而是一项新的监管机制出炉了，但没人知道它的标准是什么。如果规则不公开透明，那么所有游戏都是刀俎鱼肉。"①

2018 年 9 月 5 日，《南方都市报》发布了题为《未来每款游戏或将征收 35% 的税款》的报道，报道指出，有关网络游戏的管理除总量控制外，未来还将有游戏版号配额制和游戏行业专项税，后者类似于烟草税，每款游戏可能将会征收 35% 的税款。

管理政策的变化对网络游戏业产生了重大影响。《2018 年 1 ~ 6 月中国游戏产业报告》显示，2018 年上半年，游戏市场整体收入 1050 亿元，同比仅增长 5.2%，而与过去三年 21.9%、30.1%、26.7% 的增幅相比，行业增长速度大幅减缓。

2018 年暂停游戏版号审批，加上正在实施的网游数量总量管控，将给2019 年游戏行业带来深刻影响。舆论认为，2018 年将成为网络游戏业的转折点。

管理政策的调整对网络游戏企业造成极大的冲击。以腾讯公司为例。2018 年 2 月，腾讯公司的股价攀升到 475.72 港元的高点，市值达 4.3 万亿

---

① 《面对"网络游戏道德委员会"，人们在害怕什么？》，搜狐网，2018 年 12 月 11 日，ht-tp：//www.sohu.com/a/281170554_ 120052689。

港元。随着一系列政策调整，腾讯公司股价一路下跌，至 10 月 26 日，腾讯公司控股收于 260 港元。腾讯公司股价下跌近一半，市值缩水 45%，市值蒸发 1.8 万亿港元（约合 1.6 万亿元人民币）。

面对各种压力，2018 年 9 月 30 日，腾讯宣布正式启动第三次重大组织架构调整，将原先七大事业群改为六大事业群。其中，网络媒体事业群、移动互联网事业群、社交网络事业群被取消，取而代之的是新设立的云与智慧产业事业群以及平台与内容事业群。这被认为是腾讯有意降低互动娱乐事业群在腾讯营收中的比重，以削弱腾讯的"游戏公司"标签。

2018 年中国游戏业罕见的正面消息是，11 月 3 日在韩国仁川举行的 2018 年英雄联盟全球总决赛（S8）中，王思聪的中国 iG 战队 3∶0 击败强大的对手欧洲豪门 FNC，这是中国内地战队第一次在英雄联盟的最高舞台拿下冠军，创造了中国电竞的新历史。这为萎靡的网络游戏行业涂上了一点亮色。

（二）促进网络游戏业健康发展需要正确认识娱乐的价值

1. 正确认识娱乐的价值和功能，客观评价网络游戏

首先，娱乐是繁荣文化市场的主要驱动力。现代社会，人的精神消费需求上升为主要需求，而休闲、追求刺激、满足好奇心、激发想象力等娱乐需求是人的精神消费需求中一个基础性的需求，也是推动文化市场繁荣的主要力量。

纵观改革开放以来我国文化市场的发展轨迹，文化市场尽管产品花样翻新、热点不断，但满足消费者的娱乐消费需求是不变的主题。音乐茶座、舞厅、卡拉 OK、电子游戏、台球、保龄球、主题公园、流行歌星演唱会、电影大片、韩流电视剧、小品相声、网吧、网络游戏等无不如此。这些娱乐产品之所以能风靡一时就是因为满足了一定时期公众的娱乐消费需求，而娱乐产品之所以升级换代迅速也是因为娱乐消费需求在不断变化。因此，娱乐消费需求是文化市场发展的主要驱动力。

实际上，娱乐与人类相伴随，游戏即生活，游戏即创造。古往今来，许多创造性的劳动都发源于娱乐。德国著名美学家席勒认为：只有当人在充分意义上是人的时候，他才游戏；只有当人游戏的时候，他才是完全意义上的人。

正因为如此，发达国家大都支持和鼓励网络游戏业的发展。

美国对游戏文化有较高的认同度和接受度。美国实施游戏产业促进政策，为促进企业研发活动、提高国际竞争力，美国从 20 世纪 80 年代开始实施研发税收抵免政策（R&D Tax Credit），给予包括游戏软件开发商在内的相关研发企业以较大的税收优惠，类似于中国针对高新技术企业的税收优惠政策。该政策虽然是临时性立法，但发布以来已经历了 15 次延长，且仍在实施。①

韩国游戏区别于其他各国游戏的最大特征就在于得到了政府的各方面支持，这在世界上十分罕见。韩国政府对游戏产业的支持包括很多方面，包括把网络游戏产业作为文化产业中的一个重要的支柱性产业来发展，设立游戏产业振兴院，由文化观光部出面组建韩国游戏支援中心，向韩国游戏产业提供从资金到技术的多方面支持等。

从国土面积和人口来说，芬兰是一个小国；但从网络游戏来说，芬兰又是一个大国。芬兰不仅诞生了 Supercell 和 Rovio 这样世界游戏公司的标杆，还拥有超过 250 家的游戏公司。芬兰游戏产业的发展在很大程度上得益于芬兰实施的游戏产业支持政策。芬兰通过制定 "Skene Game" 计划，在多方面支持网络游戏企业发展。芬兰政府的创业扶持机构——芬兰国家技术创新局（Tekes），从 1995 年起便对芬兰游戏公司投入大量资金，累计投资额超过 1 亿欧元，为公司产品开发阶段及国际化阶段提供补贴及低息贷款，并为私人投资提供跟投资金。

我国舆论对网络游戏的负面看法，在很大程度上源于中国传统文化对娱乐需求的排斥。中国传统社会的正统观念轻视和排斥娱乐，把娱乐与进取对立起来，"玩物丧志" 表达的就是这个意思。

在当代社会，繁荣文化市场首先要正确认识娱乐活动对于身心调节和愉悦的巨大作用。满足人们对美好生活的新期待，满足公众精神文化消费需求，很重要的一点就是要正确认识娱乐的价值，努力做到寓教于乐。

其次，既然网络游戏提供的是娱乐产品，就没有必要也不应该对娱乐产品中人物、场景的历史真实性予以苛求。只要不涉及政治理念，不会激

---

① 参见《干货分享：美国移动游戏市场你知多少？》，搜狐网，2015 年 8 月 24 日，http：// mt.sohu.com/20150824/n419606785.shtml。

发民族矛盾和宗教冲突等重大问题，对娱乐产品中历史人物的一些夸张的、变形的处理，简言之，不完全符合历史真实的艺术处理，应该以宽容的态度待之。

在这方面，我们应该向古人学习。在《西游记》里我们看到，作者对中国民间尊崇的神话人物如玉皇大帝、太上老君、海龙王等有许多变形、夸张甚至搞笑的描写，但古人不以为意，并不认为这是在亵渎神灵。同样，《西厢记》《牡丹亭》中主人公私订终身、偷尝禁果的做法违背了当时"父母之命，媒妁之言"的主流道德伦理，我们的先人尽管并不赞成，但认为其是文学作品，仍予以宽宥。在许多保留下来的明清时期大户人家的木雕装设中，我们仍然可以看到以这两出经典戏曲为素材的雕像。就是说，在我们的先人那里，他们把娱乐产品与现实生活分得很清楚。在现实生活中必须遵从社会道德伦理规范，但在艺术世界、娱乐世界里，人们享有一定的想象的空间和自由，允许在娱乐世界和艺术世界有一定程度的对现实世界的突破和逾越，这在较长的历史时期特别是文人世界里是被认可的。这种包容性，正是中华文化的魅力和伟大之处，值得当代人借鉴和汲取。

至于这种突破和逾越的边界是什么，需要在社会的接受程度、艺术家的表现技巧之间求得一个平衡，需要具体情况具体分析。从某种意义上说，正是这种平衡点才使得我们能够看到社会的活力所在、包容性所在。

以《王者荣耀》为例。该游戏对历史人物做了一些不符合史实的处理，尽管不值得肯定，但也并非什么重大过失，没必要上升到歪曲历史、误导未成年的高度。何况，在媒体对《王者荣耀》戏说历史人物的做法提出批评以后，制作方专门做了调整，对每个人物的真实历史身份做了说明，以澄清游戏世界与史实之间的区别。

最后，客观认识以新媒体为平台的亚文化。文化市场的消费主体是年轻人，年轻人总是有属于自己的文化表达和文化消费方式。而文化市场要保持活力总是要不断地推出新的文化表达和文化消费热点。这正是文化市场的活力所在。在现代社会，由于技术进步的推动，新媒体层出不穷，这使得新的文化表达和文化消费方式以更快的速度出现在文化市场。由于这些新型文化突出体现了亚文化的特点——不同于主流文化，亚文化发端于"草根"，有自己的价值观，有自己的观察社会的方式和表达方式，往往亦庄亦谐，内容混搭，形态复杂。比如，近些年大热的网络直播就是如此。在充满生机活力、轻松诙谐的同时，也夹杂着一些低俗的内容。这也是一段时间里，主流媒体对网络直播的一些不健康的内容做了一系列曝光的缘由。毫无疑问，这些批评是必要的，有助于网络直播业健康发展。但我们在曝光不健康内容的同时，还要对网络直播等新兴社交媒体上积极健康的内容、节目予以鼓励、支持，支持其健康、快速发展。"草根"性、以年轻人为主体、有生命力是以互联网为依托的亚文化的基本特点，因此从某种意义上说，以互联网为依托的新的社交媒体是最有吸引力的新的信息传输平台，这也体现新的文化消费方式。

应该看到，其一，从历史上看，一个健康社会的文化总是多元的，文化市场就是多元文化消费的组合，亚文化往往是一个社会最有生机、最有活力的文化；其二，亚文化不同于主流文化，但并不意味着对抗主流文化；其三，既要摒弃亚文化中的庸俗内容，也要积极吸收亚文化中的有益成分，丰富主流文化。天下无不可变之风俗，主流文化只有不断吸收亚文化的有益部分，才能保持活力和生命力。

（三）落实"放管服"改革精神，完善文化治理

强调重视娱乐的价值，客观看待网络游戏的作用，并不意味着对文化市场中的娱乐活动放任自流，对网络游戏同样如此。

近些年，网络游戏在快速发展的同时，也存在参差不齐、粗制滥造、侵权盗版、侵犯消费者利益、涉黄、涉暴、涉赌等问题。这些都说明迫切需要加强对网络游戏的管理，规范网络游戏市场秩序。需要强调的是，加强对网络游戏的管理，应该遵循党的十九大报告提出的国家治理体系和治理能力现代化的方向，体现落实中央"放管服"改革精神，完善文化治理的要求。

现代国家治理的核心是法治和共治，有四个主要特征。第一，权力中心分散化。治理包括政府、社会公共机构和行为者。第二，合作机制。强调在国家与社会合作的过程中国家与社会组织间的相互依赖。第三，参与性。治理强调管理对象的参与。第四，效率导向。强调管理方式创新，不断提高管理效率。

近年来，为发挥市场在资源配置中的决定性作用和更好地发挥政府的

作用，党中央、国务院大力推动"放管服"改革，要求做到简政放权、放管结合、优化服务。在文化领域同样要落实中央"放管服"改革精神。对文化管理来说，"放"就是下放文化行政权，降低文化市场准入门槛，厘清多个部门重复管理的文化行政权；"管"就是文化行政部门要创新监管职能，利用新体制、新技术加强监管机制创新，促进文化市场公平竞争；"服"就是转变政府职能，减少文化行政部门对文化市场的干预和对市场主体过多的行政审批行为，降低市场主体运营的行政成本，激发市场主体活力，提升创新能力。

落实"放管服"改革精神，完善文化治理，就要避免采用多年来我们常用的行政化的治理整顿方式的做法，实践证明，单纯的行政化的治理整顿方式短期内确实能起到作用，但从长期看不利于文化市场的健康发展。

我国文化市场是在 20 世纪 80 年代形成的。20 世纪 90 年代，我国文化市场进入发展的黄金时期，各个文化市场门类相继出现、快速发展并遍及全国城乡。但文化市场也面临"黄赌毒"问题、未成年人保护问题、知识产权问题、场所的消防安全问题等四大突出性问题。由于相关法律法规和经济税收政策不完善，政府部门常常迫于社会舆论压力，把治理整顿的行政手段作为文化市场纠偏的主要方式。从舞会、音像市场、电子游戏机、娱乐场所直至网吧和网络游戏等均是如此。治理整顿是一剂猛药，也是一柄双刃剑，虽然对遏制文化市场乱象能起到釜底抽薪的作用，但如治理整顿的范围、分寸把握不好，就会给文化市场、文化企业带来很大的消极影响。最典型的例子是 2000 年禁止网吧经营和禁止国内电子游戏设备的生产和销售。

以电子游戏为例，文化部联合有关部门先后开展了数次与电子游戏相关的专项治理工作：1996 年取缔有奖电子游戏机；1998 年取缔经营性电脑游戏活动；2000 年开展电子游戏专项治理；2002 年、2004 年开展网吧整治；2005 年开展净化网络游戏工作；等等。

其中，2000 年 6 月，国务院办公厅下发文件并召开电视电话会议，部署了近 10 年来最大规模的文化市场领域治理整顿行动，对全国电子游戏经营场所和娱乐服务场所开展专项治理，停止审批新的娱乐场所，压减场所总量，打击违法经营行为。总的来说，经过治理，娱乐场所非法经营活动得到了有效遏制，但电子游戏场所和娱乐业也元气大伤：根据文化部统计，电子游戏场所和娱乐场所的总量从 1998 年的约 18 万家减至 2002 年的 8.1 万家（不包括网吧），5 年之内减少了近 10 万家。

同时，2000 年国务院办公厅还转发了文化部的一个文件，即除加工贸易外，禁止任何企业、个人从事面向国内的电子游戏设备及其零附件的生产、销售活动，严格限制以其他的贸易方式进口电子游戏设备及其零附件。这一条禁令使得蓬勃发展的电子游戏设备行业基本消亡。直到 2013 年才取消上述禁令，电子游戏设备行业恢复生产。这十几年间，国外电子游戏行业突飞猛进，很多电子游戏企业异军突起。美国微软公司就是既做软件也做游戏主机研发的企业。而这十几年里，中国电子游戏产业处于"四无"状态——无新设备、无新产品、无新技术、无专利，电子游戏设备产业发展停滞了十几年。直到 2013 年有关部门取消电子游戏设备生产的禁令后，广东中山、番禺等地电子游戏生产基地才重新兴起，电子游戏设备出口数量也不断增加。

这件事情给我们的警示是，在文化市场管理上，各级政府应慎重决策，采取任何行政措施都要充分考虑成本和代价，应坚持"统筹"原则，既要解决眼前问题，又要考虑可持续发展。

（四）各类市场主体履行好各自职责，做到不缺位、不越位

首先，文化企业的责任是提供依法合规的文化产品。比如，在对《王者荣耀》的批评声中，有文章指责《王者荣耀》出品方腾讯公司在"防沉迷"上没有尽到社会责任。这种观点就似是而非。客观地讲，企业的责任是为社会提供依法合规的文化产品。人们往往只看到网络游戏给腾讯带来的丰厚利润，却忽视了腾讯同时对税收做出的巨大贡献，为年轻人就业提供的众多机会。仅就这两点而言，腾讯就是一家值得尊重的企业。至于如何"防沉迷"，严格地说，游戏生产方并不承担直接责任。

但这并不意味着网络游戏生产厂家对"防沉迷"可以熟视无睹。一个有社会责任感的企业，尤其如腾讯这样一家为网络游戏提供平台资源的企业应该在这方面尽责。

客观地讲，腾讯公司在这方面已经做了很大努力。该公司专门设计了"防沉迷"的系统，建立了未成年人守护平台，家长可以绑定未成年人的手机，一旦未成年人玩游戏时间过长，家长即可通过提示等方式予以限

制。比如针对《王者荣耀》，腾讯跟其他企业一起做了一个"成长守护平台"，强化实名认证，没有完成实名注册的玩家一律不能玩。同时，对孩子们玩游戏的时段、时长做出了规定。从 2018 年 7 月 18 日开始，12 岁及以下的孩子每天只能玩一个小时，晚上 9 点到第二天上午 8 点是不能玩的时段。此前，未成年人守护平台只对手游进行管理，而新平台涵盖了微信小游戏，可以对各种游戏进行全方位管理。

此外，腾讯公司跟中央文明办合作，设立了呼叫中心，一旦家长认为未成年人在使用网络游戏时出现问题，就可以向呼叫中心求救，呼叫中心可以一对一进行心理辅导。此外，为防止未成年人沉迷游戏，腾讯公司还开发了人脸识别和实名认证系统。在《王者荣耀》最火爆、受到批评最多的时候，腾讯公司用《王者荣耀》做试点，跟公安部合作，购买公安部的数据，对每个登录游戏的人进行身份强制认证，通过与公安部的数据进行比对，符合的人才能上线，不符合的人不能登录上线。为防止消费者买假身份证号注册，腾讯又通过人脸识别技术来鉴别消费者。《王者荣耀》的试点内容就是强制实名认证和人脸识别，至 2018 年底，已经推广到 15 款热门游戏。可以想见，上述工作的背后投入了巨大的人力和财力。

有舆论认为，腾讯是靠赚未成年人的钱来发财的。其实，这种看法是不准确的。笔者调研发现，未成年人在网络游戏上的支出，实际不足腾讯公司整体收入的 2%，占比是非常少的。据腾讯内部人士透露，在《王者荣耀》受到的批评最激烈的时候，腾讯总裁马化腾也倍感压力，一度跟主管部门商议采取措施，不向 13 周岁以下的孩子提供游戏服务。但上述建议提交给监管部门后，监管部门不同意。监管部门的回复是，腾讯是大企业，大企业要承担社会责任，如果腾讯不对未成年人开放游戏，"防沉迷"和未成年人权益保护就更没有企业来做了。因为未成年人不玩腾讯游戏，还可以玩其他游戏产品，可以"翻墙"去玩国外的游戏。

其次，政府部门的责任是解决市场失灵问题。政府解决市场失灵问题的途径有二：一是明确提倡什么、允许什么、反对什么和禁止什么，并通过法律法规予以保障；二是对消费者的文化娱乐消费行为予以正确的引导。

以网络游戏为例。政府部门对接网络游戏监管职责主要体现在五个方面：一是要做到内容健康；二是对未成年人来说时段和时长要合适，正如

《人民日报》评论文章所说，网络游戏不是洪水猛兽，不要谈游色变，① 保护未成年人不在于争论能不能玩网络游戏，而在于什么时间玩、玩多长时间；三是合理付费，不能纵容网络游戏企业把网络游戏作为吸金工具；四是树立标杆，支持、鼓励优质的网络文化产品，引导网络文化产品生产和消费；五是明确底线，营造健康的网络文化消费环境。

据媒体报道，有关政府部门正在着手组织实施"中国原创游戏精品出版工程"。这值得赞许，但需要注意的是，政府部门在引导文化消费上不能一厢情愿，而是要尊重市场经济规律，尊重文化消费规律。经常出现的情况是，政府部门往往一厢情愿地强调文化产品要体现教育功能。必须看到，文化市场的基本功能是满足消费者的娱乐和欣赏需求，而不是开展群众教育。在娱乐市场，消费者掏钱消费更多是出于满足轻松、愉悦的需求，而不是掏钱来获得教育。因此，应该努力倡导文化产品做到寓教于乐，而不是以教育为首要目的，否则其结果将事与愿违。

最后，家长应承担监督未成年人的主要责任。现在，越来越多的人意识到，防止未成年人沉迷游戏，家长应该承担主要责任。对于未成年人而言，家长作为监护人，提供有意义的陪伴是从手机游戏中将其拉出来的最有效的力量。这是因为，第一，按照国家有关法律，家长有教育子女的义务；第二，现在无论中小学，学生在校期间均禁止玩游戏，甚至禁止带手机。因此，实际上对未成年人来说，"防沉迷"主要是在放学以后和节假日期间。

未成年人沉迷网络游戏问题最严峻的地方是乡村。这既有父母外出打工难以尽到监护子女的责任问题（如在求学上面临的困难），也有父母不愿承担教育子女的责任问题（如把教育子女的责任转移给孩子的爷爷奶奶等）。

但是，人们的思维习惯常常仍停留在计划经济时期，仍习惯于政府包办一切，希望政府解决所有问题。而政府部门迫于社会压力，又将压力转移给企业，于是造成企业不堪重负。

问题在于，我们建立了一套市场经济运行体系，但缺乏相应的配套措

---

① 《人民日报海外版：游戏不是洪水猛兽 不要谈游色变》，搜狐网，2018 年 6 月 26 日，ht-tp：//www.sohu.com/a/237842772_ 100023628。

施。本来这并不是多大的问题，在中国可能就成为严重的问题，比如未成年人的监护问题。西方发达国家明确了父母作为子女的监护人有监护子女的责任，对于那些未能尽到监护子女责任的父母，发达国家有相关法律予以严厉惩戒。同时，对父母作为监护人的利益予以维护，包括子女就学地点的选择等。在中国，我们要求外出打工的父母尽到监护子女的责任，但又不能为他们提供与城里小孩一样的就学便利，于是引发了一系列问题，包括未成年人的监护问题，而这正是完善市场经济体制需要解决的。

总之，网络游戏健康发展需要综合治理。国家应进一步推动对于手机游戏的监管；游戏开发平台应肩负起社会责任，让"防沉迷"系统真正发挥作用；学校和社会对未成年人要有更多的关爱，让孩子在现实中感到快乐；家长应承担教育子女的责任。其中，最后一点是最重要的。

（五）对网络游戏产品实行分级制管理

对网络游戏产品实行分级制管理是国际通行做法，也是国内文化界多年来的呼吁，但出于种种原因其在中国内地难以实行。世界上尚没有实行文化娱乐产品消费分级制管理的国家已为数不多。从某种意义上说，对文化娱乐产品是否实行分级制管理，是衡量一个国家文化市场成熟度的重要标志。

娱乐产品消费分级制最早源于电影，后来延伸到电视剧等娱乐产品。世纪之交，随着网络游戏的快速发展，参照影视产品消费分级制，网络游戏消费分级制应运而生。

1. 以美国为例

美国作为世界上网络游戏起步最早的国家之一，其分级制度有着悠久的历史和完整的体系，以分级制管理为核心，制定了网络游戏管理政策。

（1）设立专门机构

美国的游戏分级组织"娱乐软件分级委员会"（Entertainment Software Rating Board，ESRB）成立于1994年，是一个独立的机构，主要是对游戏软件、网络游戏、网站等进行审核，根据游戏的内容决定其适合的年龄群体，目的是使消费者在购买或者租借软件时正确选择适合自己的产品。

（2）制定游戏分级制度

首先，明确等级分级流程。具体包括发行商提供最终版本、ESRB评估员独立进行评级、上诉委员会接受发行商对评级结果的上诉等。值得一提的是，ESRB 评估员来自社会的不同阶层和领域，有退休的学校校长、家长、专家，也有不同年龄段的玩家，而且评估员与互动娱乐业没有任何关系。也就是说，ESRB 评估员代表着不同的背景，具有异质特征，以确保评估的代表性、公正性。每个游戏软件的发行都需要首先获得 ESRB 的等级认定。

其次，明确具体级别划分。美国网络游戏的级别划分以年龄为基础，根据"强烈暴力""血腥""色情"等，分 EC、E、E10＋、T（Teen）、M（Mature）、AO（Adults Only）、RP（Rating Pending）等七个等级（见图 3）。

等级	图标	说明
EC		适合于3岁及3岁以上的人群，主要面向学龄前儿童，并且不包括任何让家长反感的内容
E		适合于6岁及6岁以上的人群，软件中可以包含最低限度的卡通、幻想，或者有轻微暴力和/或很少出现的轻微粗话，约有54%的游戏属于此类
E10+		这一级是在2005年新增加的，属于老少皆宜的游戏，但适合年龄提高到10岁及10岁以上。与E级相比，E10+的游戏含有更多的卡通、魔幻或者轻微暴力、轻微粗话，以及最低限度地包含（或者很少有）血腥和/或暗示性主题
T		适合于13岁及13岁以上的消费者，可以包含暴力、暗示性主题、未加修饰的幽默、最低限度的血腥、模拟赌博和/或少出现的非常粗俗的语言，约有30.5%的游戏属于此类
M		适合17岁及17岁以上的玩家，可以包含激烈暴力、血腥、色情和/或粗话，约11.9%的游戏属于此类
AO		仅适合成年人，可以包含长时间的激烈暴力场面和/或图形色情内容以及裸露镜头
RP		带有该标志的产品已经向ESRB提交定级申请，正在等待结果。这个符号只在游戏发行之前的广告和/或演示中出现

图 3　美国网络游戏分级等级、图标及说明

2. 以世界网络游戏大国韩国和芬兰两国为例

韩国负责电影与游戏内容分级管制的"韩国媒体评等委员会"，全名为 Korea Media Rating Board，简称 KMRB。尽管 KMRB 是仿效美国 ESRB

的产物，但 KMRB 分级思路带有浓厚的韩国特点。韩国实施自律分级制度，以用户年龄作为主要考量标准，分为四级：全体用户、12 +、15 +、18 +。

芬兰实施的是欧洲游戏信息组织（Pan European Game Information，PEGI）统一游戏分级制度，分级方式和分级标识包括年龄种类和内容类型两部分。年龄分五个类别，即 3 +、7 +、12 +、16 +、18 +；内容分七种类型，即粗话、歧视、药品、恐怖、赌博、性、暴力。芬兰专门设立了投诉委员会负责处理来自网络游戏企业和消费者的投诉和纠纷事宜。

在我国，网络游戏作为大众娱乐方式，同样迫切需要实行分级管理，这有助于保护未成年人的利益。

多年前，我国相关行业协会已经研究并发布了网络游戏分级制度，如 2011 年 9 月中国青少年网络协会与游戏工委联合推出的国内第一套以游戏推广为目的的游戏分级制度《中国绿色游戏评测与推荐制度》。该制度将游戏划分为五级，分别为"全年龄段""初中生年龄段以上""高中生年龄段以上""18 岁年龄段以上""危险级"。无论是游戏评定标准还是评定程序等均较为成熟，基本能够作为推行的基础。但出于种种原因，该制度没有付诸实施。

随着《王者荣耀》引发的争议，对网络游戏实施分级管理再度成为媒体和业界呼吁的热点话题，也成为"两会"的热门提案。

我国文化产业政策的未来展望*

从 2000 年中央提出完善文化产业政策以来，我国文化产业政策从无到有再到不断完善，在引导产业发展方向、优化产业发展环境、规范文化市场秩序、促进文化资源有效配置等方面发挥着越来越重要的作用。但也存在着政策之间协调性、系统性不强，政策体系不够健全，政策执行监管不严、缺乏绩效评估，部分政策设计不周密、政策效果不佳，政策的公平性仍有待提高等问题。针对这些问题，未来我国文化产业政策的发展需要着重从以下六个方面入手。

一 坚持以培育文化市场为核心

党的十六大以来，我国文化产业政策在价值取向上经历了从组建文化集团到重塑国有文化市场主体，从促增长、扩规模到调结构、保质量的转变。这种价值取向在当时有一定的合理性，但忽视了培育文化市场这个核心问题，导致我国文化市场体系不完善、政府干预过多和监管不到位等问题一直存在。完善文化产业政策就要以市场为导向，以建立健全现代文化市场体系为核心，重点解决以下三个问题。

首先，大力促进公平竞争。当前，我国文化产业领域还部分存在政府对市场主体区别对待、不严格遵守竞争规则的现象，尤其是对国有文化企业提供过度扶持保护和设置行业壁垒的现象依然存在。未来文化产业政策制定的重点，是要冲破基于部门行业的壁垒和固守地方利益的行政管辖壁垒，健全文化市场的自由准入和退出机制，鼓励文化企业自由竞争和兼并

---

* 本文于 2015 年 3 月 8 日发表在《人文天下》，参与写作人有曹伟、纪芬叶、孙博，收入本书时有改动。

重组。同时，要坚持对公有制和非公有制文化企业一视同仁，推动实现二者之间的权利平等、机会平等、规则平等，打造公平竞争的市场环境。

其次，加强文化市场支撑体系建设。建立公平的市场竞争秩序是要解决"政府越位"，而建立市场支撑体系则是要弥补"政府缺位"。市场支撑体系不健全是我国文化产业发展的短板之一。因此，今后要完善文化产业政策，就要在加强文化市场支撑体系建设上下功夫，通过促进文化要素市场建设、加快市场信用体系建设、健全市场监管体系和完善知识产权保护、文化人才教育与培养等市场配套服务机制建设，推进文化市场支撑体系的完善。

最后，促进文化消费。文化消费在现代文化市场体系建设中居于龙头地位，是文化市场繁荣的基础。在文化产业政策上，要通过消费结构的调整和水平的不断提升，促进文化产品和服务的创新发展和转型升级。未来我国文化产业发展的核心支撑在于扩大内需，真正的产业驱动力，即公众的文化消费需求尚未完全得以挖掘，文化消费习惯也未形成。因此，需要政府通过政策培育公众文化消费意识、引导居民文化消费，为公众文化消费创造适宜的条件，让公众乐于消费。

二　加快文化产业立法

当前，我国文化管理以行政管理为主，主要依赖发红头文件、领导批示、试点引路、靠典型事件决策等方式。文化产业政策制定也存在类似问题，影响了政策的可执行性和可预期性。

完善文化产业政策，首先要树立法治意识。政府在制定文化产业政策时需要尊重法律权威，履行法律所赋予的职能，法无明文授权的领域则禁止进入。其次要大力推动基本文化法律建设。该由法律规范的领域不能长期依靠政策调控，已成形的政策该上升为法律的要上升为法律。要加快文化产业促进法、图书馆法、出版法、电影法、文化市场管理法等立法进程。再次要在目前党委和政府共同主导文化产业发展的现实情况下，推动法律法规与党的规章的协调统一。党委不能任意出台与法律法规相违背的政策。最后要对各类政策的出台有严格的程序性限制和效力层次划定。要明确划分政策的中央事权和地方事权，政策制定不能越级越位，中央和地方政策的出台实施均要遵循政府规范性文件的审查标准，做到依法行政、合法有据、公开透明。

三　重视与公共文化服务政策配套

在传统的文化管理思想中，文化事业与文化产业之间泾渭分明，而实际上在市场经济条件下，文化事业与文化产业既有不同点，也有共同点，两者不存在无法逾越的鸿沟。公益性文化事业需要重视开拓市场，经营性文化产业也要重视公共价值，两者并不相互排斥。只有经济效益和社会效益都得到体现，文化产品才能实现价值最大化。

但是，当前文化产业与文化事业特别是公共文化服务体系建设"两张皮"的现象仍然存在，两方面的政策衔接配套不足。因此，今后在文化产业政策制定上要破除陈规，将产业发展与公共文化服务体系建设有机结合。一方面，在公共文化服务体系政策制定上，要强化产业思维。转变公共文化产品和服务的供给模式，由"包办"走向"引导"，形成"政府资金引导、政策鼓励扶持、社会主体广泛参与"的公共文化服务供给格局，引入竞争机制，提高社会力量参与公共文化服务建设的积极性，形成公共文化服务体系建设与文化产业相互促进、相互扶持的良性循环机制。另一方面，在文化产业政策制定上，也要强化事业思维。要坚持"两种属性、两个效益、两个目标"，在强调产业价值和经济效益的同时，强调文化产业在文化传承、价值引领、愉悦身心特别是培育和践行社会主义核心价值观方面的人文价值和功能。

四　增强文化产业政策与一般产业政策的协调性

文化产业既具有国民经济一般产业的属性和功能，也有文化自身的属性和功能。在遵循文化自身发展规律和要求的同时，也要遵循国民经济一般产业发展的规律和要求，尤其是文化产业政策要注重与一般产业政策衔接配套，体现国民经济宏观调控、市场监管的一致性。但是，受多种因素影响，当前文化产业政策与一般产业政策一直未能有效融合，导致文化产业处于"小文化"的自我封闭状态。

今后，在文化产业政策制定上应全面考虑文化产业与其他产业之间的关系，在政策制定规划上形成文化经济的战略思维，坚持"大文化"的整体发展思路。要适应目前文化与科技等相关产业融合发展的趋势，通过制定产业政策创造条件，形成多产业链条，充分发挥文化创意在赋予其他产业、产品文化内涵，间接创造价值上的作用，形成关联带动效应，最大限度地带动其他产业的发展。通过制定政策鼓励文化产业与相关产业接轨，形成与其相匹配的经济规模，发挥后发优势，与之实现联动发展，形成规模经济效应，提升产业发展水平和质量。要加强宣传、文化部门与相关部门之间的沟通协作，突破文化产业仅是宣传、文化部门热衷推动而综合经济部门却不加重视的发展瓶颈。推动相关部门在其他产业政策制定过程中，将与文化产业的发展关系纳入考量，形成相互衔接、联通合作、配合无间的产业政策体系，将文化产业发展由部门推动上升为全社会推动。

五　促进政策制定过程的开放、透明、公开

目前在文化产业政策制定过程的开放、透明、公开方面依然存在一些需要改进的地方。因此，在文化产业政策制定过程中要注重广泛征求公众意见，注重开放、透明、公开。在政策起草过程中积极引入非利益攸关方，确保政策制定的客观性和公正性。在政策讨论阶段，在符合相关保密规定的情况下，应考虑适时举办公开的政策听证会来听取包括政策服务对象、基层政府部门和社会公众等在内的各方意见，确保政策的科学性和可行性。政策制定完成后，在综合考虑政策实行范围和不违反相应法律法规的前提下，应当及时向社会公开政策内容，并由相关政策制定主体做好相应的政策解读工作，及时执行信息公开。在政策执行过程中，在允许范围内，要扩大执行主体范围，引入协会、中介组织等社会力量参与，尊重行业自治。在政策效果评估中，建立公正高效的政策绩效评估体系，着力改变重制定、轻评估的现状。要重视政策终结，进一步推动整体产业政策体系的"立、改、废"，形成政策调整退出机制，促进文化产业政策体系自身的"新陈代谢"，更好地发挥其服务产业发展、助推产业升级的宏观调控作用。

六　强化政策程序性保障

现在一些文化产业政策之所以影响不大、效率不高，一个重要的原因

就是政策程序性保障不得力。文化产业政策需要完善以下三方面的程序保障。

第一，要夯实基础。在文化产业政策制定之前要做好充分的调研和数据搜集工作。重点解决现有的文化产业统计制度和监测体系滞后于产业发展的问题，对于尚未建立起独立的统计监测体系的行业，要尽快建立、完善产业统计指标体系和统计制度。同时，为进一步提升文化产业政策的时效性和适用性，要形成相对有效的动态数据监测体系，及时反映阶段性政策效果，为政策调整提供依据。

第二，要注重综合协调。目前我国文化产业政策的制定、执行和监督牵涉多个部门，而且产业政策的制定主体和实施主体存在分离的情况。为此，在政策制定过程中须将可能涉及的执行部门尽可能纳入，加强部门间的信息沟通与协调，防止政策偏向某一方利益诉求或执行责任不明，影响政策公平性和可行性。要进行多方协调，减少政策执行阻力。政策颁布过程中，要考虑执行主体的多样性，尽量以政府（如国务院、北京市人民政府）的名义或部门联合发文形式，提升政策本身的权威性，强化对执行主体的约束。

第三，要体现灵活多样。首先，要强化政策体系观念，既要有宏观规划导向类政策，也要有具体部署落实类政策；既要有针对文化产业整体的发展政策，也要有单独产业门类的扶持政策；既要有整体普惠类政策，也要有针对单一主体的特惠类政策。其次，在政策调节手段上要拓展思路。在扶持类政策上，要综合运用财政、土地、金融等多种手段，引导为主，投入为辅；在管理类政策上，要加强司法与行政手段的相互结合与配合，形成社会综合治理机制。最后，在政策形式上要量体裁衣。要选取适合并有利于政策推进执行的颁布形式。对于具体政策，考虑到政策对象、执行主体和时效性等因素，完全可以采取部门规章的形式确保政策尽快出台并发挥作用；而对于综合性、长期性和宏观性较强的政策，在颁布时则考虑采取更高层次的政府文件形式，以提升政策权威性并获得更多部门支持。

2000～2014 年我国文化产业政策体系研究[*]

摘　要：2000 年以来，我国文化产业政策从无到有再到初成体系，有力促进了文化产业的起步和发展，但也存在着政策体系不健全不完善等问题。展望未来，完善我国文化产业政策，要坚持以培育文化市场为核心，坚持依法行政，重视文化产业政策与公共文化服务政策、其他产业政策相配套相协调。同时，要强化政策程序性保障，促进政策制定和执行的开放、透明和公开。

关键词：公共政策　文化产业　产业政策　政策评估

2000 年以来，我国文化产业政策从无到有再到初成体系，对培育市场主体、扩大文化生产、促进文化交易、拉动文化消费、建设文化市场、激发创新活力发挥了积极作用，有力地促进了文化产业快速起步和平稳发展。然而随着改革进程的不断深入和文化产业的蓬勃发展，我国文化产业政策体系不健全不完善的问题逐渐暴露，影响和束缚了文化产业的进一步发展。因此，适应社会主义市场经济发展和依法治国战略任务需要，完善我国文化产业政策体系，促进文化产业持续健康快速发展，成为一个重大的理论和现实问题。

一　我国文化产业政策现状

文化产业政策的构成，有多种划分方法。考虑到 2000 年以来，我国文化产业政策的功能主要定位于从相关方面扶持和促进文化产业发展，本文

---

[*] 本文于 2015 年 5 月发表在《东岳论丛》，参与写作人有孙博、曹伟、纪芬叶，收入本书时有改动。

拟从财政、税收、金融、文化与科技融合、土地、人才等六个方面对我国
文化产业政策的现状做一梳理。

（一）财政政策

财政政策主要表现为各专项产业发展资金的设立（见表1）。资金来源
为中央和地方各级财政投入，扶持对象包括单一文化产业门类、文化产业
重点项目、特定文化企业、文化企业特定行为以及为文化产业提供金融支
持及其他服务的主体。部分地区如北京市，还设有专门机构负责专项资金
的研究、审议、决策和管理。

表1　2007～2014年各专项产业发展资金的设立情况

年份	财政政策支持文化产业内容	支持规模
2007	中央支持动漫产业专项基金	2亿元
2008	文化产业发展专项资金	10亿元
2009	中国文化产业投资基金	100亿元
2012	文化产业发展专项资金	34.63亿元
2013	文化产业发展专项资金	48亿元
2014	推动特色文化产业发展	800多个项目

财政政策主要存在以下五个问题。一是财政投入主要关注微观领域，
停留在"就事论事"阶段，对产业发展宏观导向把握不够。二是财政投入
方式单一，未能充分引导金融机构和社会资本，财政资金的杠杆作用和放
大效应不明显。三是财政投入总量相对不足。从绝对量上看，财政投入仍
难以满足产业发展的资金需求；从相对量上看，对文化产业的财政支持占
国家财政总支出的比重偏低。四是财政资金投入程度不一。对不同文化产
业门类、不同地区、不同所有制和规模的文化企业特别是民营文化企业、
小微文化企业支持力度不一，存在不均衡、欠平等问题。五是财政资金的
投入使用、绩效考核、信息公开、意见反馈、监督约束机制不完善，财政
资金的使用绩效难以衡量，政策执行效率不高。

（二）税收政策

文化产业的税收政策在主要税种中均有所体现。

增值税：在生产、出口、销售等环节，对转制单位、重点文化产品生产企业、国务院批准成立的电影制片厂、经国务院广播影视行政主管部门批准成立的电影集团及其成员企业等文化产业主体运用下调税率、出口退（免）税、先征后退等手段进行税收减免。

企业所得税：针对特定文化企业，如小微文化企业、试点文化集团、转企改制单位、高新技术文化企业，减免企业所得税；针对企业发展特殊时期，如新办文化企业三年免征所得税；针对企业从事国家鼓励的特定行为，如研发行为、企事业单位等主体对文化企业的捐赠行为，允许进行所得税加计扣除或抵免。

个人所得税：国家对单位和个人进行特定文化行为的鼓励，如对企事业单位、社会团体和个人通过非营利性的社会团体和国家机关对公益性青少年活动场所（包括新建）的捐赠，在缴纳个人所得税时准予扣除；拍卖品为经文物部门认定是海外回流文物的，按转让收入额的2%计算缴纳个人所得税。

营业税：对文化单位的特定经营行为收入予以税收减免，如纪念馆、文化馆、图书馆等公益性文化单位的门票收入，文化企业的境外演出收入，动漫企业开发动漫产品提供的劳务收入等。

关税：主要对文化企业进口从事文化生产和服务的必需设备免征进口关税，如对经文化部、财政部、国家税务总局认定的动漫企业进口动漫开发生产用品实施免征进口关税等，或对特定文化产品进口实行暂行优惠税率，如对艺术品进口实行一年的6%优惠进口关税。

房产税及土地使用税：对特定文化单位的自用房产或经营房产减免税额，如转企改制单位、宗教寺庙、公园、名胜古迹等。

税收政策的问题主要有以下五个方面。一是缺乏清晰的整体行业引导规划，具体政策的优惠幅度、力度、范围、受惠对象均相对较小或较为狭窄，在引领产业发展方向、促进产业结构调整上的作用不够突出。二是政策较为零散、不成体系且多为临时性政策，没能形成兼具长期性、广泛性和专业性的政策体系。三是税收政策调控手段单一，尚未形成通过税率、纳税期限、征收管理、减免税、出口退税、成本核算、税项扣除、亏损弥补、投资抵免等综合多种手段的优惠调控体系。四是文化产业税负相对偏高，如文化娱乐业、艺术品拍卖业综合税费负担较重。五是个别税收政策自相矛盾，制约产业发展。如一方面，鼓励纳税人（企业或个人）通过各种形式的捐赠扶持文化产业发展；另一方面，现行税收政策却又限制企业（个人）等纳税人捐赠，妨碍优惠政策的实际执行，影响政策效果。

（三）金融政策

金融政策主要包括银行信贷扶持政策、资本市场融资政策、保险支持政策、投资基金政策。金融政策主要存在以下五个方面的问题。一是文化产业门类众多，各行业融资特点不一，难以形成具有指导性、实践性和可操作性的统一政策。二是文化产业自身存在的规模偏小、资产偏轻、融资担保能力偏弱、相应风险担保机制不健全等投融资局限，导致金融机构面临较高的投资风险，政策执行主体动力不足。三是文化金融配套服务体系尚不健全。金融机构对文化产业特性认识不深，政策偏重宏观指导，缺乏可执行的具体内容和程序性指导意见，直接融资应用有限。四是政策公平性有待提高。不同文化产业主体处于不同的融资地位。国有企业，大型企业，经济效益好、有发展前景的企业更容易获得融资支持，而中小文化企业、民营企业、新兴文化产业则难以获得金融支持，这与文化产业以中小企业和非公企业为主的产业特有发展模式相背离，制约产业长远发展。五是针对文化产业的金融创新不足。政策设计路径因循传统工业产业的融资模式，在创设文化产业特有的信贷、担保、融资产品和模式方面探索较少，对众筹、风险投资、创业基金、联合担保、资产证券化等新型融资方式引入不够，未能推出符合产业特点的融资政策体系。

（四）文化与科技融合政策

文化与科技融合政策，在中央层面包括：《国家"十一五"时期文化发展规划纲要》提出要加快科技创新，推动文化与科技融合；《国家"十二五"时期文化改革发展规划纲要》提出构建国家文化产业科技基础条件平台，建设和完善国家重大文化科技基础设施，优化文化科技布局，加强相互配套、开放共享和高效利用；在推动我国动漫产业发展的若干意见中也对促进文化与科技融合有所涉及；各部委，如文化部、原新闻出版总署，均在推动文化产业、新闻出版产业发展的指导意见中提出了运用高新科技转变产业发展方式、促进产业升级、提升内容创新能力与水平、丰富产品表现形式等意见；2014 年《国务院关于推进文化创意和设计服务与相关产业融合发展的若干意见》，为科技创新和文化产业的融合拓展了更大空间。江苏、广东、浙江、山东等地方政府均出台政策从资金、人才、税收、技术支持等多方面支持文化与科技融合。

文化与科技融合政策主要存在以下三方面的问题。一是融合度较低。文化与科技创新更依赖于单行的鼓励科技创新政策，而文化产业政策中的有关内容仍停留在鼓励文化主体自主研发等初级融合层面，文化与科技融合"1＋1＞2"效应未能充分发挥。二是相关政策系统性不足，可操作性差。相关鼓励科技创新与文化产业融合的内容分别散见于推动文化产业发展和加强科技创新的单行政策中，主要作为主推政策的附属条文，且多限于宏观导向规划，没有具体内容、责任主体和程序性操作意见，难以落实。三是政策覆盖产业门类狭窄。相关政策多见于动漫游戏、网络文化、数字科技等本身依托于科技发展而形成的新兴产业的发展意见中，而传统行业如何与科技融合等产业发展难点问题却始终没有相应政策予以推动解决，难以提升文化产品和服务的整体竞争力和创造力。

（五）土地政策

近年来中央和地方出台了一系列土地政策对文化产业予以扶持。虽然国土资源部没有专门出台文化产业土地政策，但其他相关政策中支持文化产业发展的土地优惠内容并不鲜见（见表2），主要侧重于对文化产业项目、文化产业园区、特殊文化产业主体实施优惠的土地供应和利用政策。

表2　有关政策中支持文化产业发展的土地优惠内容

时间	相关政策文件	支持内容
2003 年	《文化部关于支持和促进文化产业发展的若干意见》	非国有经济投资的文化产业项目和建设的文化场馆，在市场准入、土地使用、信贷、税收、上市融资等方面，享受与国有经济投资的同等待遇
2008 年	《国务院办公厅关于加快发展服务业若干政策措施的实施意见》	实行有利于服务业发展的土地管理政策
2009 年	《文化部关于加快文化产业发展的指导意见》	实施重大项目带动战略。加快建设一批具有重大示范作用和产业拉动作用的重大文化产业项目，积极争取在征地和税收等政策上给予支持，并对文化产业园区的管理做出要求

续表

时间	相关政策文件	支持内容
2009 年	《文化产业振兴规划》	加快文化产业园区和基地建设，并提出对符合规划的产业园区和基地在基础设施建设、土地使用等方面给予支持
2009 年	《国务院关于加快发展旅游业的意见》	进一步明确了在文化旅游产业方面的土地政策，支持企事业单位利用存量房产、土地资源兴办旅游业
2010 年	《文化部关于加强文化产业园区基地管理、促进文化产业健康发展的通知》	对文化产业园区的土地及其他问题做了较为详细的规定，促进文化产业园区良好运营
2013 年	《国家级文化产业示范园区管理办法（试行）》	满足人民群众的文化消费需求，促进我国文化产业健康持续发展，推动国家级文化产业示范园区建设，规范园区申报、命名和监督管理
2014 年	财政部、国土资源部、中国人民银行等七部委出台支持电影发展八项经济政策	可通过单独新建、项目配建、原地改建、异地迁建等多种形式增加观影设施，并针对不同情况分别实行差别化的土地供应政策

　　土地政策主要存在以下三方面问题。一是政策过于笼统宏观，可操作性差。相应的土地使用、基础设施建设和市政配套服务政策与实施细则的欠缺使政策实施仅停留于表面，政策服务对象没能得到实质优惠。二是部分政策执行效果欠佳。支持文化产业园区发展的相关政策实施效果不佳，园区实际运营效率低下，"空心化"现象较为普遍。三是政策针对性不强。如土地政策未能调节文化产业发展空间分布不均衡问题；文化资源丰富、文化氛围浓厚的文化产业发达地区往往存在土地有限的发展硬约束，资源过度集中却利用不足，而中西部等文化产业成长地区土地供应充足却由于软环境的欠缺难以吸引资源集聚。

（六）人才政策

　　国家层面的文化产业人才政策以文化部的《全国文化系统人才发展规划》为主要支撑。该规划以加强七支文化人才队伍建设和实施九大重大人才工程为主要抓手，为文化产业发展提供人力资源支持。地方政府也在文化产业人才培养、引进、流动、利用等方面积极进行探索。如福建省通过拓宽人才培养渠道、发挥职业教育集团的作用加强文化产业人才队伍建设；广东省支持高等院校与文化企业联合建设、聘用海内外高级人才、加大对优秀人才的奖励力度。

人才政策主要存在以下三方面问题。一是偏重文化人才的整体培养，忽视对专业人才的培养。二是人才培养机制亟待完善。学历教育方面，文化产业人才培养定位不明确，培养层次结构设计不合理，师资力量不足，教材编写落后；非学历教育方面，人才培养与实际产业需求脱节，操作型人才、高级管理人才、文化贸易人才等产业急缺人才培养乏力。三是人才激励政策不足。已出台的政策将文化产业人才等同于一般文化人才，缺乏具有针对性的细化的可操作性指导意见，人才的收入分配、薪酬奖励、培养晋升、流动渠道、社会保障、能力评价等体制机制建设没有创新突破，难以激发文化产业人才的积极性和创造性。

二 我国文化产业政策制定与实施的成绩和存在的问题

我国文化产业政策的类型主要包括整体性政策、产业规划类政策、重点门类扶持政策、改革扶持类政策、完善市场类政策、综合扶持类政策、重点项目类政策。其中，整体性政策主要是在顶层设计和战略规划上明确文化产业的性质、功能、定位以及发展目标和价值取向，一般体现在党和国家层面的重要文件、重大规划中；产业规划类政策主要包括为促进一定时期、一定空间内的整个文化产业或相关产业的发展而在产业规划等方面提出的相关政策，主要体现在国家和有关政府部门出台的总体产业规划和转型产业规划中；重点门类扶持政策主要是国家和地方对动漫、网游等重点门类产业从财政、金融、土地等各方面提出的特定政策，主要体现在专项政策或综合政策中；改革扶持类政策主要是以深化文化体制改革总政策为主要内容，以推进国有文化院团改革、促进小微企业发展、培育市场主体等为重点的相关政策，主要体现在专项政策中；完善市场类政策主要是围绕构建统一开放、竞争有序的现代文化市场体系而提出的相关政策，主要体现为相关专项政策；综合扶持类政策主要是为促进服务、消费等某一行业、领域发展而从各方面提出的配套政策，主要体现在相关专项政策或综合政策中；重点项目类政策主要是国家和地方为搭建文化产业发展平台在专项资金、园区建设等方面提出的相关政策和项目，主要体现在专项政策中。

2000 年以来，我国文化产业从无到有、从小到大，稳步向国民经济支柱产业迈进，文化产业政策在管方向、推起步、促增长、调结构、提质量等方面发挥了积极的促进作用，但也存在不少问题。

（一）主要成绩

第一，明确产业主导思想。对文化经营行为的认可和对"文化市场""文化经济"概念的承认为文化产业的发展奠定了思想基础。"十五"计划提出了"文化产业"和"文化产业政策"概念，标志着国家运用产业政策调控产业发展的开始；十六大明确区分"文化事业"和"文化产业"，提出完善文化政策，支持文化产业发展；十七届五中、六中全会提出推动文化产业成为国民经济支柱性产业；十八大将文化产业发展成为国民经济支柱性产业列入全面建成小康社会指标体系。纲领性文件的出台为政策制定提供了顶层设计思路。

第二，引领产业发展方向。2006 年《国家"十一五"时期文化发展规划纲要》确定了重点产业门类；2009 年《文化产业振兴规划》将文化产业提升为国家战略性产业；2014 年《国务院关于推进文化创意和设计服务与相关产业融合发展的若干意见》强调文化产业对相关产业的带动作用，突出其在经济转型升级中的重要地位；《文化部关于加快文化产业发展的指导意见》《"十二五"时期文化产业倍增计划》等一系列文件推动了文化产业跨越式发展。

第三，助推优势产业发展。2003 年《文化部关于支持和促进文化产业发展的若干意见》提出培植开发新兴文化产业；2009 年《文化产业投资指导目录》鼓励部分网络文化服务业和动漫产业发展；2006 年《关于推动我国动漫产业发展的若干意见》和 2008 年《文化部关于扶持我国动漫产业发展的若干意见》助推动漫产业发展热潮；2005 年《关于网络游戏发展和管理的若干意见》支持网络游戏健康发展；2014 年《关于推动特色文化产业发展的指导意见》《藏羌彝文化产业走廊总体规划》扶持特色文化产业发展。这些政策有助于培育新型文化业态，推动资源流向重点优势门类，优化文化产业结构。

第四，培育合格市场主体。2003 年《关于印发文化体制改革试点中支持文化产业发展和经营性文化事业单位转制为企业的两个规定的通知》为国有文化单位转企改制提供了政策支持；2005 年《关于深化文化体制改革的若干意见》是中央首次就文化体制改革做出的重大决策；2006 年文化部、新闻出版总署分别就文化及传媒行业的改制工作做出具体部署；2008 年《文化体制改革中经营性文化事业单位转制为企业的规定》和《文化体制改革中支持文化企业发展的规定》两个文件成为指导文化体制改革由点到面推开、扶持文化企业做大做强的根本性文件；2009 年《关于深化国有文艺演出院团体制改革的若干意见》、2011 年《关于加快国有文艺院团体制改革的通知》以及《关于深化非时政类报刊出版单位体制改革的意见》明确了国有文化单位改革的时间表和路线图；2013 年《关于支持转企改制国有文艺院团改革发展的指导意见》助力改制院团繁荣发展；十七届六中全会决定继续执行文化体制改革配套政策，延长转企改制单位扶持政策执行期限；2014 年《关于印发文化体制改革中经营性文化事业单位转制为企业和进一步支持文化企业发展两个规定的通知》（国办发〔2014〕15 号），对国办发〔2008〕114 号文件进行了修订完善，推动改革继续深化。政策的实施促使改制单位成为合格文化市场主体，奠定了产业发展的微观基础。

第五，激发社会资本投入。2005 年《国务院关于非公有资本进入文化产业的若干决定》引导规范非公有制资本进入文化产业，《关于文化领域引进外资的若干意见》履行了入世承诺，规范文化领域引进外资；2012 年《关于鼓励和引导民间资本进入文化领域的实施意见》鼓励民间资本进入文化产业；2014 年《关于大力支持小微文化企业发展的实施意见》支持创业，大力扶持小微文化企业发展；十八届三中全会对政府简政，进一步降低了资本进入文化产业的门槛；2014 年 8 月国务院《关于取消和调整一批行政审批项目等事项的决定》中涉及文化产业及相关领域的共 29 项，引爆了社会投资热情。

第六，助推产业升级。2007 年《国务院关于加快发展服务业的若干意见》《国务院办公厅关于加快发展服务业若干政策措施的实施意见》强调大力发展旅游、文化、体育和休闲娱乐等服务业；2008 年《国务院办公厅关于搞活流通扩大消费的意见》把文化娱乐、休闲旅游等文化消费作为新的消费热点加以培育；2013 年《关于促进信息消费扩大内需的若干意见》提出要大力发展数字出版、互动新媒体、移动多媒体等新兴文化产业；2006 年《关于鼓励和支持文化产品和服务出口的若干政策》、2014 年《关于加快发展对外文化贸易的意见》助推文化产业"走出去"。促进文化与相关领域的融合发展也是近年的政策热点。2009 年《关于促进文化与旅游结合发展的指导意见》推动了文化旅游业发展，2012 年《文化部"十二五"文化科技发展规划》推动了文化与科技加速融合。融合发展政策使文化产业突破部门界限，成为国民经济的重要驱动力。

第七，搭建产业发展平台。一是财政专项资金。目前从中央到地方普遍设立了文化产业专项发展资金。截至 2013 年，中央财政已累计安排 142 亿元支持文化产业发展。二是示范类园区和基地建设。2004 年至今共设立了五批 265 家国家文化产业示范基地、四批 8 家国家级文化产业示范园区和 4 家国家级文化产业试验园区。2006 年推出了《国家文化产业示范基地评选命名管理办法》（以下简称《办法》），2014 年则推出《国家文化产业示范基地管理办法》对原《办法》进行修订规范。三是出口重点项目和基地。2005 年《国家文化产品出口示范基地认定管理办法（暂行）》开始推行出口示范基地认定工作；2007 年《文化产品和服务出口指导目录》和 2010 年《关于进一步推进国家文化出口重点企业和项目目录相关工作的指导意见》确定定期推出重点企业和重点项目目录。示范基地、示范园区、重点项目的推出为文化产业知名品牌、标杆企业和核心集聚区的涌现创造了条件。文化产业公共服务平台建设大有进益，中国（深圳）国际文化产业博览交易会等一系列会展促进了文化产业交易与合作。以中国文化产业网为依托的信息服务平台、项目资源库和投融资服务平台的建设与运营日趋成熟。国家级动漫公共技术服务平台、信息服务平台为产业发展提供了有力支持。《文化及相关产业分类（2012）》的推出使文化产业统计更加科学、规范、有针对性。

（二）存在的问题

第一，政策之间协调性、系统性不强。一个文化产业门类涉及多个管理部门，相关部门只能根据其职能管辖范围出台政策，带有明显的部门倾向，人为割裂了产业链条，对产业整体发展把握不足。文化产业的概念内涵与外延的不断扩大使政策的制定与执行难以再局限在宣传文化系统内部，需要进一步突破部门界限，综合多方力量，而强有力的统筹协调机制的缺位使政策的制定、执行难以形成合力，政策的有效性和执行力大打折扣。

第二，部分政策的延续性与稳定性不够。在以往文化产业政策制定过程中，有些政策是为了解决某一行业某一时期的特殊问题而临时制定的，政策出台前的基础调研工作不足，政策目标设定不够明确，没有考虑到政策的长远影响，导致政策目标改变频繁、政策内容变化过快，影响政策功能的发挥。

第三，政策评价标准设计不周密。一些文化产业政策对文化产业双重属性认识不足，设计评价标准时过度偏向经济效益或社会效益，没有将二者有机结合。如有的文化产业扶持政策要求申请者获得权威评奖认可，文化单位为"评奖而创作"，刻意讨好专家评委而忽视群众需求，成品难以推向市场，既无经济效益，作品的社会效益也由于消费的空白而无法实现。又如个别影视动画扶持政策以生产原创动画的分钟数设置奖励门槛，导致动漫企业重数量而轻质量。再如以动漫作品是否在中央电视台等主流媒体的黄金时间段播出作为能否获奖的标准之一，导致实际中出现企业免费甚至给予播出渠道重金以换取奖励的现象。

第四，政策制定和执行的公平性有待提高。政策内容制定上存在重文化事业轻文化企业、重国有企业轻民营企业的现象。如将文件的适用范围限制于文化体制改革试点地区，将政策服务对象限定于转企改制的文化事业单位，人为地排斥民营企业适用优惠政策。在政策适用标准上设置门槛，获得扶持的多为垄断大型国企，民营小微企业难以进入扶持范围。在政策执行上，国有企业凭借文化资源优势超越民营企业获得大量扶持资金，行业壁垒和地方保护也依然存在。

第五，政策执行监管不严，缺乏绩效评估。一是政策执行中相应环节，如专项资金的申报、评审，存在信息不对称、过程缺乏公示等问题，评审结果容易被个人意志左右，容易出现权力寻租。二是政策"重制定轻执行"。政策的实施情况、资金的使用情况、项目收益情况均缺乏过程监督和绩效评估机制，政策执行效率如何、政策效果如何难以得知。三是健全的审计核查、监督管理和责任追究制度尚未建立，相应机制的欠缺使企业违法违规成本极低，第三方机构和社会公众也无从监督，政策实施效果不能令人满意。

第六，产业政策体系需不断加以完善。如金融支持、税收优惠、知识产权保护、风险规避、维权保护、公共服务平台搭建等政策还比较欠缺。

三　完善我国文化产业政策的建议

（一）坚持以培育文化市场为核心

文化市场是文化产业发展的土壤，建立健全现代文化市场体系是文化产业健康快速发展的基础。文化产业政策体系在产业价值取向上要以市场为导向，以建立健全现代文化市场体系为核心，要突出以下几点。一是促进文化消费。文化消费在现代文化市场体系建设中应居于龙头地位。当前我国文化产业发展还处在初级阶段，民众的文化消费需求尚未完全得以开发，文化消费习惯也未形成。在政策上要着力调整消费结构，提升消费水平，促进文化产品和服务的创新发展。尤其要以政策引导居民改变文化消费观念，培育民众文化消费意识，创造文化消费条件。要强化社会保障体系建设，让民众敢于消费，加强文化消费场所和基本消费设施建设，转变民众计划经济体制下形成的文化福利观念。二是促进公平竞争。市场主体的平等竞争是文化产业发展的基础。目前我国文化领域还存在政府对市场主体区别对待、人为破坏竞争规则的现象。未来政策制定的重点是打破部门行业壁垒和地方行政保护主义，放开文化市场的准入和退出，放开文化企业的自由竞争和兼并重组。构建全国统一的文化市场，打造公平竞争的市场环境，促进公有制和非公有制文化企业权利平等、机会平等、规则平等，形成大型文化集团、行业领军企业、大中文化企业和小微文化企业合理分工、良性竞争、共同发展的产业格局。三是加强文化市场支撑体系建设。行业管理、诚信体系、市场监管等文化市场支撑体系是文化产业发展的重要保障，而相应体系的不健全成为我国文化产业发展的短板。今后，文化产业政策需要在健全市场支撑体系上弥补"政府缺位"，促进文化要素市场建设，加快市场信用体系建设，健全市场监管体系，完善知识产权保护、文化人才教育与培养等市场配套服务机制建设。

（二）坚持依法行政

当前，我国文化政策的制定仍依赖红头文件、领导批示、试点引路、典型事件决策等行政管理方式，政策存在随意性强，以偏概全，稳定性、连续性弱，执行不力等缺陷。同时，相较于法律严格的程序和效力规定，政策的制定程序、执行监督和效力等级均缺乏强制性规范，人为操作的空间大，因此造成"政策滥发"与"政策紧缺"并存。一方面，中央和地方大量出台产业政策，但由于效力等级规范不清造成政策层级混乱，政策间相互重叠乃至冲突，数量虽多但操作性不强；另一方面，政策制定和执行缺乏强制性规定和程序操作规范，执行主体和政策对象都难以把握，政策执行手段各异，甚至执行与否都乏人问津。未来文化产业政策的制定执行要始终坚持依法行政。一是要树立法治意识。尊重法律权威，履行法律所赋予的职能，法无明文授权的领域禁止政府滥用政策调节。二是大力推动基本文化法律建设。该由法律规范的领域不能长期依靠政策调控，已成型的政策该上升为法律的要上升为法律。加快文化产业促进法、文化市场管理法等文化产业基本法的立法进程。三是推动法律法规与党的规章协调统一。四是对于各类政策的出台要有严格的程序性限制和效力层次划定，明确划分中央事权和地方事权，不能越级越位，要严格遵守法律法规对于政府相关行为的程序性要求。

（三）重视与公共文化服务政策配套

传统文化管理思想上，文化事业与文化产业泾渭分明，而在市场经济条件下，文化事业与文化产业既有不同点，也有共同点，两者不存在无法逾越的鸿沟。公益性文化事业需要重视开拓市场，经营性文化产业也要重视社会效益，两者并不相互排斥。只有经济效益和社会效益都得到体现，文化产品才能实现价值最大化。今后文化产业在政策制定上要破除陈规，将产业发展与公共文化服务体系建设有机结合。在公共文化服务体系建设中转变公共文化产品和服务的供给模式，引入竞争机制，坚持"政府引导、政策扶持、社会参与"，形成公共文化服务体系建设与文化产业相互促进、相互扶持的良性循环机制。在文化产业政策制定上，要坚持两种属性、两个效益、两个目标，在强调产业价值和经济效益的同时，发挥文化产业在凝聚精神、教化民众、传承文化、价值引领、愉悦身心方面的作用。

（四）推动文化产业政策与一般产业政策相协调

文化产业政策在遵循文化自身发展规律和要求的同时，也要注重与一般产业政策相衔接，体现国民经济宏观调控、市场监管的一致性。当前我国文化产业融入国民经济的程度不高，文化产业政策与一般产业政策对接不足，文化产业处于"小文化"的自我封闭状态。比如，文化产业不仅涉及宣传文化系统，也涉及发改、财政、国土、规划、科技、工信等众多政府部门。由于主管意识形态的宣传部门无法协调其他部门，由主管宣传部门主抓文化产业，难免出现"小马拉大车"的现象。又如，在国家和地方都存在文化产业发展规划与经济社会发展规划"两张皮"的现象：在有关文化建设的文件中，文化产业被放在突出位置予以强调；而在国家经济社会发展规划的盘子中，文化产业的位置或被弱化或被虚化，无法形成具有长远性、整体性的发展规划与产业政策。因此，未来文化产业政策的制定需要注重以下几方面：一是在政策制定规划上要形成文化经济的战略思维，坚持"大文化"的发展思路，适应文化与相关产业融合发展的趋势，以政策创造条件，充分发挥文化创意在赋予其他产业、产品文化内涵而间接创造价值上的作用，带动其他产业发展；二是通过制定政策鼓励文化产业与相关成熟产业接轨，形成与其相匹配的经济规模，发挥后发优势，与之联动发展，提升产业自身发展水平和素质；三是加强文化宣传与相关部门之间的沟通协作，推动有关部门在制定其他产业政策时，将其与文化产业的发展关系纳入考量，形成相互衔接、联通合作、配合无间的产业政策体系。

（五）促进政策制定执行的开放透明公开

促进政策制定执行的开放透明公开，提升政策决策的民主水平，是转变政府职能、增强文化治理能力的必然要求，也是完善文化产业政策体系的客观需要。当前我国文化产业的政策制定决策范围仍局限于政府内部，没有形成相关的开放民主机制：政策的决策体系以文化宣传系统为主；政策的制定主要依靠官员、专家等少数人通过文件起草、会议研讨等途径进行；政策的执行和监督主要通过下发文件、资金申报划拨、上级督查督办、财政审计等政府内部行为实现，针对政策自身的评估和监督仍处于空白，政策退出机制尚未形成。因此，今后要改进和规范文化产业政策制定执行过程：一是在政策制定过程中，采取引入非利益攸关方参与政策讨论、举办公开的政策听证会、加强对政策宣传推广等途径扩大社会参与；二是在政策执行过程中，要转变传统的"重制定、轻执行"观念，建立健全公正高效的政策执行效率跟踪体系，并在法律允许的前提下，扩大执行主体范围，强化社会舆论监督；三是在政策监督过程中，引入第三方机构，健全指标体系，加强政策绩效评估工作，强调政策考核的结果导向，实时根据评估结果推动政策的"立、改、废"，形成政策调整退出机制，促进政策体系自身的"新陈代谢"。

（六）强化政策程序性保障

好的产业政策不仅目标明确、内容合理，而且是执行有力、保障完善、监管到位的一系列机制的集合体。现行很多文化产业政策之所以影响不大、效率不高，是因为缺乏有效的程序性保障机制，未来的文化产业政策需要加强以下三方面的工作。一是夯实基础。做好政策制定前的调研和数据收集分析工作，发挥专项人才作用。尤其要解决现有文化产业统计制度和监测体系滞后于产业发展的问题，对于尚未建立起独立的统计监测体系的行业，要尽快研究建立并逐步完善产业统计指标体系和统计制度。同时，为进一步提升文化产业政策的时效性和适用性，要形成实用高效的动态数据监测体系，及时反馈时点数据、阶段数据、事件数据，实时衡量政策效果，为政策调整提供依据。二是综合协调。文化产业政策的制定、执行和监督具有一定的复杂性，往往牵涉多个部门，政策的制定和执行主体也存在分离，如中央政策的具体执行主体为地方政府，政策的预期目标由文化宣传系统确定，而财税优惠需要经济部门予以配合落实，因此要加强综合协调。首先，在确定政策目标时就需严格考察其可行性，论证执行主体是否有能力、有意愿、有动力实行政策；其次，在政策起草时要尽量纳入所有可能涉及的执行部门，事先做好沟通协调，防止政策偏向某一方利益诉求或执行责任不明，影响政策的公平性和可行性；再次，在政策形成后，要在内部征求好相关部门的意见，在政府内部形成共识，减少政策执行阻力；最后，在政策出台时，对于多执行主体的综合政策，尽量以政府的名义或部门联合发文，提升政策权威性，约束执行主体行为。三是灵活多样。首先，在政策制定之初要综合考量，要形成政策体系观念，全方位、多角度、宽领域、深层次地进行全面调节，形成宏观规划导向与具体部署落实，产业整体发展与单独产业门类、环节、主体扶持，整体普惠与单一特惠有机结合的综合政策体系。其次，在政策调节手段上要拓展思路。在扶持类政策上，要综合运用财政、土地、税收、金融等多种手段，引导为主，投入为辅；在管理类政策上，要加强司法与行政手段的相互结合与配合，形成社会综合治理机制。最后，在政策出台形式上，要量体裁衣，对于具体政策，考虑到政策对象、执行主体和时效性等因素，可以采取部门规章形式；而综合性、长期性和宏观性较强的政策，则可以考虑用更高层次的政府文件形式，提升政策权威性并获得更多部门支持。

文化文物单位发掘文化资源、开发文化创意产品的理念与思路*

摘　要：2016 年 5 月 16 日，国务院办公厅转发了文化部等四部门联合发布的《关于推动文化文物单位文化创意产品开发的若干意见》。博物馆、图书馆、文化馆、美术馆等文化文物单位发掘文化资源、开发文创产品对于传承优秀传统文化、转变服务方式、促进文化消费、补充文化文物机构发展资金等均具有重要意义。国内部分文化文物单位在开发文创产品方面已有很多成功案例，但受体制机制之限制，与国外相比尚有很大差距。我们亟须在坚持实现公共目标的前提下，突破体制机制障碍，加强文创产品开发路径探索，完善相关支持政策和激励机制，进一步拓展自身的功能和价值。

关键词：文化文物单位　文化资源　文化创意产品

我国博物馆、图书馆、文化馆、美术馆等文化文物单位数量众多、藏品丰富。有统计显示，截至 2014 年底，全国共有各级博物馆 3658 个、图书馆 3117 个、文化馆 3311 个、美术馆 337 个。其中，博物馆文物藏品约 2930 万件（套）。文化文物单位发掘其藏品的内涵，开发与现代消费需求相适应的文化创意产品（简称"文创产品"），是"十三五"时期文化文物单位亟待解决的重要问题。

一　文化文物单位发掘文化资源、开发文创产品是时代发展的迫切需要

文化文物单位发掘文化资源、开发文创产品能促进传统文化资源的创

---

　*　本文于 2016 年 6 月 25 日发表在《浙江工业大学学报》（社会科学版），中国人民大学书报资料中心《文化创意产业》转载，赵一萌、杨传张对本文亦有贡献，收入本书时有改动。

造性转化，增强文化文物单位的自我发展能力，深化文化文物单位的管理体制改革，具有重要的现实意义。

（一）有助于促进传统文化资源的创造性转化

博物馆、图书馆、文化馆、美术馆等文化文物单位的藏品是中华民族历史遗存和文化积淀的一部分，是国家和民族精神面貌、价值系统和文化基因的重要载体，是极为宝贵的精神财富。这些馆藏资源要更好地为当代生活服务，必须通过创造性转化，才能实现更大的社会价值和经济价值。

2015年国务院发布的《博物馆条例》就体现了上述理念。《博物馆条例》指出："国家鼓励博物馆挖掘藏品内涵，与文化创意、旅游等产业相结合，开发衍生产品，增强博物馆发展能力。"就是说，博物馆等文化文物单位在保证提供基本公共文化服务的前提下，还要主动适应现代消费需求，积极挖掘其藏品内涵，通过文化创意，尽可能提供多样化的文创产品和服务。实践证明，文化文物单位挖掘文化资源，开发文创产品的前景十分广阔。台北故宫博物院、北京故宫博物院在这方面均有成功的探索。其中，台北故宫博物院的"朕知道了"胶条，北京故宫博物院的宫门背包、朝珠耳机等都很受市场欢迎。北京故宫博物院的文创产品销售额从2013年的6亿元增长到2015年的近10亿元。[①]

重视传统文化资源的创造性转化，不是要将文化遗产不加区别地一股脑儿推向市场，而是强调传承途径和方式的多样性。在任何时候、任何情况下，历史遗存的保护都是第一位的。其中，就非物质文化遗产保护来说，生产性保护是最积极的保护。我国非遗中的生产性保护理念强调，在不违背传统手工艺核心技艺和传统工艺流程的前提下，使传统技艺在创造社会财富的过程中得到有效的保护。以云南大理白族自治州鹤庆县银器加工、剑川县木雕工艺、周城县扎染三个国家级非遗项目为例，由于市场接受度不同，三个非遗项目的生存状况迥异。其中，鹤庆县银器加工的市场接受度最高，生存状况也最好；剑川县木雕工艺次之，周城扎染最次。对于那些不具备生产性保护条件的非物质文化遗产，政府无疑要继续给予各

① 《"故宫文创"10亿销售额炼成记》，北京商报网，2016年4月20日，http://www.bbtnews.com.cn/2016/0420/145796.shtml。

种扶持；对于那些有可能为当代消费需求所接受的文化遗产，则应尽可能地通过生产性保护的方式加以利用。

（二）有助于其增强文化文物单位的自我发展能力

我国 2003～2012 年实施的文化体制改革，采取的是两分类的改革思路，即把国有文化单位划分为公益性文化事业和经营性文化产业两类。经营性文化企业须参与市场竞争，通过自身的经营效益来生存；公益性文化事业单位则依靠财政拨款，主要通过免费的方式提供基本公共文化服务。两分类改革思路的好处是明确了政府在提供基本公共文化服务方面的责任，但是近年来也逐步暴露了很多问题，其中突出问题是文化文物单位的自我发展意识和能力不强，被动服务多，主动服务少。

文化文物单位应该转变发展理念，在提供基本公共文化服务的前提下，还应该增强市场意识，提升自我发展能力。以欧盟为例。近些年来，欧盟经济不景气，政府财政收入减少，财政对非营利文化机构的投入也在减少。非营利文化机构通过经营性活动增强自身发展能力已成为普遍做法。比如，法国卢浮宫从 2003 年以来，获得的财政收入就一直在减少。2003～2006 年，国家财政投入由原来占该博物馆全部收入的 75% 下降到 62%。如今，卢浮宫 1/3 的收入来源于社会捐助和文创产品开发。[①]

文化文物单位承担着提供基本公共文化服务的职能，财政应该给予保障，这是毫无疑义的。但是，这并不妨碍文化文物单位通过市场的方式，挖掘藏品内涵，开发文创产品，这既可以满足多元化的文化需求，又能在拉动文化消费上助一臂之力。

（三）有助于深化文化文物单位体制机制改革

文化文物单位自我发展的意识和能力不强，根本上还是由于管理体制机制有缺陷。我国文化文物单位基本上是全额拨款事业单位，其运营经费均由中央财政和当地财政予以保障，列入本级财政统一预算和集中支付。文创产品开发带来的经济效益均属国有资产增值，需全部上缴本级非税收入管理部门。这种管理体制的好处是保证了文化文物单位在编人员和运营

---

① 葛偲毅：《国外博物馆文化产品开发与营销对我国的启示》，硕士学位论文，复旦大学，2012。

的经费，但弊端也不少。主要有以下几方面。

第一，考虑共性多，考虑差异少。实际上，我国文化文物单位状况差别很大。采取全额拨款的方式，对经济欠发达地区或市县以下的文化文物单位来说是有利的，但对一些一直注重社会化运营且卓有成效的文化文物单位来说就未必合适。以湖南博物馆为例，该博物馆多年来除了提供基本公共文化服务以外，还实行会员制、开发衍生产品等多种运营方式，社会化服务做得有声有色。实行全额拨款，经营收入全部上缴，对湖南博物馆来说，其运营经费不是增加了，而是减少了。

第二，过于行政化。按照规定，全额拨款文化文物单位每年都要提前上报全年预算，供财政部门审核。这有利于规范文化文物单位的运营活动，但不利于激发经营活力。有些适应公众需要的文化活动具有即时性特点，无法提前预算，这类文化活动往往难以实施。同时，过于严格的财务审计程序，固然有利于防止文化文物单位滥用公共资源，但也带来效益低下、手续繁杂等问题。正因为如此，出现了原本可以划归为全额拨款的文化文物事业单位，宁愿选择作为差额拨款事业单位的情况。朝阳区文化馆就是一例。朝阳区文化馆是 2012 年在全国文化体制改革工作表彰大会上受到表彰的唯一的市（区）级文化馆。该文化馆每年举办全国大学生戏剧节，开展艺术培训、艺术展览等许多文化活动，十分活跃。该文化馆选择作为差额拨款事业单位，就是希望保持文化馆的自主性。

第三，不利于调动积极性。全额拨款文化文物单位实行的是收支两条线，其经营所得必须全部上交，还要承担经营活动的全部风险，包括经济风险、安全风险、政治风险等。权力和责任不对等，导致众多全额拨款文化文物单位除了提供基本公共文化服务以外，其他经营活动宁愿少做，甚至不作为。比如，宁波市文化馆多年来一直从事一项收费式的少儿艺术培训服务，该项服务很受市民欢迎，已经形成品牌。该文化馆被列为全额拨款事业单位以后，遂停办了该项目。这引起了当地群众的强烈不满。后来在上级领导的干预下该项目才得以恢复。

二　非营利性文化机构开发文创产品是国际趋势

从国际上看，发达国家的作为非营利性文化机构的博物馆等文化文物单位开发文化创意产品，早已是通行做法。发达国家和地区的博物馆开发文创产品意识早、效果好，不仅减轻了国家财政负担，而且丰富和深化了对博物馆等非营利性文化机构价值和功能的认识。总体上看，发达国家博物馆开发文创产品有以下几个特点。

第一，善于从藏品中获得灵感。欧美等发达国家博物馆善于挖掘藏品内涵，将"从藏品中获得灵感"作为馆藏资源衍生品开发的重要原则。企业、社会组织或个人均可以依托传统文化资源，通过现代科技和文化创意等手段，开发符合时代需求的衍生产品。

第二，有成熟的运营模式。博物馆的商业活动起始于19世纪的英国。1857年，全球首家博物馆餐馆在大英博物馆正式投入运营。早在1871年，美国纽约大都会艺术博物馆就开始文创产品开发，也是世界上最早从事文创产品开发和经营的艺术博物馆之一。

从运营模式来看，纽约大都会艺术博物馆以挖掘藏品内涵为基础，通过版权认证研发和制作了近两万种商品，每件商品都经过博物馆艺术史专家、设计师和工艺师共同研发设计，保证了产品的质量。在研发过程中，设计师还会与博物馆各部门相关专业人员沟通，以确保商品与藏品诉求一致。在注重商品内涵和品质的同时，纽约大都会博物馆还注重联合发展，与其中央公园区域的数十家博物馆形成了博物馆文创产业聚集区，谋求共同发展，甚至跨出国门与巴黎、罗马等博物馆联合开发文创产品，行销国际市场。

大英博物馆文创产品的开发也有多种方式：一是由9名全球采办组成的部门负责设计或寻求设计并联系生产；二是直接从固定厂家进货，其中大部分商品是采取直接购入的方式；三是向世界著名设计师提供内容，邀请设计师进行设计，再由厂家生产，其产品进入大英博物馆销售平台，同时还开辟了网络商店进行全球销售。

第三，经济效益显著。以纽约大都会艺术博物馆为例。该博物馆2011~2012年度报告显示，其商品销售收入是其最大的收入来源，占总收入的22%之多。① 大英博物馆2011~2012年度报告显示，大英博物馆衍生

---

① 张凡：《美国纽约现代博物馆元素衍生品的基本状况》，雅昌艺术网，2010年11月26日，https://news.artron.net/20101126/n136170.html。

商品销售收入占据了总收入的 26% 之多。①

2000 年，美国博物馆商店协会针对全美国艺术类博物馆的资金来源形成调查报告。报告显示，这些博物馆资金来源除有限的政府拨款以外，大部分来源于各种社会活动和商业运作，包括捐赠、门票、产品销售、场地设施租借等。其中，通过博物馆文创产品开发创造的收入在博物馆资金来源中平均占比达 10%。②

可见，通过开发衍生商品，可有效增加博物馆收入，弥补博物馆运营资金的缺口，分担国家财政压力。

第四，拓展了对博物馆等非营利性文化机构价值和功能的认识。20 世纪 70 年代以来，在国际博物馆界，博物馆在社会中的角色、作用，办馆理念都发生了深刻变化，其功能由以前的收藏、研究、展示、教育等，延伸到文化传播等功能。其中，文创产品开发对于体现博物馆社会功能、发挥博物馆文化传播方面的作用至关重要。

三 我国文化文物单位文创产品开发的做法及问题

（一）我国文化文物单位开发文创产品有一些成功做法

尽管体制机制上有许多障碍，但国内文化文物单位在开发文创产品上还是有不少成功的探索。据不完全统计，目前全国文博单位开发文创产品年销售额在 500 万元以上的超过 20 家，开发产品种类在 100 种以上的近 30 家。一些国家级文化文物单位发挥了引领示范作用，文创产品经营能力有了很大提升。我国文化文物单位文创产品开发主要有以下几个特点。

1. 开发经营能力不断提升

一些文化文物单位成立了专门的开发经营机构，自主研发能力和经营能力显著提升。以故宫博物院为例。近几年来，故宫博物院的文创产品受到国内消费者的喜爱，其内容涵盖了文创产品研发、数字展示（包括智能手机应用程序和实体数字展示项目）、图书出版等多个类别。首先，在文

---

① The British Museum Shop, https://www.britishmuseumshoponline.org.
② 数据由美国博物馆商店协会主席友情提供，转引自葛偲毅《国外博物馆文化产品开发与营销对我国的启示》，硕士学位论文，复旦大学，2012。

创产品研发方面，采取自主研发、合作研发和借助社会力量等多种形式，已拥有合作企业 40 余家。目前，故宫博物院共有文创产品 8683 种，囊括服饰、丝绸等近 20 个文创产品系列，^① 既能满足高端消费人群的艺术品收藏需要，也能适应普通大众的文化消费需求。其次，在数字故宫展示方面，故宫系列 App 已经拥有《胤禛美人图》《紫禁城祥瑞》《皇帝的一天》《故宫陶瓷馆》《每日故宫》《韩熙载夜宴图》《清代皇帝服饰》等，其中后四个 App 应用目前累计下载量已超 500 万次。最后，在图书出版方面，故宫出版社是迄今为止全国 3000 多家博物馆中唯一的出版社，且具有音像、电子出版资质。其中，《故宫日历》2014 年销售量突破 22 万册。

2. 与旅游业等相关产业深度融合

我国博物馆等文化文物单位在文创产品开发方面开始探索与文化旅游的深度结合，以文创产品提升旅游的内涵和质量，以旅游扩大文创产品的传播和消费。例如，恭王府、中国丝绸博物馆等通过加强与旅游机构的协作，建立了文创产品营销渠道和网络，产生了很好的效益。成都杜甫草堂从 1998 年至今，特色旅游纪念品开发年销售收入平均增幅 21%，固定资产规模从 437 万元增加到了 5000 余万元。^② 成都武侯祠博物馆凭借良好的口碑，将锦里文化休闲一条街加以开发，以武侯祠为核心，将吃、住、游、购、娱结合在一起，实现了效益最大化。

3. 拓展文化创客服务

笔者认为公共文化服务体系的构建应关注年轻群体的需求。目前，将"大众创业、万众创新"这一"双创"理念纳入公共文化服务体系就是有力的抓手。尤其是一二线城市的文化文物单位应积极发挥自身资源优势，参与到"双创"活动中来。以图书馆为例。我国图书馆数量众多，作为众创空间，图书馆具有得天独厚的优势。这些图书馆，一方面，是以政府资金为依托搭建的服务平台，能够为创客提供低成本的服务和空间环境；另一方面，丰富的馆藏文献资料、场馆空间、数字多媒体技术设备，能为

---

① 《"故宫文创"10 亿销售额炼成记》，北京商报网，2016 年 4 月 20 日，http://www.bbt-news.com.cn/2016/0420/145796.shtml。

② 《杜甫草堂探索发展新路》，腾讯大成网，2007 年 9 月 24 日，http://cd.qq.com/a/20070924/000040.htm。

创客提供良好的交流、对接和活动平台。国家图书馆、上海图书馆等已着手积极探索利用自身优势，营造创新创意的空间、环境和氛围，支持文化"双创"发展。

4. 积极探索现代经营方式

在文化文物单位体制机制创新过程中，全国博物馆在文创产品开发上不断创新，逐步从单一模式向多样化转变。一是积极探索文创产品商店联盟等经营方式。如江苏省博物馆商店联盟就是以南京博物院为依托，以江苏省博物馆学会为纽带，以江苏省长江文物艺术发展公司为市场运营核心，由省内各有关博物馆商店自愿加盟组成的行业连锁战略联合体。江苏省博物馆联盟目前通过采用先进的连锁管理运营模式和市场营销理念，统筹博物馆文化衍生产品精品系列的研发、营销及市场推广。截至 2014 年底，江苏省博物馆商店联盟筹建了 11 家博物馆加盟店。二是善用互联网平台进行产品销售和市场推广。如故宫博物院等开设了淘宝专营店、微信公众号、移动客户端，充分利用新媒体手段开展营销活动，成效显著。2015年故宫博物院 90 周年院庆期间，其官方淘宝店在聚划算平台创下了单日成交 1.6 万件的良好成绩。① 恭王府的线上电子商务平台被称为"开文创产品推广营销新模式先河"。不同于其他博物馆的网店，恭王府的电子商务平台是博物馆基于馆藏文物的纪念品及衍生产品购买平台，并且可以提供数字馆藏资源给各家动漫和影视企业进行二次创作及开发。该平台已经逐渐包含产供销整条产业链的交易和服务。

此外，一些文化文物单位还通过寻求与现代媒体的合作来加强博物馆文化创意产业的宣传推介，如湖南省博物馆与湖南卫视、湖南经视合作推出了《博物馆翻箱底》电视专题栏目，在《天天向上》《越策越开心》等名牌节目上宣传推广博物馆的相关文化产业项目和文创产品，与影视公司合作推出了《大汉悲歌》《辛追传奇》等电视连续剧。

(二) 我国文化文物单位开发经营文创产品存在的问题

我国文化文物单位在开发经营文创产品方面取得了可喜的成绩，但总

---

① 《故宫礼物一天成交 1.6 万单》，新华网，http：//news.xinhuanet.com/fortune/2015 - 08/10/c_ 1116193567.htm。

体上还处于起步阶段，整体水平不高，与发达国家相比差距还很大。我国文化文物单位开发经营文创产品主要存在以下问题。

1. 从事文创产品开发的依据模糊不清，存在政策缺位

2003～2012 年文化文物单位实行的两分类改革中，博物馆、图书馆、文化馆等被列为公益一类单位，其改革要求是强化其公益职能，并由财政给予经费保障，但对公益一类事业单位必要的经营活动如何界定，却没有明确的规定。过分强调文化文物单位的公益性，对其文创产品研发与经营活动缺乏足够重视，认知上也存在偏差，这束缚了文化文物单位的创造活力。

2. 激励机制不健全

文化文物单位执行的是事业单位会计制度，实行的是收支两条线的管理方式，即文化文物单位根据国家法律、法规和规章收取的事业性收费，按规定应全额上缴国库或预算外资金财政专户；需要使用资金时，由财政部门根据需要统筹安排核准后，从国库或预算外资金财政专户拨付。文化文物单位自身投入精力开发经营的文化产品销售所得，不能直接用于博物馆的各项开支；文化产品的开发效果与其业绩考核无关。因此，博物馆开展文创产品开发的积极性不高，动力明显不足。

3. 产品创意创新能力不强

我国文化文物单位文创产品的开发整体上存在创意创新能力不强、同质化现象严重等问题。就产品研发种类来说，已有衍生品的博物馆绝大部分都是制作明信片、徽章、文物复（仿）制品和部分图书、音像制品等，同质化和低水平重复建设现象突出。文化内涵挖掘不足，与现代文化需求和审美需求存在错位，产品创意设计能力亟须增强。从产品质量和性价比方面来说，许多博物馆市场定位不准确，产品消费对象定位模糊，价格制定层次性不强，市场策略有待进一步精准化。

四 文化文物单位开发经营文创产品的对策建议

（一）正确认识文化文物单位的职能和实现途径

目前，人们普遍认为，文化文物单位的职能是依托财政资金、提供基本公共文化服务，除此之外别无其他；经营性的文化企业则是以市场的手段提供多样化、差异化的文化产品或服务。这是认识上的误区，固然，依托财政资金、提供基本公共文化服务，是文化文物单位的基本职能，但不是文化文物单位职能的全部。在保障提供基本公共文化服务的前提下，文化文物单位同样可以根据市场需要，依托馆藏资源，为消费者提供优惠或市场化文化服务。文化文物单位与经营性文化企业的区别并不在于应该不应该参与市场竞争，提供市场化服务，而在于其经营收入是用于反哺公共目标还是用于个人分配。从实践看，文化文物单位通过参与市场经营活动实现公共目标，往往比行政手段更有效，因为这要求文化文物单位准确把握消费者的需求，提供适销对路的产品和更有效的服务。

近些年来，发达国家社会企业的兴起，就是非营利性机构普遍积极引入企业管理、参与市场竞争的结果。社会企业与非营利性机构都以实现公共利益为价值追求，不同之处在于，社会企业更加自觉地把参与市场竞争引入到经营理念当中。美国的高校出版社、许多社会组织、纽约外百老汇的实验剧场等，都把自己定位为社会企业，既强调公益目的，又遵循市场经济的规律从事经营活动，从而更好地实现公益目标。

总之，我国文化文物单位不仅要提供普惠式的免费服务，还应该积极借鉴社会企业的运营方式，善于利用市场机制，为特定人群提供定制化、分层次的优惠服务，在增强自身活力的同时，最大限度地为当代社会服务。

（二）推进体制机制创新

调动文化文物单位开发文创产品的积极性，需要推动体制机制创新。为此，应做到以下几点。

1. 完善文化文物单位质量评价体系

重点是在文化文物单位定级和质量评估中，增加对文创产品设计与推广的引导。应将文创产品开发经营绩效纳入评估定级和绩效考核内容之中。

2. 建立收入分配激励机制

在保证财政稳定投入的基础上，积极探索和推动博物馆、图书馆、美术馆、文化馆等文化文物单位将文创产品开发销售所得的部分收入作为单位自有资金，用于开展本单位公益性文化服务、设施运营维护，藏品、展品购买等费用支出以及相关人员的绩效奖励。调动文化文物单位开发文创产品的积极性。

3. 加强社会监督

文化文物单位的藏品是公共资源，文创产品开发收入是公共收入。强调建立收入分配激励机制，目的是要调动文化文物单位开发文创产品的积极性，而不是说文化文物单位就可以随意支配开发文创产品的收入。在这方面，可借鉴发达国家对非营利性组织收入分配管理的做法。文化文物单位文创产品的经营状况和收入分配，不仅要向上级部门汇报，还应该接受舆论及社会监督。

（三）搭建服务平台

各级政府部门应通过搭建服务平台，为文化文物单位开发文创产品提供支持。一是要搭建财政金融服务平台。将文化文物单位文创产品开发项目纳入中央和地方文化产业专项基金（资金）、国家艺术基金、各级文化文物专项资金支持范围。同时，在税收优惠、投融资服务和引导社会资本投入方面，加紧制定相应扶持政策。二是搭建会展服务平台。尤其是在创新创意项目选拔、文化创意项目和产品展示交易、版权交易等方面，要重点发挥品牌展会的作用。三是搭建人才培训平台。尤其是高端创意研发、经营管理和营销推广人才的培养，应纳入文化产业创业创意人才扶持计划的支持范围。

（四）积极探索文创产品开发模式

我国文化文物单位开发文创产品，关键是要坚持以社会化的方式，将自身的资源优势与企业、社会组织等社会力量对接。参考国际经验，我国文化文物单位可通过三种途径与社会力量合作开展文创产品的开发：一是授权，主要是通过图像和著作授权、品牌授权、合作开发三种授权方式，委托其他机构、企业开发文创产品；二是与专业社会组织开展合作，进行文创产品的开发运营；三是加强与各类基金、资金的合作，包括支持国家艺术基金、各类文化产业发展基金以及各级文化产业发展专项资金等，把文化文物单位挖掘其藏品内涵、开发文化创意产品的项目列入重点投入范围。

（五）因地制宜，分类管理

目前我国文化文物单位在开发文创产品方面存在地域和产品类型不平衡的状况。首先，从地域分布看，我国文化文物单位在文创产品开发经营方面呈现东部与中、西部发展不平衡的状况。其次，从经营开发类型看，文化文物单位开发文创产品的门类不平衡。大多数文化文物单位将文化创意衍生品简单地理解为纪念品开发，导致纪念品开发销售一支独大，而生活实用类产品、出版、数字化产品等门类相对薄弱，会展、活动、艺术品交易等门类还处于摸索阶段。再次，从文化文物单位自身条件来看，具备文创产品开发条件的主要是国家级、省级和部分省会城市、计划单列市的博物馆、图书馆、美术馆、文化馆，市县以下和经济欠发达地区的文化文物单位大都条件不足。最后，博物馆、图书馆、美术馆、文化馆等机构类别不同，条件也不同，其文创产品开发也不可一概而论。应尊重不同类别文化文物单位的特点、不同层级文化单位的实际情况，由其自行决定文创产品开发事宜，不搞一刀切，防止一哄而起。

此外，在鼓励文化文物单位挖掘优秀文化资源、开发文创产品的同时，应防止对文化文物单位承担的基本公共文化服务职能造成冲击，并在原则上禁止其进行与文化领域无关的生产经营活动。

建设文化场景　培育城市发展内生动力[*]

——以生活文化设施为视角

摘　要： 随着城市功能由生产性城市向消费型城市转型，生活文化设施在当代城市发展中的作用日益凸显。本文以场景理论作为分析工具，对丽江大研古城酒吧、中关村创业大街咖啡馆、景德镇创意市集草根类文化设施的价值和作用进行了分析，结果发现草根类生活文化设施由民间自发形成，与社区生活联系紧密，市民参与度高，时尚、富有活力，是激发城市活力、促进区域经济发展的重要载体。生活文化设施只有依托特定的文化空间环境，与多样性的文化实践活动、多种类型人群的互动整合在一起形成不同的"场景"，并通过"场景"展示出来的价值观和生活方式形成吸引力，才能发挥独特的效用。本文从社区、生活文化设施、多样性人群、文化实践和价值观五个维度，分析中关村创业大街咖啡馆、景德镇创意市集如何通过整合当地资源，分别形成了以互联网为核心，以吸引网络人才为重点和以陶瓷创意设计为主体、以吸引陶瓷创意人才为重点的各具魅力的"场景"。本文还探讨了场景理论的特点和价值，提出了场景理论中国化的主要思路。

关键词： 文化场景　城市文化　生活文化

一　引　言

随着城市功能由生产性城市向消费型城市转型，生活文化设施在当代

---

* 本文于 2017 年 1 月 1 日发表在《东岳论丛》，中国人民大学书报资料中心《文化创意产业》转载，获第二届中国文化创意产业优秀论文奖，收入本书时有改动。

城市发展中的作用日益凸显。古根海姆博物馆对毕尔巴鄂市转型的重大作用，伦敦眼对伦敦市的形象价值和经济价值，迪士尼乐园对上海旅游业等相关产业的带动，方特欢乐世界对芜湖市旅游业的积极影响等，都是被学界津津乐道和经常引证的案例。

　　但是也要看到，盲目兴建大型生活文化设施，也蕴藏着很大风险。底特律市就是一例。底特律曾经是全球著名的汽车之城，汽车业衰落以后，底特律市把城市复兴战略确定为重点发展文化娱乐业，努力通过修建大型体育场、剧院、博物馆、休闲广场、赌场等文化设施摆脱困境。1994 年，底特律企图通过发展以福克斯镇为中心的城市文化娱乐设施来改善和提升城市形象。具体措施包括改建福克斯剧院以及在此区域兴建其他剧院、博物馆和餐厅。底特律市政府投资 5 亿美元，为底特律雄狮足球队和底特律老虎棒球队修建了两家体育馆，举办了美国标志性的体育棒球赛事"超级碗"，参与世界棒球系列赛。底特律市政府的上述努力，并没有遏制底特律城市的衰落。2013 年底特律城市的破产申请更说明了这一点。[①] 类似的案例在中国也不在少数，如万达集团在武汉投资的大型文化娱乐项目"汉秀"的失败等。因此，准确分析文化娱乐设施的功能和在城市经济发展中的作用，是当前城市转型中需要研究的重大问题。

　　美国芝加哥大学特里·克拉克教授提出的场景理论为分析上述问题提供了一个很好的视角。场景理论坚持文化支撑城市发展的理念，重视文化在城市经济创新和发展中的先导作用。首先，场景理论强调文化消费的重要性。他认为与人们通常的看法相反，不是城市促进了娱乐与消费，而是娱乐和消费促进了城市发展。[②] 其次，场景理论认为文化设施是促进城市文化消费的载体。电影院、图书馆、剧院、体育设施、主题公园、咖啡馆、酒吧、便利店、餐馆、购物中心、创意市集等生活文化设施在城市发展中起着至关重要的作用。值得注意的是，场景理论所关注的文化设施固然包括大型文化娱乐性主题公园、高层次博物馆等"高大上"的项目，但更多是强调作为社区组成部分的生活性文化设施的作用。再次，场景理论

① 吴军等：《文化动力——一种城市发展新思维》，人民出版社，2016。

② Terry N. Clark and Coauthors, *Can Tocqueville Karaoke? Global Contrasts of Citizen Participation, the Arts and Development* (Emerald Group Publishing Limited, 2014).

强调城市精神的重要性，认为不同的生活文化设施具有不同的价值取向。比如，图书馆、艺术馆趋向于知识和进取，俱乐部趋向于自我表达，酒吧趋向于刺激开放，教堂趋向于珍视传统价值观等。这种多样化文化是城市活力之所在。最后，场景理论强调生活文化设施不是孤立存在的。生活文化设施只有依托特定社区，与文化实践活动相配合，通过多样化人群的互动，才能最大限度地实现其价值。①

本文以场景理论作为分析工具，分析丽江大研古城酒吧、中关村创业大街咖啡馆、景德镇创意市集三个生活文化设施的特点和在城市经济发展中的作用；同时，从社区、生活文化设施、多样性人群、文化实践活动、价值观等五个维度，分析中关村创业大街、景德镇创意市集形成的原因，并探讨其特点；最后，对场景理论的价值以及场景理论中国化进行了评价。

二 草根类生活文化设施是激发城市活力的重要载体：来自三个案例的分析

草根类文化设施是场景理论十分关注的研究对象。草根类文化设施是指与人们日常生活密切相关、由民间自发形成的文化场所。谈到文化设施对城市发展的作用，人们关注最多的是迪士尼乐园、万达广场等一些高大上的项目。确实，这些文化项目对促进城市繁荣的作用明显，但也存在投资大、风险高、同质化等突出问题。实际上，促进城市经济发展生活文化设施的并不仅仅是大型项目，草根类文化设施与社区生活联系紧密富有活力，在促进城市经济发展中发挥着不可替代的重要作用。

草根类生活文化设施的价值早在传统社会时期就已经显露出来。唐代首都长安的胡姬酒肆就是一例。在唐代，西域与中原交流频繁，大批胡人来到长安经商，胡姬也就与酒肆的经营结合在一起，通过其独特的装束和异域风情的服务吸引顾客，成为唐长安最有特色的商业场所和文化景观之一。胡姬酒肆有两个突出特点。第一，其是商业之地。由于酿酒业和城市经济的发展，唐代酒肆的开设空前普遍和繁盛，首都长安是唐代饮食行业

---

① Clark, Terry Nichols, *The City as an Entertainment Machine* (Amsterdam, Netherlands, Boston, MA: Jai/Elsevier, 2011).

最繁荣的城市。刘禹锡的"长安百花时，风景宜轻薄，无人不沽酒，何处不闻乐"就是长安酒肆业盛况的写照。第二，其是激发骚人墨客情怀的场所。胡姬酒肆堪称唐代的时尚文化空间。唐代有很多有关胡姬的诗歌，其中最著名的乃李白的诗作。李白的诗中多次提到了"胡姬"，如"五陵年少金市东，银鞍白马度春风。落花踏尽游何处，笑入胡姬酒肆中"（《少年行》其二）。胡姬在酒肆中不光是调笑伴酒，还承担表演任务。胡姬一般既擅长丝竹管弦，也擅长舞蹈。西域舞蹈中最著名的"胡旋舞"，在唐代诗歌中也多有描述。

（一）丽江大研古城酒吧

当代社会，丽江大研古城酒吧是草根类文化设施在促进当地经济转型和发展中发挥重要作用的一个经典案例。

丽江大研古城传统主体文化主要是纳西东巴文化以及茶马古道商贸文化。1998 年，丽江古城被列入世界文化遗产名录之后，古城受到广泛关注，旅游业迅速发展，很快成为国际化的旅游目的地。其中，新型生活文化设施的酒吧街以及这些酒吧所推出的"艳遇丽江"理念，使原本作为少数民族古王国的丽江文化形象增添了鲜明的时尚元素，呈现了既有少数民族风情又有青春、激情、快乐、世俗的现代文化的特点。酒吧在大研古城文化转型中起到了至关重要的作用，极大地吸引了年轻游客。① 逛酒吧已经成为游客来丽江旅游最期待的六大文化旅游项目之一。在对丽江最期待的文化旅游项目调查中，代表丽江独有的自然风光和民族风情设施活动等最受游客青睐，认同比例分别高达 70% 和 50% 以上；特色的客栈住宿、演出演艺、酒吧餐饮以及这些设施活动营造的文化氛围，在吸引与聚集游客方面的优势，明显高于其他设施，认同比例都在 20% 以上（见图 1）。

丽江大研古城文化转型引发了媒体的广泛关注。② 古城的文化形象也发生了深刻变化。2005 年以来，丽江在民间话语中不仅仅是一个"古王

① 《发现丽江：他们把酒吧整得像文化馆，不只卖酒还卖艳遇》，掌上丽江，2016 年 2 月 26 日。
② 2002 年，《新周刊》以"你丽江了吗"为封面主题做了一期杂志；2003 年，《丽江的柔软时光》出版，介绍并宣传丽江舒适慵懒的生活；2009 年，《踢踢兜丽江之恋》中的那句"趁年轻，去丽江"让很多年轻人渴望在丽江邂逅。

国",也是"艳遇之都";丽江古城被谈论最多的话题,不是自然风光和少数民族风情,而是休闲娱乐。这也从另一个层面反映了古城文化正在由传统向现代的变迁。尽管在一些人的印象中,丽江古城酒吧的艳遇文化过于张扬,有的艳遇语录有低俗之嫌,但总体是健康的。从游客接受度看,总体评价也是肯定的。

笔者的调研表明,游客对丽江古城"小资""艳遇""酒吧"等的看法,认为"很有特点,非常喜欢"和"还可以,喜欢"的,接近65%,"比较反感,需要转变"的不足13%。

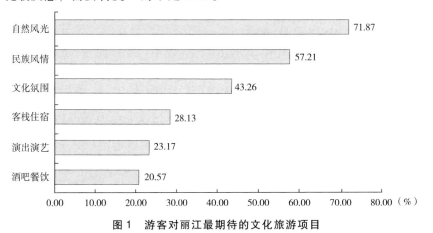

图1 游客对丽江最期待的文化旅游项目

资料来源:2016年国家行政学院文化政策研究中心调研组赴丽江考察当地文化消费情况撰写的调研报告成果。

(二) 中关村创业大街咖啡馆

草根类文化设施促进当地经济转型和发展的另一个典型案例是中关村创业大街咖啡馆。

中关村创业大街是国内最有名的创业空间之一。2015年5月,国务院总理李克强赴中关村创业大街调研,引起国内外媒体的广泛关注,此后来中关村创业大街考察的国内外政要、企业家络绎不绝。创业大街长约200米,目前入驻的创意服务企业有40余家。2014年以来孵化的创意团队有1000多个,有480多个创业团队获得了融资。创业大街创业氛围浓烈,两年来举办的各种创业活动超过1600场,参与创业的人数有十几万人。

咖啡馆是中关村创业大街最重要的生活文化设施,在促进中关村创业大街创业氛围形成中起到了至关重要的作用。中关村创业大街咖啡馆共有 10 余家，包括车库咖啡、Binggo 咖啡、3W 咖啡馆、极客咖啡、"投资家"咖啡馆、京东 JD + 奶茶馆、言几又咖啡馆、黑马会咖啡馆、贝壳·爱喜咖啡馆等。在西方，咖啡屋历来就是一个创新策源地，西方历史上许多重大创新，都产生在咖啡屋里，如英国皇家学会的成立、纽约股市的出现、《共产党宣言》的撰写等。中关村创业大街咖啡馆同样承担着多种功能，主要有以下几方面。

第一，创业场所，这是其最重要的功能。年轻创业者缺少资金与北京房价奇高的矛盾是困扰年轻创业者们的最大问题。中关村创业大街咖啡馆以低廉的价格为创业者提供创业场所及配套服务。

第二，将孵化创业项目与投资相结合。中关村创业大街咖啡馆的经营方大都是投资机构，这些投资机构之所以创办咖啡馆就是希望通过咖啡馆搭建创业项目与金融结合的平台，并从中遴选出有市场潜力的投资项目。中关村创业大街咖啡馆的上述功能，使得其对创业者有极大的吸引力。

第三，思想交流碰撞的空间和休闲之地。中关村创业大街地处中关村科技园的核心区域，周边著名企业林立，创业园区众多，时尚设施云集。约朋友在创业大街咖啡馆小坐，是交流思想、放松身心的极佳之地。

中关村创业大街咖啡馆将提供价格低廉的咖啡、租借工位、提供创业支持以及休闲等多种功能结合在一起，成为连接创业者、投资者以及各种服务的平台。中关村创业大街以咖啡馆为载体，构成了一个创新生态圈，起到了"为创业者找钱、找人、找市场、找圈子的作用"。[①]

以车库咖啡为例。进到车库咖啡的创业者们，只需要点一杯咖啡就可以在店内待一天。车库咖啡创始人苏菂将车库咖啡定位为"创业者的乌托邦"，旨在为创业者提供创业载体和交流平台，不以营利为目的。车库咖啡的"活法"主要有几种：卖咖啡、租工位、办活动、出租广告位。[②] 车库咖啡聚集了大量的创业者，这些创业者又吸引了一大批投资人、政府、

[①] 清控科创集团总裁助理季德清语，摘自 2016 年 11 月本课题组成员吴军在中关村创业大街的调研访谈。

[②] 韩琼林：《中关村创业大街上的"花式"咖啡馆》，北京商报网，2014 年 11 月 17 日，http://www.bbtnews.com.cn/2014/1117/82527.shtml 。

银行等资源，形成了创业者社群。

（三）景德镇创意市集

咖啡馆、酒吧都是外来文化元素，市集则是本土元素。景德镇创意市集表明，本土文化元素同样可以在城市转型中发挥重要作用。景德镇创意市集以陶瓷工艺为核心，以市集为平台，办得有声有色，中央电视台《新闻联播》节目曾对其进行专题报道。

景德镇创意市集创办于 2008 年，每周六上午 8 点到 12 点开业，主要是展示、交易大学生的创意设计产品，深受景德镇陶瓷学院大学生和外来大学生的欢迎。创意市集经过了一个发展过程，起初叫"周六地摊"，随着"周六地摊"影响力不断扩大，2010 年 9 月，正式改名为"创意市集"。创意市集包括每周六上午的集市和每年 5 月、10 月的两个大型市集。

创意市集分为三个区域，A 区是"保送"区域，这一区域大致有 20 多个摊主，他们具有发展潜力，要给他们提供机会让他们不断完善自己的作品。申请者主要是在 B 区域进行交易，这个区域有 70 家左右的摊主，通过申请和评比进行公平竞争。每个月大致有四次摆摊时间，为了保证公平，每次摆摊位置由乐天陶社创意市集进行抽签，以便进行市场摊位轮换。C 区域是混合区域，这个区域更多的是各种配套产品，比如毛笔、竹雕、根艺等约 5 家。

创意集市已经成为景德镇最大的时尚创意设计产品产出地，对景德镇的经济发展产生了积极的影响，具体体现在以下几方面。第一，创意市集影响着景德镇的陶瓷产品结构，景德镇原以仿古陶瓷为主，现在增加了时尚、现代的元素。第二，景德镇陶瓷学院的毕业生由原来去外地找工作，变成留下来创作或创业经营。根据笔者调研，仅在创意市集周边最少有 12 家是曾经在创意市集摆摊的摊主，他们用自己当时设计的作品的名字命名工作室。第三，吸引了众多外来大学生到创意集市学习和交流自己创作的创意产品。第四，创意市集成为景德镇的一个品牌，成为知名旅游网站推荐的景德镇旅游的必去之地。国务院提出"双创"要求后，景德镇创意市集作为"双创"成功范例被媒体广为报道。

通过发放问卷发现，创意市集的功能是多样的，具有商贸流通交易、创业场所、交流平台、时尚艺术陶瓷展示地、休闲娱乐等多种功能（见图2）。

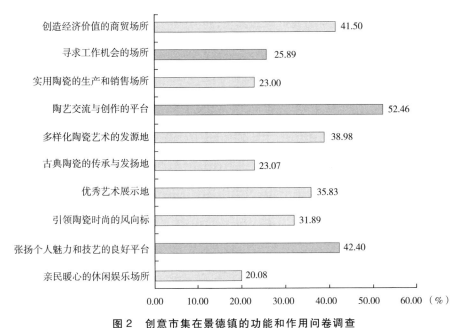

图2　创意市集在景德镇的功能和作用问卷调查

资料来源：景德镇创意市集的内容，均来自笔者负责的课题组数次赴景德镇调研包括问卷调查形成的成果，可参见课题组成员陆筱璐《论文化创意社群对特色文化城市发展的意义及路径——以景德镇乐天创意市集为例》，《浙江工业大学学报》（社会科学版）2016年第2期。

草根类生活文化设施通常有以下几个特点。

一是自发性。草根类生活文化设施几乎无例外地都是民间人士（机构、企业）创办或民间自发形成的，其既不是政府的计划安排，也不是按照个人的想法创建的。上面提到的三个案例都具有这个特点。二是市民（创业者、游客）参与度高。三是深厚的社区文化基础。特定草根类生活文化设施在某座城市、社区出现，总是与该城市、社区的文化有内在关联性，有鲜明的地方特色。比如，中关村创业大街咖啡馆与中关村创业文化氛围、景德镇创意市集与景德镇深厚的陶瓷文化传承关系。酒吧对丽江大研古城来说固然是舶来品，但也是以境外游客对丽江的浓厚兴趣为依托的，同时大研古城的艳遇文化与东巴少数民族的殉情文化有极大的关联性。四是低成本、高收益。草根类生活文化设施均投入小、收益高，对当地经济发展和文化繁荣有深刻的影响。

中关村创业大街咖啡厅、景德镇创意市集、丽江大研古城酒吧三个草根性生活文化设施案例均包含着十分深刻的内涵，对我们理解十八届三中全会提出的"发挥市场配置资源的决定性作用和更好发挥政府作用"著名论断有启迪作用。

值得一提的是，草根性文化资源丰厚，在城市转型过程中如何善用此类资源十分重要。就城市来说，草根性文化资源包括老厂房、老仓库、老街区、里弄、古民居等，这些文化遗产对城市发展来说都是巨大的潜在资产。以北京为例。有统计显示，北京市老厂房面积达 2780 万平方米，具有极大的开发潜力。善于利用这些文化资源，对城市转型具有极大的意义。

三　整合文化资源，建设各具魅力的文化场景：对中关村创业大街、景德镇创意市集案例的进一步讨论

为什么同样是咖啡馆，在不同城市或同一城市的不同区域其功能大相径庭？为什么同样是创意市集，此创意市集十分红火，彼创意市集却门庭冷落？其中的缘由是什么？弄清上述问题对培育城市内生动力至关重要。

场景理论对此进行了解答。场景理论认为，生活文化设施的价值和功能不是孤立存在的。生活文化设施只有依托特定的文化空间环境，与多样性的文化实践活动、多种类型人群的互动整合在一起形成不同的"场景"，并通过"场景"展示出来的价值观和生活方式形成吸引力，才能发挥独特的效用。在场景理论看来，不同的场景对不同社会阶层的消费行为、居住模式等都会产生影响，从而影响城市的转型发展。因此，需要研究的是不同类型的场景是如何形成的，哪些因素在影响着场景的内涵和吸引力。

中关村创业大街、景德镇创意市集通过整合当地资源，分别形成了以互联网为核心、以吸引网络人才为重点和以陶瓷创意设计为主体、以吸引陶瓷创意人才为重点的各具魅力的"场景"，具有很大的吸引力和影响力。本部分从社区、生活文化设施、多样性人群、文化实践和价值观五个维度，分析中关村创业大街、景德镇创意市集价值和功能的实现路径。

（一）中关村创业大街文化场景生成分析

1. 具有浓郁创业文化氛围的社区

中关村创业大街咖啡馆之所以能成为创业平台，中关村创业大街之所以能成为知名创业空间，与其所处的地理位置有直接的关系。作为社区的

中关村创业大街及其周边地区有以下四个特点。

第一，具有浓郁的创新文化氛围。其具体表现在以下几个方面。一是人才密集。北京是全国高校最集中的城市，有 90 多所大学、约 100 万大学生。其中，63% 的大学集中在海淀区，位于海淀区中心位置的中关村周边集中了 57 所大学，密集度之高不仅在国内绝无仅有，在国际城市中也十分罕见。这为中关村创业大街提供了源源不断的创业者。二是知名新兴企业高度集聚。中关村创业大街周边知名新兴企业有联想、爱奇艺、优酷、金山、360、甲骨文软件研究中心（北京）有限公司、小米、京东、拉卡拉、人人贷、途家网、搜狗、豌豆荚等。这些知名的新兴企业既为年轻创业者提供了就业机会，也与中关村创业大街有各种形式的合作。三是创业领袖层出不穷。如联想的柳传志、百度的李彦宏、搜狐的张朝阳、爱奇艺的龚宇、优酷的魏明、小米的雷军、360 的周鸿祎、京东的刘强东、拉卡拉的孙陶然、人人贷的张适时、途家网的罗军、58 同城的姚劲波、豌豆荚的王俊煜等。这些创业成功人士对年轻的创业者有极大的激励作用。四是科技园区和文化园区众多。中关村创业大街的周边科技和文化产业园区众多，如中关村科技园、清华科技园，北大科技园、人大科技园、多媒体创业产业园、互联网教育培训基地等。这些园区相互之间形成了良性竞争，也为创业者提供了多种选择。

第二，形成了创业咖啡、创业培训与天使投资三位一体的创业模式。一是投资机构以咖啡馆为载体，通过提供价格低廉的工位为创业者搭建平台。以清控科创控股股份有限公司为例。该公司通过 Binggo 咖啡馆为创业团队提供创业服务，服务内容包括：提供月租 1500 元的工位；为创业团队提供注册地址，帮助其成立公司。这解决了创业团队没有物业公司证明、无法注册等问题。二是为创业者提供培训服务。培训分收费培训和公益培训两种。仍以 Binggo 咖啡馆为例。Binggo 咖啡馆每月定期举办 Binggo 公开课和 Binggo 路演。同时，针对创业者提供"双创"培训课程，指导创业者创业。在中关村创业大街，提供培训服务的服务机构还有很多。三是拥有众多的天使投资机构。中关村是北京天使投资和天使服务最集中的区域之一。

2. 由众多"孵化器 + 便利设施"组成的生活文化设施

中关村创业大街及其周边地区的生活文化设施主要有服务创业的孵化器和服务消费的便利生活设施两类。第一，创业大街入驻了 40 多家服务创业的孵化器，服务领域包括教育培训，软硬件服务、人才招聘服务、企业注册、法律咨询服务等。第二，中关村创业大街及其周边街区还有为数众多的、足以满足日常消费的各种生活便利设施，如书店、特色小食店、果汁店、超市、健身房、主题酒店、银行、打印、餐厅等，能够为创业者提供各种生活便利。

3. 数量众多的创业实践活动

在中关村创业大街创业活动频繁，包括各种创业路演、创业大赛、创业展演以及创业沙龙、俱乐部活动等。据不完全统计，2014 年以来，举办创新创业活动超过 1600 场，平均每天有两个以上的主题创新创业活动，参与人数达 16 万人次。另外，由于中关村创业大街的知名度高，大街吸引了国内国际众多考察调研团队，其中来自美国、韩国、新加坡、澳大利亚、俄罗斯、墨西哥等国家和地区的考察团有 90 个。众多的创业活动营造了浓厚的创业文化氛围。

为了具体说明这些创业活动的情况与类型，我们对创业大街从 2014 年 4 月到 2016 年 9 月两年多时间里举办的各种活动进行了整理、归类和统计，得出了以下几个结论。

第一，创业大街每月的活动次数平均为 40 ~ 50 场。其中，2015 年 5 ~ 8 月创业大街活动最为密集，2014 年 7 ~ 12 月次之，再次是 2016 年 3 ~ 7 月。具体变化情况见图 3。

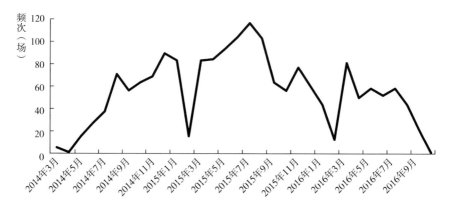

图 3　中关村创业大街创新创业活动变化趋势（2014.3 ~ 2016.9）

资料来源：转引自祁述裕、吴军《文化场景视角下中关村创业大街发展动力探索》，《艺术百家》2017 年第 4 期。

第二，创业活动以创业沙龙、讲座培训、政策宣传、展示陈列、路演推广和创业比赛等六大类为主。其中，讲座培训类活动最多，达 631 次，其次是各种创业沙龙活动，为 425 次。具体情况见表 1。

表 1　中关村创业大街创新创业活动类型划分（2014.3~2016.9）

单位：次

年份	创业沙龙	讲座培训	政策宣传	展示陈列	路演推广	创业比赛	其他
2014 年上半年	22	11	0	6	13	2	0
2014 年下半年	122	100	30	14	40	18	0
2015 年上半年	113	134	6	23	45	6	3
2015 年下半年	102	151	21	22	34	12	10
2016 年上半年	47	157	14	3	20	4	3
2016 年下半年（7~9 月）	19	78	5	3	4	6	1

资料来源：转引自祁述裕、吴军《文化场景视角下中关村创业大街发展动力探索》，《艺术百家》2017 年第 4 期。

4. 多样性人群

中关村创业大街的创业者来自全国各地、具有不同的学科背景、拥有技术或资金等不同资源。据统计，每天活跃在这里的创业者、投资人与技术人员等达 2 万人。从创业者的类型看，有北京高校的学生，有北漂，有国际创业者；从行业分布来看，涉及互联网、IT、文化创意、教育、设计、医疗、智能家居、汽车以及生活服务等几十个行业。这些不同类型、不同行业的创业人群汇聚在中关村创业大街，进行着信息交流、创意碰撞、项目洽谈等事务，使创业大街充满创新创造活力。

5. "一切皆有可能"的价值观

中关村创业大街的社区文化、以创业孵化为核心的生活文化设施、各类创业活动、多样性人群等，都透出激情和憧憬。如果要用一句话来概括创业大街的价值观和生活态度，不妨归纳为"一切皆有可能"。这里有在国内堪称最优秀的创业人才，有最新的信息，有最知名的风险投资机构，有最好的服务。这里是将梦想变成现实的最佳场所。印娃（inwow）移动打印创业过程就很好地诠释了这一点。① 印娃是创业大街孵化出来的众多公司中的一个，创始人李兵期一直是做传统的复印机业务。在看到移动互联网项目风靡后他冒出一个想法："能不能把固定复印机做成移动复印呢？"为了将这个想法变成现实，他来到了中关村创业大街。在创业大街服务机构的帮助下，他在很短时间内就找到了项目设计人才，完成了图纸设计、样品开发、融资等，从"创意"变成产品仅用了短短的 3 个月时间。这在其他地方是难以想象的。这就是中关村创业大街独特文化场景的优势与吸引人的地方。

需要指出的是，中关村创业大街也存在着一些需要解决的问题。调查发现，如过高的房价（包括租房价格）使得创业者越住越远，不利于创业者的集聚；便利性的餐饮服务还有所欠缺；各部门政策支持碎片化，缺少整合和协调等。

（二）景德镇创意市集生成机制分析

景德镇创意市集的形成同样是诸多要素结合的结果。我们同样从社区、便利性生活文化设施、多样性人群、文化实践活动、价值观五个维度做简要分析。

1. 崇尚创意设计的社区文化氛围和自组织系统

从社区的角度观察，景德镇创意市集有以下三个特点。

第一，崇尚创意设计的文化氛围。景德镇目前约有 5000 家陶瓷企业，其产品以日用陶瓷和艺术陶瓷为主，各类陶艺师云集。宋代以来，景德镇一直是以生产手工陶瓷闻名于世。1000 多年来景德镇陶瓷一直保持着手工作坊式的生产方式，以及追求精致、艺术、弹性工作等理念和工作方式。手工制作陶瓷以及相关工艺品在其他城市可能只是生活点缀，但在景德镇，这就是最重要的生存技能、生活方式。手工陶瓷也成为景德镇的文化符号。景德镇悠久、独特的文化氛围，为创意市集的形式提供了

---

① 随着移动互联网的发展，智能手机的功能越来越强大，手机逐渐取代了 PC 成为新的办公工具，越来越多的人不局限在办公室办公。为适应移动办公人群的打印需求，印娃移动打印应运而生。用户通过印娃 App，将存放在云端或手机端的文档与线下打印终端建立连接，可以随时随地享受文件打印服务。

坚实的土壤。

第二，社会组织引领。景德镇创意市集是由一家来自香港的社会组织——乐天陶社创办的。乐天陶社的经营理念是"陶艺教育，陶艺推广和制陶"，经营原则是"创造，教育，推广及慈善"。2008年，乐天陶社选择在景德镇租借老厂房，为国际知名陶艺家提供设计工作室，同时开展教育培训、画廊和咖啡馆等多项服务。每个周五晚上，乐天陶社的教育基地都开设讲座，为景德镇陶瓷学院的大学生传授先进的陶艺理念和陶瓷技艺，深受大学生和市民的欢迎。同时，每个周六上午，乐天陶社组织创意市集，承担创意设计作品的选取、展览空间设计、摊位发放、管理等事宜。由社会组织创办避免了政府创办经常出现的部门扯皮、讲究形式等问题，更加务实和高效。

第三，低廉的创业成本。景德镇创意市集坐落在原景德镇十大国有瓷厂之一的景德镇雕塑瓷厂所在地。这里既保留了景德镇特定年代的历史记忆，也由于地处景德镇东郊，地租相对便宜，创业成本低廉。

2. 便利性的生活文化设施

景德镇创意市集之所以具有活力和吸引力，与创意市集相配套的众多生活文化设施起到了至关重要的作用。在景德镇创意市集所在的原景德镇雕塑瓷厂区里，集聚着艺术家工作室、博物馆、电影院、陶瓷产品专卖店、书店、咖啡馆、青年旅社、培训机构等各种文化设施和生活设施。约200米长的街道旁就有80余家以艺术陶瓷和日用陶瓷为主的创意商铺，这使得原来破旧的雕塑瓷厂充满现代气息，也成为景德镇新的时尚聚集地。

图4是笔者负责的景德镇产业转型课题组做的创意市集与景德镇市中心（1公里范围内）2016年部分生活文化设施的对比。

从图4可以看出，地处东郊的创意市集拥有和市中心比肩的生活文化设施，这就不难解释它何以对年轻人有吸引力，何以聚集如此多的创意人才了。

3. 多样性人群

每周六上午的景德镇创意市集聚集了上千名参与者，加上周边的各种生活文化设施，各类人群十分活跃。根据调研，在参与创意市集的人员中，景德镇陶瓷大学的学生是主体，约占参与人员的80%；其他人员包括"景漂"艺术家、本地陶瓷经营者、传统陶瓷匠人、外地慕名参与者、国

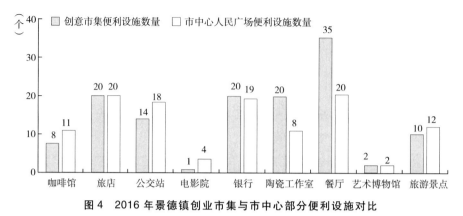

图 4 2016 年景德镇创业市集与市中心部分便利设施对比

资料来源：参见课题组成员陆筱璐《论文化创意社群对特色文化城市发展的意义及路径——以景德镇乐天创意市集为例》，《浙江工业大学学报》（社会科学版）2016 年第 2 期。

外的艺术家、游客等。从 2008 年到 2011 年，也就是四五年时间里，有来自 14 个国家的 247 名艺术家在这个市集里面进行生产和创作。

4. 众多文化实践活动

景德镇创意市集有乐天陶社组织的每周五晚上的陶艺讲座，有周六上午的创意市集，还有明清园的陶艺市集。乐天陶社有为国内外知名陶艺家提供的驻场陶艺创作项目，这些都可以供游客参与、观赏。陶艺培训机构也十分活跃。创意市集还重视在线分享创意理念。每个月，创意者都会将自己的作品提交到乐天陶社官网上，在线参加评审，同时相关的微博、博客、豆瓣等社交网络，都拥有数万的粉丝量。多样性的社群将这里营造成集设计、生产、消费、体验、交流、共享于一体的创意空间。

5. "创意即价值"的价值观

可以用"创意即价值"来概括景德镇以创意市集为核心的文化场景体现的价值理念和利益诉求。在这个文化场景活动的各类人都认同一个理念：只要有创意，在这个文化场景里就一定能实现价值，包括经济价值和人生价值。人们来到这里，或是展示创意，或是交流、购买创意。例如，一些长期出售仿古陶瓷的店商也为创意市集所吸引，来这里"淘"他们中意的时尚创意陶瓷产品，与设计者洽谈合作，并出售其产品。创意市集改变着景德镇陶瓷产品的结构，为景德镇这座城市输入了创新活力。

在景德镇定居 14 年的英国籍日裔艺术家安田猛先生和他的夫人在创意市集附近创办了工作室"红房子"。尽管安田猛已经 74 岁了，但仍表现了极大的创作热情。用他自己的话说，在景德镇，特别是在创意市集这个文化场景里，他感受到"一批批年轻的陶艺家用青春的血液和想法在这儿扎根成长，而自己也又一次经历着青春般的朝气蓬勃"。

调研发现，景德镇创意市集也存在一些需要改进的问题，如缺少 Wi-Fi 系统，缺少干净、卫生的洗手间等，这些问题给年轻创业者带来了不小的困扰。在调研中，有 65.3% 的人希望当地政府能够在文化设施的硬件建设方面有所作为。

四　结语：场景理论的中国意义

首先，特里·克拉克教授提出的场景理论建立了微观文化动力学，深化了对文化在经济发展中动力作用的认识。强调文化在促进经济发展中的动力作用在西方学术发展过程中有着清晰的脉络，但不同时期学界对文化内涵的理解和分析的视角有着明显的差异。社会学家马克斯·韦伯从社会学的角度分析了文化的价值。他在《新教伦理和资本主义精神》一书中分析了新教伦理价值观与信仰对美国经济发展的深刻影响，认为新教伦理是美国走向经济繁荣的最重要的动力。经济学家迈克尔·波特从产业的角度分析了文化在提升国际竞争力中的价值和作用。他在《国家竞争优势》一书中认为，基于文化的优势是一个国家的最核心的竞争力。波特所说的"文化"是指价值体系。他认为，造成国家贫富差别的重要因素是国家的价值体系的不同。特里·克拉克教授则从消费社会的角度分析了文化的价值。他将此前学者主要从精神层面对文化进行的理解，转为从生活层面去理解文化的内涵和意义。将文化理解为与生活的结合体，其是指以特定空间为载体，便利性的生活文化设施、多样化人群和文化实践活动的结合，以及所蕴含的价值和意义追求。韦伯的社会学理论、波特的竞争力理论更多的是从国家的视角分析文化对促进经济发展的作用；克拉克更多的是从社区这样的微观层面，从生活文化设施、文化实践和人群状况等，分析文化在促进经济发展中的价值和作用。如果说，韦伯的社会学理论、波特的竞争力理论更多的是宏观文化动力学，那么克拉克的场景理论则更多的是微观文化动力学。这一理论深化了对文化在经济发展中动力作用的认识。

其次，场景理论强调不同文化要素的协同性和在地化。场景理论不是孤立地讨论生活文化设施，而是强调文化设施与社区、文化实践活动、人群的协同和互动，生活文化设施只有在互动中才能最大限度地实现其价值。场景理论还强调了不同的生活文化设施所体现的文化在地性，这种在地文化展示了区域精神气质，也是城市创新动力的重要源泉。比如，中关村创业大街的创业咖啡馆就不太可能出现在景德镇；同样，景德镇以陶瓷工艺为主的创意市集也不可能出现在中关村创业大街；等等。场景理论的这一观点对我国当前的城市建设有很强的针对性。一是有助于匡正城市建设普遍存在的热衷于建设高档文化设施，忽视日常生活文化设施建设的思路；二是有助于避免单纯注重文化设施建设，忽视与其他文化要素的配套建设的误区；三是有助于纠正热衷于引进文化设施，忽视从本地区挖掘特色文化资源这一错误地点。

再次，场景理论为探讨如何激发城市活力提供了分析工具。当前，我国城市经济正在经历从要素驱动向创新驱动的转型。各地都有不少探索，提出了一些很有启发性的新理念，如创意空间、创意社群、众创空间等。这些新理念均很有意义，但在实施途径上往往语焉不详，缺少系统分析方法。场景理论着眼于以城市特定空间为载体，旨在通过对生活文化设施与人群、文化实践活动、价值追求等相互作用的分析，探讨如何激发城市活力。场景理论既有新的概念、数据收集方法，也有分析框架和策略。它是一个完整的体系，为集聚城市发展动力、实施创新驱动战略提供了可资借鉴的分析工具。

最后，借鉴场景理论需要用中国视角。世界各国的城市转型和发展有共同性，克拉克教授的场景理论对中国城市的转型和发展具有很强的参考价值。但毋庸讳言，场景理论是在继承西方国家城市研究成果基础上发展来的，其概念、术语等也都是立足于西方文化传统和生活方式进行的提炼和归纳。借鉴场景理论需要用中国的视角。这至少包含三方面的含义：一是立足中国现实，分析中国问题；二是将场景理论创造性地转换成中国概念体系和表达方式；三是吸收现代科技成果，特别是互联网技术在城市、社区生活的深刻影响，将现实空间与虚拟空间的研究结合起来。这第三点也是克拉克场景理论有所欠缺的地方。

创新文化生产经营机制　激发国有
文化单位活力[*]

摘　要：国有文化单位是推动我国文化发展的中坚力量。因此，搞活国有文化单位是创新文化管理体制的头等任务。改革开放 40 年来，国有文化单位经历了四次改革，成效显著，但还存在一些误区。基于国有文化单位做大做强所引发的一些问题和认识上存在的误区，需要进一步拓展对国有文化单位价值实现形式的认识。国有文化单位可以考虑引入"社会企业"的概念。国有文化单位作为一种社会企业其首要目标不是追求利润，而是在善用政府资助、吸纳和运用社会资本的前提下，承担起涵养文化产业发展资源、支持文化产业创新、实现文化传承、加强文化教育等多重社会责任。

关键词：文化生产经营机制　国有文化单位　文化事业　文化产业

文化企业是文化市场的主体，是推动文化繁荣兴盛的决定性力量。激发全民族创新创造活力，关键是激发文化企业的创新创造活力。国有文化单位是推动我国文化发展的中坚力量。因此，搞活国有文化单位是创新文化管理体制的头等任务。

一　改革开放 40 年来，国有文化单位经历了四次改革

2017 年底，国有文化单位改革传出新信息。中央电视台、中央人民广播电台、中国国际广播电台启动了合并的步伐。在许多城市，市级电视台、广播电台、报社合并也在紧锣密鼓地进行。

---

[*]　本文于 2018 年 12 月 15 日发表在《行政管理改革》，收入本书时有改动。

实际上，新一轮国有文化单位改革的信息在 2017 年发布的《国家"十三五"时期文化发展改革规划纲要》（以下简称《规划纲要》）中已经有所透露。《规划纲要》提出，要"发展骨干文化企业，推动产业关联度高、业务相近的国有文化企业联合重组，推动跨所有制并购重组"，"加快培育一批主业突出、核心竞争力强、市场占有率高的综合性文化企业集团，力争若干家进入世界同行业前列"。《规划纲要》还提出，"以党报党刊所属非时政类报刊、实力雄厚的行业报刊为龙头整合报刊资源，对长期经营困难的新闻出版单位实行关停并转"。

如果把此次改革视为新一轮国有文化单位体制机制改革的话，改革开放 40 年来，国有文化单位已经经历了四轮改革。

第一轮改革是在 20 世纪 80～90 年代初，主要特点是放宽对传统媒体的数量限制。"文革"时期，媒体主要承担意识形态宣传的功能，数量受到严格限制。改革开放以后，随着文化市场的兴起，承担非意识形态宣传功能的媒体，如都市报、晚报、娱乐性刊物、知识性刊物等出现了爆发式增长。以纸质媒体为例，改革开放初期，全国报刊只有数百种，至 20 世纪 90 年代初，报纸刊物达到了 1.2 万多种。

第二轮改革是在 20 世纪 90 年代至 21 世纪初，主要是推动传统媒体集团化。媒体数量大幅度增加带来了传统媒体的繁荣，但也出现了新的问题：一是媒体数量增加的同时，也增加了管理难度，特别是意识形态管控的难度；二是国有文化单位小、散、差的问题突出，国际竞争力弱。为解决上述问题，20 世纪 90 年代中期，以国有文化单位做大做强为目标，相关部门着力推动传统媒体合并，走集团化的路子。广州报业集团和无锡广电集团是最早一批实行媒体集团化改革的单位，也取得了一定的成效。

广州报业集团的成功，使得传统媒体集团化成为国有文化单位改革的不二途径。在一些媒体集团化改革取得成效的鼓舞下，2001 年，广电系统成立了号称"中国媒体界航母"的中国广播影视集团。该集团把国字号的中央电视台、中央人民广播电台、中国国际广播电台、中国电影集团等六家国字号的广电媒体整合在一起，旨在打造"国际媒体航母"。有关部门对中国广播影视集团的成立寄予厚望。成立大会开得轰轰烈烈，国际国内关注度都很高。中国广播影视集团尽管挂了牌，但没有真正运营过，六家单位还是各自独立经营，跟集团成立之前没有任何区别。一段时间以后，曾挂在国家广电总局门前的中国广播影视集团的牌子被悄无声息地撤下，集团也被撤销。究其原因，是这六家机构本身就是事业单位，不是企业。按照企业运行规则把这六家事业单位捏合在一起，按照企业化运营是不可能的。实际上，中国广播影视集团成立时需要到工商局注册，工商局就不同意，并提出质疑：只有企业才到工商局注册，这六家机构都是事业单位怎么在工商局注册企业？后来经过有关部门协调才勉强注册下来。就是说，集团的成立本身就不合政策法规。

第三轮改革是在 2003～2013 年。世纪之交，我国加入世界贸易组织，要求进一步放宽市场准入，允许更多的国外文化企业和文化产品进入中国，国内文化市场竞争加剧。这要求国有文化单位要提高竞争力。而中国广播影视集团成立的失败，给相关部门一个启示，就是国有文化单位要提高竞争力，要做大做强，首先要由事业单位改制成企业。改制成企业意味着要参与文化市场竞争，自负盈亏，优胜劣汰。但并不是所有的国有文化单位都要改制成企业，有些国有文化单位承担着意识形态服务的功能，如人民日报社、新华社等；有些国有文化单位承担着提供公共文化服务的功能，如博物馆、图书馆等。

于是，相关部门从国有文化单位的功能切入，从 2003 年开始，启动了被称为"两分法"的分类改革。这次改革的基本特点是按照国有文化单位承担的功能，将其划分为两类：一类是承担公益性（主流意识形态宣传和提供公共文化服务）功能，一类是承担经营性（为市场提供文化产品和服务）功能。前者由国家财政提供运营费用，后者要通过参与市场竞争，自负盈亏、优胜劣汰。此次分类改革被划分为公益性单位的数量很少，绝大多数被列为经营性文化企业。以出版社为例。2003 年启动改革时全国出版社共有 581 家，从国家层面看，被列为公益性出版社的只有 4 家，分别是人民出版社、民族出版社、藏文出版社和盲文出版社，其他都要改制为文化企业。按照此次改革的政策，即使是承担公益性功能的国有文化事业单位，也要将承担公益性职能的部门列为公益性文化事业机构，企业部门也要转制为企业。以人民日报社为例，除编辑部门因承担服务主流意识形态功能仍然保留公益性事业单位职能外，其他部门，如广告，印刷，下属出版社、杂志社等都要转制为企业，优胜劣汰。按照当时的政策设计，中央电视台也要如此。中央电视台除了新闻频道保留事业单位外，其他频道，如电视剧频道、体育频道、经济频道等，都要通过制播分离剥离出去。包括中央、国务院各部委的行业报刊、出版社等，都要由事业单位转制为企业，参与市场竞争，优胜劣汰。全国数千家演艺机构，除了少数可保留为事业单位外，绝大多数都要转制为企业。

这次改革本意很好、力度很大，但在改革过程中遇到的问题越来越多，阻力越来越大，以至于后来随着新一届中央领导集体的换届而中止。阻力来自三个方面。其一，政策设计有重大漏洞。国有文化单位千差万别，仅仅用公益性和经营性来分类过于粗疏，而且在公益性文化单位中过于强调意识形态的宣传功能，忽视其他公益性服务的价值，如服务于政府工作（行业报）、历史文化传承（地方戏曲）等。其二，绝大多数国有文化单位缺乏在市场竞争中生存的能力。其三，合并同类项式的文化企业集团效果不佳，无法实现做大做强的目标。

2017 年第四轮改革的主要特点是融合和合并。一是推动传统媒体和新媒体融合。国有媒体机构集中在传统媒体领域，在 20 世纪八九十年代占据绝对的话语权，互联网的兴起颠覆了这种媒体格局。年青一代将网络媒体作为获取信息的主渠道。正如习近平同志 2013 年在全国宣传思想工作会议上的讲话所指出的："互联网已经成为舆论斗争的主战场。""很多人特别是年轻人基本不看主流媒体，大部分信息都从网上获取。"① 传统媒体逐步从主流走向边缘，影响力急剧下降、舆论引导力减弱。为改变上述局面，2014 年 8 月，中央全面深化改革领导小组第四次会议审议通过了《关于推动传统媒体和新兴媒体融合发展的指导意见》，强调传统媒体要与网络媒体相融合，打造有竞争力的新型主流媒体，形成立体多样、融合发展的现代传播体系。二是跨行业融合。与第三轮改革合并同类项式的集团化改革不同，第四轮改革注重跨媒体、跨行业合并重组。如一些城市正在推动的电台、电视台、报纸的合并，此举打破了行业界限，具有积极意义。

此外，值得一提的是，为适应国家经济发展的要求，此次国有文化单位改革还提到了鼓励混合经营，一些国有文化单位也有实践。但此项改革

---

① 《习近平关于社会主义文化建设论述摘编》，中央文献出版社，2017 年，第 29 页。

目前尚处于探索阶段，没有对全局产生什么影响，此处就不再赘述。

二　打破地域藩篱、行业界限，整合国有文化资源

当前，国有文化单位，特别是传统媒体机构迫切需要深化组织结构、传播体系、管理体制改革。诚然，目前我国传统媒体的困境与互联网的兴起有直接关系。人类媒体发展的历程表明，一种新型媒体的崛起往往伴随着传统媒体的弱化甚至衰落。我国国有传统媒体的急剧衰落，更多的是缘自国有文化管理体制机制的束缚。中宣部原部长刘奇葆曾指出，国有媒体组织结构、传播体系、管理体制不适应融合发展的要求，束缚了新闻生产力的发展。美、日等发达国家的传统媒体同样面临互联网兴起所带来的冲击，但为什么这些国家的传统媒体所受到的冲击远没有中国这么大？笔者认为，主要有两方面原因。

一方面，中国缺少对内容的知识产权保护。美、日等发达国家传统媒体企业固然在信息传输的便捷性等方面不如网络媒体公司，但传统媒体企业长期经营所拥有的内容生产优势仍然是网络媒体所无法比拟的。这种内容生产的优势，不仅使得传统媒体仍然在公众中拥有很大市场，而且还在传统媒体向网络媒体延伸过程中占有很大优势。这也是美国《纽约日报》仍然很有竞争力的原因所在。我国则不然，我国传统媒体既没有网络媒体的便捷性的优势，也缺乏内容方面的知识产权保护。

另一方面，文化体制的束缚。在市场经济条件下，任何一个行业都会经历一个从自由竞争到相对垄断经营的过程。报刊、影视业同样如此。但中国的传统媒体市场是高度封闭的市场，也是不充分竞争的市场。这种封闭性和不充分竞争表现在两个方面。一是行业垄断。只有广播电视系统才能办电台、电视台，其他政府部门、社会机构禁入。二是行政垄断。中国是按照行政层级办电视、办广播的，实行的是中央、省（自治区、直辖市）、地级市、县（区）四级体制。以电视台为例，每一级都有几十个频道，重复覆盖，电视市场有 40 多个主体同时竞争，相互之间无法整合，不能合并。这种状况必然是每一家电视台都"活"不好，也"死"不了，也就谈不上真正做大做强。作为鲜明对照的是互联网行业。从 1994 年开始在中国出现到今天，仅仅走过 20 余年的发展历程，现在互联网产业集约化程

度已经很高了。以网络视频业为例，中国网络视频业经过 10 余年的发展，现在爱奇艺、腾讯、合一集团（优酷土豆）这 3 家企业占有全国超过 50% 的市场份额，网络视频业的产业集中度很高。

2017 年启动的国有文化单位改革打破了行业界限，使得跨行业合并成为可能。这值得肯定，但还很不够，还要进一步按照市场规律去推动国有文化单位改革。

第一，要允许和鼓励跨地区兼并重组。跨行业、跨地区经营是国外跨国文化企业的突出特点。如德国贝塔斯曼是世界上最大的出版集团，但实际上出版只占其整个市场收入的 8% 左右，它也经营音像、广播电视、网络等文化产品。贝塔斯曼公司的业务分布在全球各地。

第二，引入社会力量参与国有文化单位改革。如报刊业，大量娱乐休闲类的报刊完全可以通过引入社会资本盘活国有资产，出版社也一样。有关这方面内容，在前面的内容中已经有涉及，此处就不再详述。

第三，更多地尊重市场经济规律来推动国有文化单位改革。文化企业能否做强做大，是市场的选择，而不是取决于政府的意愿。采取简单的拉郎配的方式试图做强做大国有文化企业，往往事与愿违。迈克尔·波特研究世界许多国家的产业政策后，有这样一段评论："政府在制定产业政策时……常见的错误做法是，为了提高效率，做大做强企业，鼓励甚至强行实行国内的企业合并。凡是政府推行的合并，其结果很少是成功的，很难达到降低成本的效果，相反，却会带来减少竞争的问题。"

三 由公益性文化事业与经营性文化产业二分法，转向营利性组织与非营利性组织二分法

分类改革是 2003 年文化体制改革的一个重要特点。这项改革将原本统称为文化事业的国有文化单位划分为公益性文化事业与经营性文化产业两类。公益性文化事业机构承担提供公共文化产品的职责，其运营费用由财政包干，工作人员原则上参照公务员管理；经营性文化产业机构承担向文化市场提供产品的职责，须进行转企改制，参与市场竞争，自负盈亏，优胜劣汰。

将分类管理引入国有文化单位，明确了不同国有文化机构的不同职

责，改变了过去国家大包大揽的做法，是很大进步。但是，公益性文化事业与经营性文化产业二分法式的管理在实践中也暴露出很多问题。

第一，分类标准存在致命缺陷。就媒体来说，公益性文化事业与经营性文化产业二分法是以文化单位是否承担意识形态职能作为划分标准的，这样，党报党刊、政治类读物、出版社等被作为公益性文化事业机构；而其他报刊，包括承担公共文化职能的学术报刊和各部委承担政策指导职能的行业报刊均被划为经营性文化产业，要求这些报刊自负盈亏，按照上述改革思路，占总数95％以上的经营性报刊在市场竞争中将难以为继。

第二，管理体制存在重大缺陷。从公益性文化事业单位来看，由于运营经费财政包干，实行收支两条线，缺乏激励机制，这使得公益性文化事业单位缺乏活力；从经营性文化产业来看，一方面需要在市场竞争中生存，另一方面又受到社会效益第一、经济效益第二的严格约束，常常进退失据。

第三，管理范围存在重大缺陷。公益性文化事业与经营性文化产业二分法只限于国有文化单位的改革，没有兼顾民营公益性文化机构的诉求。实际上，随着经济社会的发展，民营博物馆、美术馆蜂起，这些民营文化机构同样承担着提供公共文化服务的职能。为这些民营公共文化机构提供同等支持，应该是迫切需要解决的问题。此外，非文化系统的公益性文化单位，如科委系统的科技博物馆、工会系统的职工之家等，也不在公益性文化事业与经营性文化产业二分法考虑之列。这使得这类文化机构陷入尴尬的境地。

公益性文化事业与经营性文化产业二分法，根本问题是设想公益性文化事业可以生存在一个没有市场干扰的真空地带，通过政府配置资源，就可以完成公益性目标。实际上，在市场经济条件下，文化事业与文化产业两者不存在无法逾越的鸿沟。第一，文化事业与文化产业都是为消费者提供文化产品和服务，都是为了满足公众的精神文化需求。第二，文化事业与文化产业都要重视投入与产出。第三，文化事业与文化产业都可能产生良好的社会效益和经济效益。如中央电视台综合频道属于公益性文化事业，其《新闻联播》前后广告时段在中央电视台各个频道中的广告收费最高，经济效益最好。文化事业单位也可以开发出适应市场需求的产品，如2017年北京故宫博物院开发的文创产品收入近10亿元。同样，追求商业价值的文化产业在传递社会价值观上同样能发挥巨大作用，如 2017 年国内票房收入列第一位的商业大片《战狼 2》同样在弘扬主旋律。可见，公益性文化事业需要重视开拓市场，经营性文化产业也要重视公共价值，两者并不矛盾。只有经济效益和社会效益都得到体现，文化产品才能实现价值最大化。因此，调整分类改革思路，是新时代深化文化体制改革的一个紧迫问题。

按照营利性组织与非营利性组织的划分对文化单位进行分类改革是更科学也是更符合国际惯例的改革思路。

按照营利性组织与非营利性组织对文化机构进行划分，其最大的特点是以文化单位承担的职能来进行划分，不论所有制，不论是国有或民营文化机构，也不论是文化系统的单位还是其他政府部门的文化单位。以营利为目的，经营者有权占有和支配经营收益的文化单位，就应该在文化市场中自负盈亏、优胜劣汰；相反，以提供公共文化服务为目标、以非营利为目的，经营者无权占有经营收益，无论是国有还是民营文化机构都可以获得财政支持、税收政策优惠，也可以接受社会捐助等。

以美国为例。美国杂志有营利性的商业杂志与非营利性的公共教育（学术）杂志之分。广播电视业有公共电台、电视台与商业电台、电视台之分。美国共有 1150 座商业电视台和 9800 座商业广播电台，有 1630 座公共广播电台和 365 座公共电视台。美国的《联邦通信法》是针对电信和广播电视媒介的私营部分而制定的。公共广播电视台所遵循的法律并不是 1967 年美国国会通过的《公共电视法》，有线电视遵循的是 1992 年制定的《美国有线电视法》。美国演艺娱乐业有表演艺术与娱乐业两大类。其中，表演艺术属非营利性行业，其资金来源是由表演艺术发展的基金会来运作，国家通过法律规定的免税政策提供支持，有严格清晰的法律规范和审计程序；而娱乐行业则是高度商业化和高盈利的，其主要形式为大型演唱会、电影、电视、音像、体育等活动，主要是通过其与媒体的紧密互动，运用企业的广告费进行大规模商业运作，以此来实现其盈利目标。

相比公益性文化事业与经营性文化产业二分法，营利性机构与非营利性机构的划分的优胜之处在于：一是按照单位所承担的目标确定其单位性质，而不是按照所有制、按照意识形态人为确定；二是将对收益的支配权作为衡定机构性质的重要标准，从而防止了公共资金的私人占有；三是强调无论是什么类型的机构都必须最大限度地利用市场，都要以满足公众需求为目标；四是有助于调动社会力量支持非营利性机构，使非营利性机构的资金来源多样化。按照营利性文化机构与非营利性文化机构两大类来划分，并进行相应的改革，应是下一步我国深化文化体制改革的重要内容。

基于以上国有文化单位做大做强所引发的一些问题和认识上存在的误区，就需要进一步拓展对国有文化单位价值实现形式的认识。国有文化单位完全可以考虑引入目前"社会企业"的概念。社会企业是以公共利益为目标的营利性事业，其营利不全是为了出资股东，而是为了提升竞争力、永续经营和扩大服务。社会企业追求的目标是社会责任，而不是利润，主要通过商业活动创收所得为社会项目提供资金，兼具市场驱动和使命导向。应该鼓励国有文化单位向社会企业的形式转变。国有文化单位作为政府职能的延伸，其首要目标不是资产增值，而是承担社会责任，维护社会公平正义，弥补市场失灵，其经营理念和治理结构应该接近于社会企业模式。国有文化单位作为一种社会企业，其首要目标不是追求利润，而是在善用政府资助、吸纳和运用社会资本的前提下，承担起涵养文化产业发展资源、支持文化产业创新、实现文化传承、加强文化教育等多重社会责任。

拓荒与深耕：2014～2017 年我国文化产业研究综述[*]

摘　要：2014～2017 年我国文化产业研究成果丰硕。从文化产业学术研究的类型来看，学界主要聚焦于基本理论研究和产业实践问题研究；从文化产业学术研究的重点领域来看，文化产业政策研究、文化产业要素研究、区域文化产业研究、新兴文化业态研究和文化产业理论研究是当前研究的五大热点。总体上看，文化产业研究领域不断拓宽，学术研究整体质量明显提升，但在前瞻性、原创性和个案研究方面尚显不足，仍需继续努力。

关键词：文化产业　产业政策　新兴文化业态　文化创意

近年来，随着我国文化产业的蓬勃发展，文化产业研究也十分活跃，研究成果丰硕，与文化产业的发展实践相得益彰。目前文化产业研究状况如何？研究热点有哪些？未来的研究趋势是什么？对这些问题，无论是文化产业从业人员还是研究界都十分关注，也需要认真总结。本文以 2014～2017 年中国人民大学书报资料中心《文化创意产业》转载的论文为基础，对 2014～2017 年我国文化产业研究做一个系统梳理，并做出评价。①

---

* 本文于 2018 年 11 月 5 日发表在《山东大学学报》（哲学社会科学版），合作写作人为杨传张，收入本书时有改动。

① 之所以选择 2014～2017 年这一时间段，是因为本文以"第二届中国文化创意产业优秀论文评选"参选论文为基础，本届参选论文基于 2014～2017 年中国人民大学书报资料中心《文化创意产业》转载的论文。中国文化创意产业优秀论文评选目前已经成功举办两届。第二届中国文化创意产业优秀论文评选活动由中国人民大学书报资料中心、国家行政学院文化政策与管理研究中心和中国文艺家评论协会艺术产业专家委员会共同主办。

一　2014～2017 年文化产业研究概况

中国人民大学书报资料中心资料库每年收录的文化产业研究相关论文有 1300 多篇，最终能在《文化创意产业》刊出的约有 60 篇，2014～2017年四年间《文化创意产业》共收录相关论文 238 篇，大约平均每 20 篇中就有 1 篇能入选《文化创意产业》，与人民大学复印报刊资料平均选载率大致相同。《文化创意产业》所收录的论文基本上代表了当代中国文化产业研究的水平，也在很大程度上反映了我国文化创意产业研究的特点和趋势。经统计，四年间《文化创意产业》转载文章的情况基本呈现以下几个特点。

（一）研究主题分布

从研究主题看，近四年（2014～2017 年，下同）我国文化产业研究主要集中在文化产业政策、网络文化新业态、文化企业经营管理、地方特色文化产业、文化产业理论、文化产业园区等六大重点领域。2014～2017年，《文化创意产业》共选载论文 238 篇。其中文化产业政策研究 53 篇，网络文化新业态研究 49 篇，文化企业经营管理研究 21 篇，地方特色文化产业研究 18 篇，文化产业理论研究 17 篇，文化产业园区研究 6 篇。文化产业政策研究和网络文化新业态研究论文篇数远超其他几个研究主题，主要是因为更加成熟的文化产业发展阶段，需要更加精细化、精准化的管理制度与之相适应。同时，互联网等新技术的发展，不仅为文化产业创造了新的生产消费方式，还创造了巨大的增长空间，成为未来文化产业发展新的增长点。

（二）研究行业分布

从研究行业看，近四年我国文化产业学术研究的重点行业基本符合当前文化产业各行业发展的整体热度，主要分布在影视、动漫、演艺、艺术品、游戏、传媒、数字音乐、体育、网络文学九大行业（见图 1）。其中，影视、动漫及演艺业研究论文最多，主要与这几大行业当前迅速发展的态势有很大关系；艺术品业之所以成为近几年研究的重点行业，从研究的文献内容来看，主要是因为当前艺术品市场的发展相对不成熟，艺术品管理、艺术品金融、艺术品价值评估等都存在较多问题。

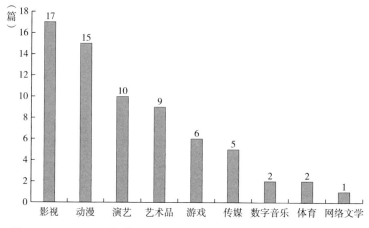

图1　2014~2017年《文化创意产业》转载论文主要研究行业分布

（三）来源期刊分布

从来源期刊看，近四年《文化创意产业》收录论文来源期刊在100家左右，其中被转载论文篇数位居前十的期刊包括《东岳论丛》、《福建论坛》（人文社会科学版）、《同济大学学报》（社会科学版）、《文化产业研究》、《北京联合大学学报》（人文社会科学版）等（见图2）。从期刊的类型看，被转载论文数量位居前十的期刊中，多数为开设了文化产业研究固定专栏的综合性期刊，而文化产业专业期刊仅有《文化产业研究》和《文化产业导刊》两家。

（四）作者单位分布

从作者单位看，近四年《文化创意产业》收录论文的第一作者出自100多家高校和研究机构。其中，中国传媒大学、中国人民大学、北京大学、国家行政学院、山东大学、武汉大学、深圳大学、上海交通大学、《光明日报》、上海社会科学院十家单位均有5位以上作者（见图3）。这组数据实际上也反映了目前我国文化产业学科建设的分布情况和学者的集中度。

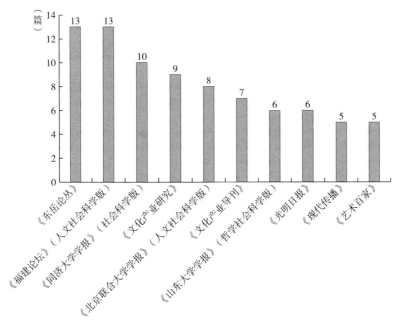

图2　2014～2017年《文化创意产业》转载论文主要来源期刊分布

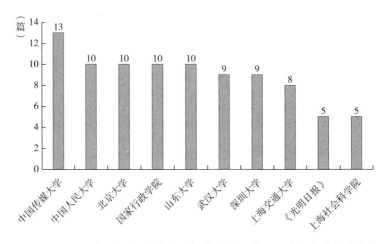

图3　2014～2017年《文化创意产业》转载论文第一作者所在单位分布情况

　　当前文化产业研究的主题分布和行业分布，基本反映了文化产业发展过程中的主要问题和热点文化门类；被转载论文数量靠前的期刊中，有影响力的文化产业专业期刊数量仍然很少，其论文整体质量也待提升；文化产业学术论文作者也出自不同的学科门类，专业研究学者各自学科背景复杂。

二　2014～2017年文化产业研究的重点

从研究的具体内容来看，文化产业政策研究、文化产业要素研究、区域文化产业研究、新兴文化业态研究和文化产业理论研究作为近年来集中研究的领域，呈现出各自不同的研究特点和规律，下面通过对代表性观点的述评，力图呈现近年来文化产业研究的基本态势、主要特点和存在的问题。

（一）文化产业政策研究

通过梳理发现，文化产业政策研究主要涉及文化管理与产业发展的重大问题、文化体制改革、财税金融政策、具体行业扶持政策等方面。文化产业政策研究的重点在于对当前阶段政策合理性、政策实施效果和政策优化等问题的探讨。

1. 文化管理与产业发展涉及的重大问题研究

从文化管理方面来看，政府职能、市场作用和企业发展及三者的互动关系，是学者研究文化管理问题的基本立足点。祁述裕、孙博基于政府、市场和企业三者在文化产业发展过程中的互动关系变迁，从文化产业管理需由"小文化"向"大文化"转变、由数量型增长向重视质量型发展转变、文化事业与文化产业由"两分法"向相互融合转变等七个方面框定了我国未来文化管理和文化产业发展的基本思路。[①] 从产业发展方面来看，如何在文化产业领域落实国家重大战略，是学者关注的重点。如在如何落实"一带一路"倡议上，花建创新性地提出文化产业发展的"π"型三大发展轴，并基于区位条件和集约化发展的特征，提出成渝城市群、长江中游城市群、长江三角洲城市群等区域组群，以及近、中、远三重文化辐射带，从发展轴、城市群到辐射带，基本构建了"一带一路"框架下文化产业的内外发展版图。[②] 再如在落实新型城镇化战略上，王国华则从"特色

---

① 祁述裕、孙博：《我国文化产业发展亟须完成七个转变》，《探索与争鸣》2014年第4期。
② 花建：《"一带一路"战略与我国文化产业的空间新布局》，《福建论坛》（人文社会科学版）2015年第6期。

文化""特色产业""特色景观""特色品牌""特色机制""特色运营"
等多个方面构建了文化小镇的要素系统。①

2. 文化体制改革存在的问题研究

关于文化体制改革过程中存在的问题，学者较多关注国有文化企业并
购、国有文化资本经营管理和国有文艺院团改制三个领域。首先，在国有
文化企业"三跨"并购问题上，学者普遍认为条块分割、进入壁垒的限制
以及过度追求政策红利，导致"三跨"并购存在盲目"拼盘"、缺乏实质
性融合、效益低下的问题。潘爱玲、邱金龙等以实证研究、数据分析的方
式，呈现了"三跨"并购对文化企业综合竞争力的提升程度有限，并着重
从交易结构的设计、并购资源的整合及对企业竞争力的影响角度提出了并
购应该注意的问题。② 其次，在国有文化资本经营管理问题上，齐勇锋等
提出国有文化资本经营管理效率低下的症结在于新闻、出版、广电等传统
文化产业垄断性强，而战略性新型产业经营较差；国有文化资源碎片化严
重，管理体制存在着所有者缺位，开放度不够，与民营资本、外资融合程
度不高等问题。③ 因此，必须进一步明确国有文化企业的公共文化企业性
质，国有文化经济的公益性文化经济的定位，加快建立先进文化企业制
度，为国有文化资本的合理流动和战略性调整创造条件。最后，在国有文
艺院团改制问题上，辛纳深入表演艺术自身的特殊性，去分析国有文艺院
团改制过程中面临财务困境的原因，提出消费者受教育水平、"成瘾"消
费特性、供给者生产力滞后压力成为财务困境的三大症结。④ 基于此，他
认为改革过程中首要的是要将院团供给能力提升和文化需求培育并重，并
逐步向后者倾斜。同时，需要借鉴国外非营利性机构的特殊制度安排，探
索适合我国文艺院团发展实际的非营利性机构模式。

3. 文化产业支持政策的绩效研究

关于支持政策的研究，学者侧重于评估各项支持政策在新发展阶段的

① 王国华：《略论文化创意小镇的建设理念与方法》，《北京联合大学学报》（人文社会科学
   版）2016 年第 4 期。

② 潘爱玲、邱金龙、闫家强：《"三跨"并购与文化企业综合竞争力提升研究——来自 A 股
   上市公司的实证证据》，《山东大学学报》（哲学社会科学版）2016 年第 3 期。

③ 齐勇锋、黄威、梅声洪：《国有文化经济战略性调整研究》，《东岳论丛》2014 年第 4 期。

④ 辛纳：《财务困境、成瘾消费与国有文艺院团改革》，《东岳论丛》2014 年第 8 期。

绩效，反思其在当前条件下存在的合理性，以及如何进一步优化调整问题。一是金融支持政策。张凤华、傅才武指出，我国金融政策操作执行难、效用发挥不明显的关键在于缺乏企业和金融机构之间的服务平台和中介。① 如文化企业产权评估、交易和流转，信用评级，风险分担等问题都未解决，导致文化企业和金融机构之间仍然很难有效对接。因此，金融支持政策更应该注重发挥政府在融资服务平台建设中的重要作用。二是财税支持政策。魏鹏举、王玺通过数据分析，得出了与支出型的财政补贴相比，收入型的税收扶持政策更能够激励产业的效率的结论。② 他们借鉴"营改增"的经验，提出要加强税基式优惠，减少直接税率税额优惠，如探索抵免文化内容创新投入成本的文化产业增值税政策等。三是具体行业支持政策。具体行业支持政策研究主要集中于对动漫产业扶持政策的讨论。朱春阳、黄筱通过对长沙、杭州两地不同的动漫产业政策在实施过程中对产业最终形态的影响，提出动漫产业政策应该引导以数量为主导的产业发展模式让位于产业集群创新网络主导的产业发展模式，以产业创新能力留住企业，而不是靠一浪更比一浪高的扶持政策来招揽"行业候鸟"。③ 区域动漫产业政策应该向促进生产要素集聚、刺激需求、构建产业链、鼓励竞争等方面转变。

文化产业政策研究侧重于对我国文化产业在快速发展过程中既有文化产业政策实施效果的跟踪。文化产业政策研究也多是基于分析模型、具体案例、指标数据的分析，在一定程度上保证了研究结论的实证性和科学性。但目前的文化产业政策研究，一是缺乏对文化监管、规制等管理政策的研究，而多偏向于对文化经济政策的研究，例如，如何更加有效地做好文化内容管理，如何形成多方参与的文化治理体系，提高文化治理效率等；二是缺乏对具体行业政策的研究，而多偏向于对整体产业政策的研究，例如，对不断出现的各类新兴文化业态如何有效管理等；三是缺乏对

---

① 张凤华、傅才武：《我国文化产业投融资及财政政策的成效与优化策略》，《学习与实践》2013 年第 8 期。

② 魏鹏举、王玺：《中国文化产业税收政策的现状与建议》，《同济大学学报》（社会科学版）2013 年第 5 期。

③ 朱春阳、黄筱：《基于钻石模型视角的区域动漫产业扶持政策比较研究——以杭州、长沙为例》，《新闻与传播研究》2013 年第 10 期。

具体实施策略、落地政策的研究，而多偏向于对发展战略和宏观趋势的研究。

（二）文化产业要素研究

随着文化产业不断发展，其面临的问题也更加具体和复杂，文化产业研究相应地也更加深入，尤其是对文化产业各要素的研究更加专注。通过梳理，对文化产业要素的研究主要集中于以下几个重点领域。

1. 文化资本运营

关于对文化资本运营的研究，主要围绕文化资产的无形性、公共性等特殊性，探讨文化资产的评估、确权和交易问题。一是关于版权金融化问题的研究。黄玉波、刘欢通过对产权化、资产化、金融化的过程分析，提出了版权资产的金融化路径。[①] 版权金融化必须从确权公共服务体系、知识产权保护体系、第三方版权资产评估机构、文化产权交易市场、多层次资本市场投融资渠道等几个方面进行系统化建设。二是关于文化产权交易问题的研究。文化产权交易问题研究的重点是围绕文化产权交易所建设问题的讨论。周正兵通过对深圳文交所的分析，提出文化产权交易所应该明确"文化四板"之定位，固守服务文化产业之实体经济的本分，避免脱实入虚。[②] 通过对深圳文交所的分析，具体来看，集聚信息、管理与资本等多种资源，以及提供专业、高效的投融资服务是文交所应该具备的功能，而不是成为艺术品份额化、邮币卡的江湖，沦为资本炒作的工具，变成一个"非驴非马"的存在。三是关于文化授权问题的研究。公益性文化单位文创产品开发是一个全新的研究领域，涉及管理体制和经营模式等一系列新的研究课题。祁述裕、赵一萌、杨传张从管理体制上提出了公益性文化单位的文化授权困境。[③] 他们提出，突破文化文物单位公益一类的体制，建立相应的激励机制是促进文化文物单位进行文化授权、开展文创产品经

---

① 黄玉波、刘欢：《版权资产的金融化——文化与科技融合的投融资政策体系构建探讨》，《深圳大学学报》（人文社会科学版）2014 年第 6 期。

② 周正兵：《我国文化产权交易所发展状况、问题与趋势》，《深圳大学学报》（人文社会科学版）2017 年第 1 期。

③ 祁述裕、赵一萌、杨传张：《文化文物单位发掘文化资源、开发文化创意产品的理念与思路》，《浙江工业大学学报》（社会科学版）2016 年第 2 期。

营的重要保障。王秀伟、潘彬彬则从授权经营方式上,提出直接授权、委托经纪授权、综合运用直接授权和委托授权三种模式。[①] 这些研究成果都为研究公益性文化单位文创产品开发这一全新命题开拓了新的思路。

2. 文化企业经营管理

文化企业,尤其是小微文化企业,是当前文化产业领域研究的热点。首先,是关于小微文化企业面临的发展困境的研究。如小微文化企业融资困难、企业经营管理能力弱、企业无形资产评估难,以及体制障碍带来的公平问题等。其次,是关于小微文化企业商业模式的研究。张振鹏提出小微文化企业商业模式价值链化、价值网络化、生态化三种形态演化阶段,不同阶段其商业模式构成的核心要素有所不同。[②] 他的研究通过对不同发展阶段核心要素的分析,为小微文化企业在不同阶段采取何种发展路径提供了参考。最后,是关于文化企业并购的研究,尤其是持续发酵的民营文化企业并购"超高溢价"现象成为关注的重点。李彬针对超高溢价现象,突出强调了风险防范措施。[③] 他认为并购前并购战略的设计、评估中介的介入,并购过程中股票支付或混合支付对溢价风险的控制作用,以及并购后将目标企业文化产品或文化要素有效整合嵌入既定产品和要素资源体系中来,是文化企业并购决策风险防范的重要举措。

3. 文化产业园区

对文化产业园区的研究,主要针对当前文化产业园区存在的问题展开。孙洁通过对上海百家园区各自发展趋势和优势的分析,提出了未来文化产业园区的六种升级演化方向。[④] 针对当前文化产业园区存在着产业特色不鲜明、公共服务水平不高、"重形态、轻业态"、"租金模式"、同质化以及集聚效益不明显等问题,他提出未来文化产业园区发展应当寻求创新

---

① 王秀伟、潘彬彬:《文化授权理论及其在博物馆中的应用》,《文化产业研究》2016 年第 2 期。

② 张振鹏:《小微文化企业发展研究——基于商业模式建构的视角》,《社会科学》2016 年第 12 期。

③ 李彬:《文化企业并购高溢价之谜:结构解析、绩效反应与消化机制》,《广东社会科学》2015 年第 4 期。

④ 孙洁:《创意产业空间集聚的演化:升级趋势与固化、耗散——来自上海百家园区的观察》,《社会科学》2014 年第 11 期。

和挖掘衍生服务，并据此提出孵化器、体验终端、社区营造、创意地产、业态融合和主题衍生六种不同的演化升级方向，政府应该根据园区可能演化升级的方向分类施策。

学者对文化产业要素的研究，比较注重实证研究方式，从具体个案去剖析存在的问题，进而思考整体解决方案，在一定程度上保证了研究结论的可行性和科学性。但是，文化产业要素市场包括土地、资本、技术、产权、人力、信息、组织管理等多方面内容，目前的研究主要集中于对资本市场和产权市场的研究，还远未形成一个系统化的文化产业要素市场研究谱系，存在较多的研究空白。同时，目前的研究侧重于对具体要素的研究，而鲜有对要素间关系、促进各要素高效配置和流动的体制机制的研究。

（三）区域文化产业研究

区域文化产业研究，在宏观层面涉及我国文化产业整体区域布局和发展战略，中观层面涉及对城市文化建设的探讨，以及微观层面针对地方特色文化产业具体业态和发展模式的总结。具体来看，各个层面的研究主要呈现以下特点。

1. 文化产业区域布局和发展战略研究

关于区域文化产业布局，逐步从对东、中、西部块状格局的研究转向对线性带状分布的研究。在区域文化产业空间布局上，范建华从文化渊源、产业基础、区域条件等方面对我国文化产业区域布局做出了新概括，提出了"一带一路"文化产业发展空间、长江经济文化产业带、环渤海湾经济文化产业带、藏羌彝文化产业走廊等七大文化产业带。[①] 在区域文化产业发展战略上，花建提出了"4 + 3"的区域文化产业战略研究框架，即资源培养力、创新驱动力、市场拉动力、国际合作力四个要素，以及产业成长性、多元开放度、区域契合度三大变量，各种文化产业要素与区域的总体发展战略能够形成良好的契合。[②]

2. 城市文化建设研究

在城市发展的总体趋势上，借鉴西方城市发展动力理论，学界普遍认

---

① 范建华：《带状发展："十三五"中国文化产业发展新趋势》，《云南师范大学学报》（哲学社会科学版）2015 年第 3 期。

② 花建：《中国文化产业的区域发展战略》，《同济大学学报》（社会科学版）2014 年第 3 期。

为在后工业时代，城市发展动力已经从强调土地、资金、劳动等传统模式以及人力资本模式，转向重视创意、文化与艺术消费、创新与科技、生活品质和社区环境等娱乐休闲发展方向。① 同时，对于城市文化建设，祁述裕以生活文化设施为视角，提出城市文化场景建设的路径，为城市文化建设提供了全新的理念。② 生活文化设施必须依托特定的文化空间，与多样性的文化活动、多种类型人群互动整合在一起形成不同的"场景"，通过"场景"所展示的价值观和生活方式的吸引力，才是培育城市内生动力的关键。马秀莲、吴志明通过对底特律市的文化经济实践及其失败的反思，警示城市文化建设应避免走入误区。③ 城市文化建设不能一味地构建城市风景，应该结合城市特定的经济、文化、地理和社会环境构建活生生的城市场景，必须考虑发展的文化项目是否能切实带动地方经济发展，是否以当地居民为本，是否适合城市的经济与城市特色。

3. 特色文化产业研究

特色文化产业研究主要聚焦于地方特色文化产业形态和对典型模式的总结。胥悦红对民族地区思想传承型、经验传播型、旅游体验型、创新智能型四种不同类型的文化资源的全产业链商业模式进行了分析，为民族地区不同文化资源的商业模式设计提供了参考。④ 熊正贤以武陵山集中连片特困地区为例，为特色文化产业扶贫提出了新的思路。他认为，特色文化产业在扶贫过程中特别要注重解决贫困地区产业发展中的基础设施和产业培育等"广化扶贫"的问题，避免外来企业对本土企业、企业化经营对社区村民生计、公共旅游资源对村民红利的"挤出效应"，保护特色文化传承地区居民文化资源的分配权益。⑤

---

① 吴军：《文化动力：一种解释城市发展与转型的新思维》，《党政视野》2015 年第 11 期。

② 祁述裕：《建设文化场景 培育城市发展内生动力——以生活文化设施为视角》，《东岳论丛》2017 年第 1 期。

③ 马秀莲、吴志明：《挣扎的底特律：后工业城市复兴的理论、实践与评述》，《北京行政学院学报》2015 年第 4 期。

④ 胥悦红：《全球化时代的民族地区文化产业发展研究——基于文化资源商业模式与全产业链建构的探讨》，《人民论坛·学术前沿》2016 年第 22 期。

⑤ 熊正贤：《特色文化产业扶贫的特征分析与绩效问题研究——以武陵山区为例》，《云南民族大学学报》（哲学社会科学版）2017 年第 4 期。

宏观、中观和微观不同层面的研究，构成了当前区域文化产业研究的基本体系。但是，在宏观层面，虽然提出了区域布局和发展战略，却缺乏与之相适应的实现战略目标的可行性举措和落地政策；在中观层面，借助西方理论，对城市文化建设的理念和要素达成了共识，但在探索符合中国城市发展实际的本土化路径方面创新度不够；在微观层面，局限于总结既有的特色发展模式，却没有相应的推动特色文化产业发展的创新思路。

（四）新兴文化业态研究

互联网文化产业近年来表现出强劲的增长势头，与之相应的文化新现象、新模式和新特征，互联网对传统文化业态的影响和变革作用，以及互联网文化新业态的管理问题，成为当前互联网文化产业研究关注的热点。

1. 关于互联网文化新现象、新模式的研究

互联网为文化产业的发展创造了很多新模式、新现象，学界近年来首先注重对这些新事物的解读和剖析。李康化围绕粉丝消费的行为特征，总结出明显经济模式、IP 运营模式、社群模式等"粉丝经济"模式，并提出要从精准的目标粉丝定位、优质的核心文本完善和周全的产品体验服务降低文化企业风险。① 戴勇对物联网实现文化传播产业商业模式创新进行了分析，并提出三种商业模式创新思路。② 基于互联网的发展，金元浦、黄玉蓉分别提出"数客""创客"的文化产业人才新类型。③

2. 互联网对文化产业发展的影响研究

除了上述对新现象、新模式的解读，更深层次的互联网对整个行业的生产经营方式的影响，也成为关注的重点，学者尤其注重从互联网对文化价值链的重构方面来探讨互联网对于文化产业发展的深层次影响。范玉刚以对互联网文化消费方式的研究为切入点，提出了互联网扁平式价值共创发展模式。借助网络平台消费者可以参与文化创意、生产、传播等诸环

---

① 李康化：《粉丝消费与粉丝经济的建构》，《河南社会科学》2016 年第 7 期。
② 戴勇：《基于物联网技术的文化传播产业商业模式创新研究》，《社会科学》2013 年第 11 期。
③ 金元浦：《数客：大数据时代文化创意经济的先行官》，《福建论坛》（人文社会科学版）2016 年第 2 期。黄玉蓉、郝云慧：《中国创客生态培育研究》，《福建论坛》（人文社会科学版）2016 年第 10 期。

节，这就促使价值创造发生了变化，从以企业为中心的线性价值创造，转变为线上线下互动的扁平式价值共创模式，极大地改变了企业的商业模式。① 陈少峰则以互联网的创造经营方式为切入点，提出互联网文化产业的平台化生态模式。他认为互联网平台成为资源整合的核心，并正在形成一种网状的价值链条。围绕互联网平台，纵横交错的产业链、优质的 IP 资源、新型的混合商业模式、高效的资本联合、无限制的跨界发展等，共同构成了复杂的互联网文化产业生态。② 这些研究对于从总体上认识互联网新兴文化业态的运作机制，具有重要的参考价值。

3. 互联网文化产业管理研究

对于互联网文化业态管理的研究目前仍然处于呼吁阶段，远未涉及各行业具体管理问题的研究。解学芳提出文化产业的高速发展超出传统管理思维，与条块分割、交叉管理的现状不匹配，文化产业制度创新滞后于技术创新与文化产业发展的步伐。因此，文化产业制度创新不仅要适应技术创新带来的变革，还应主动构建全方位的制度体系，以助推、牵引文化产业各行业的革命性变革。③ 胡洪斌、杨传张则分析和总结了现阶段我国政府促进文化产业与现代科技融合的具体举措，归纳出"一体两翼"的基础性政策体系框架。④

对于新兴文化业态的研究虽然涉及对产业生态、跨界融合、商业模式、生产和消费方式等各个方面的探讨，但仍然存在一些不足：一是偏重于对新的经营模式的探讨，缺乏对新技术条件下高品质、高质量文化内容创作创新的研究；二是多数研究是对以互联网为基础的新业态的研究，而缺乏大数据、人工智能、虚拟现实等新兴技术对文化产业未来发展影响的前瞻性研究；三是缺乏对新兴文化业态管理的研究，面对新兴业态的新特征，对如何在遵循市场规律的基础上实现有

---

① 范玉刚：《"互联网＋"对文化消费的弥散效益》，《中原文化研究》2016 年第 2 期。
② 陈少峰：《"互联网＋文化产业"的价值链思考》，《北京联合大学学报》（人文社会科学版）2014 年第 4 期。
③ 解学芳：《基于技术和制度协同创新的国家文化产业治理》，《社会科学研究》2015 年第 2 期。
④ 胡洪斌、杨传张：《文化产业与现代科技融合的政策体系构建》，《学术探索》2013 年第 12 期。

效监管还未有涉及。

（五）文化产业理论研究

目前文化产业理论研究一是侧重于探讨文化产业的本质性问题，力图厘清文化产业的核心命题和理论框架；二是善于引入其他国家、其他学科新的理论工具，来解释和分析我国文化产业发展的实践问题。

1. 关于文化产业本质的研究

从学界目前的研究来看，多数学者认为对文化产业本质的理解不应该局限于文化产业内部各个行业之中，而需要从文化产业与整个社会、经济的关系中来探寻，文化与经济社会的关系问题成为探讨文化产业本质问题的核心命题。胡惠林提出文化产业是人与社会一切文化关系的总和。[①] 从产业内部来看，文化产业是文化产品与服务的社会生产系统；从产业外部来看，文化产业是社会发展的文化生产力形态，与社会体制形态、科学技术形态等具有不可分割的关联性。闻媛从文化产业、创意产业到文化经济三个阶段、三种概念的更替来说明，文化不能仅仅作为经济资源而沦为增加财富和就业的工具。[②] 她认为，更应该重视"符号观念或意义的生产与流通"这一文化的本质特征，更应该强调文化要素与经济、社会各领域的融合创新。

2. 文化产业基础理论研究

文化产业基础理论研究，尤其是文化产业的理论框架研究，一直是学界力图从不同视角解决的问题。虽然未能达成普遍共识，但是目前学界力图从不同侧面来探索填补文化产业基础理论的空白。从文化产业的理论体系构建来看，张振鹏等根据文化产业的生态系统结构特征，提出了文化产业生态系统理论。[③] 这一理论的宗旨是以生态观和系统论为基础，并引入多学科的视角，来研究文化产业系统内外各组成部分的关系和演变规律，

---

① 胡惠林：《论文化产业的本质——重建文化产业认知维度》，《山东大学学报》（哲学社会科学版）2017 年第 3 期。

② 闻媛：《文化政策的价值取向——从文化产业、创意产业到文化经济》，《上海财经大学学报》2017 年第 4 期。

③ 张振鹏、刘小旭：《中国文化产业生态体系统论纲》，《济南大学学报》（社会科学版）2017 年第 27 期。

以及产业系统持续运行背后的各种社会经济因素及其规律性特征。这为解决由于学科交叉属性文化产业学术研究至今尚未形成相对独立且完整的理论体系问题，提供了一个新的思路。向勇则提出了发展文化产业学的概念，将文化作为一个产业涉及的基本问题，梳理了文化产业理论体系的组成部分。[①] 他认为文化产业研究可划分为概念范畴、要素创新、组织管理和公共治理四大部分，它们构成了文化产业理论体系的关键组成部分。其具体涉及文化资源与价值评估问题、故事驱动与符号生产问题、文化技术与价值转换问题、文化金融与艺术授权问题等。从文化产业的基本理论来看，祁述裕等提出了文化市场理论，其基本观点是应坚持市场在文化资源配置中的决定性作用，政府作用的发挥应该立足于弥补文化市场失灵和更好发挥市场的资源配置作用两个方面。该理论对于现代文化市场体系的构成、市场作用的发挥以及对于市场配置文化资源的认识误区做了系统性的阐释，从理论上厘清了市场和政府的关系。[②]

3. 引入新的理论分析工具

借助其他国家、其他学科新的理论工具，往往能为文化产业理论研究提供新的理论支点和新的分析视角。例如，祁述裕、陆筱璐、吴军引入美国新芝加哥学派代表人物特里·克拉克提出的"场景理论"，来分析当前我国城市文化建设的问题。[③] 该理论认为城市文化建设应该集中探讨生活文化设施、文化实践和多样性组织等作为一个整体性城市场景对城市发展与转型的作用，因为它们构成的城市场景所蕴含的价值观和生活方式，对创意阶层城市流动产生了重要影响，这为当前各城市建设有活力的文化空间，提供了一个具有可行性的理论指导。

作为一门新兴学科，原创性理论不足是当前文化产业理论研究面临的突出问题。虽然学者们尝试应用国外文化产业理论和借助多学科研究的视角来分析文化产业发展问题，力图构建文化产业理论框架，但是在如何形成既符合国际文化产业研究潮流又有中国文化产业研究特点的话语体系方

[①] 向勇：《发展文化产业学论纲》，《探索与争鸣》2015 年第 11 期。

[②] 祁述裕、孙博、孙凤毅：《论文化市场》，《福建论坛》（人文社会科学版）2015 年第 2 期。

[③] 陆筱璐：《论文化创意社群对特色文化城市发展的意义及途径——以景德镇乐天创意市集为例》，《浙江工业大学学报》（社会科学版）2016 年第 2 期；吴军：《文化动力：一种解释城市发展与转型的新思维》，《党政视野》2015 年第 11 期。

面，还需进一步探索。当前，文化产业学术研究亟须选择有突破前景的重大理论和实践问题，建立既符合产业发展实际和本国特色，又与国际理论研究保持良好对话机制的研究框架体系。

三　总结和展望

与前些年相比，近四年我国对文化产业的研究越来越活跃，论文整体质量明显提高，呈现了以下几个特点：一是议题更加广泛，文化产业研究领域不断拓展，讨论文化产业发展过程中的新问题、新现象的论文不断涌现；二是研究者的学科背景更加丰富，尤其是经济学、公共管理学、法学等学科背景的学者越来越多地加入文化产业研究领域；三是文化产业研究问题更加深入，研究对象更加精细；四是研究方法、分析工具更加多样，比如注重建立数据分析模型和采用计量分析的研究方法。但文化产业研究还存在一些不足，笔者认为，未来需要在以下三个方面加强进一步研究。

一是要加强前瞻性研究。在新时代，不论是文化产业面临的经济社会需求，还是自身面临的发展条件，都较以往发生了很大变化，如何适应这种变化，亟须加强前瞻性研究。第一，面对十九大提出的新时代我国社会主要矛盾已经转化为人民日益增长的美好生活需要和不平衡不充分的发展之间的矛盾，文化产业应如何适应；第二，新常态、新发展理念背景下，面对经济社会转型升级的迫切需求，文化产业应当如何发挥自身作用；第三，面对文化相关机构调整、产业融合发展，政策研究应当如何与之相适应；第四，面对新技术的突飞猛进，文化产业应当如何抓住机遇，如何利用前沿科技拓展发展空间；第五，在国家区域发展、乡村振兴、精准扶贫等重大战略部署中，文化产业尤其是特色文化产业应当如何与之有效对接，发挥好自身作用。

二是要加强原创性研究。与国外的研究相比，我国文化产业研究无论是从成果数量，还是从研究议题的广泛性、关注度来看，都有明显优势。但是，我国文化产业研究未能形成既符合国际文化产业研究潮流又有中国文化产业研究特点的话语体系，文化产业理论、研究规范和框架还不成熟。尤其是在借鉴国际文化产业发展实践经验和理论的同时，还缺乏对中国文化产业实践问题的深耕性研究，未能在此基础上进行更高层次的理论创新，形成具有自身特点的话语体系。因此，要实现我国文化产业研究整体水平质的提升，必须要加强自身原创性话语体系的构建。

三是要加强个案研究。个案研究是文化产业研究的基础，对政策制定和地方文化产业发展具有参考和示范意义。目前，文化产业研究对于微观主体、典型个案、产业实践的研究不够深入。文化产业研究者不仅需要做案头研究，更需要沉入文化产业具体实践中去，进行解剖麻雀式的个案研究，以一斑窥全貌地总结和把握普遍性规律，从而为文化产业的政策制定和地方文化产业的发展实践提供更加科学准确的建议。

第二部分
文化建设演讲

中国风格·产业提升·城市视角[*]

——"十三五"时期我国文化产业发展的三个重点问题

围绕"十三五"时期文化产业发展问题我谈三个观点，与大家交流。

一　扎根中国文化产业实际，解决突出问题，是"十三五"时期中国文化产业研究的立足点

很重要的一件事，就是要确立中国文化产业在国际文化产业坐标系上的位置。我有一个判断，就是中国文化产业实践在国际文化产业坐标系上已经占据了极为显要的位置，随着时间的推移，中国文化产业在国际文化产业中的地位和作用会越来越重要。

与发达国家和地区相比，中国文化产业属于后发。多年来，文化产业界一直在学习和借鉴境外文化产业的理论和经验。不仅美国、英国等老牌发达国家文化产业发展的理论和经验被不断介绍进来，澳大利亚、韩国等国家文化产业的理念和做法也受到国内的广泛关注。这些先进理念的引入，为中国文化产业的发展注入了强大动力。但我们也要看到，中国与境外国家和地区有很大的差别。中国人口之多，市场之大，历史文化之悠久，社会转型之深刻，都是其他国家和地区所不曾具备和经历的。因此，我们不仅要学习和借鉴境外先进文化产业理念，而且要扎根中国文化产业实际，研究中国文化产业发展面临的突出问题，提升中国的文化产业理论水平，形成鲜明的中国风格，这是中国文化产业研究的立足点，也是中国文化产业理论研究的追求。

举一个例子。澳大利亚是最早提出发展创意产业的国家之一。早在 20

＊　根据笔者 2016 年 1 月 8 日在中央财经大学文化经济论坛上的演讲整理而成。

世纪 90 年代，澳大利亚就提出要建设创意国度。澳大利亚文化产业研究的理论和做法，一直深受中国学者的关注，有的澳大利亚学者在中国文化产业界很有影响力。我本人也拜读过一些澳大利亚文化产业研究的专著和论文，感觉受益匪浅。在我的想象中，澳大利亚文化（创意）产业一定在经济发展中占据重要位置，受到高度重视。

但前不久，我参加了中组部、国家行政学院举办的公务员专题研究班，赴澳大利亚、新西兰两国进行了为期 20 天的培训调研。这次培训调研改变了我的上述看法。

由于这个专题研究班公务员层级较高，澳大利亚和新西兰两国政府都很重视，给研究班授课及与研究班学员进行交流对话的几乎都是（或曾经是）澳、新两国部长级以上的官员。但让我失望的是，在由澳、新政府学院安排的约 20 天授课中，有介绍澳大利亚的农业、畜牧业的，有介绍澳大利亚的科技发展的，却既没有有关文化（创意）产业方面内容的授课，也从来没有一个与我们接触过的官员提起过文化创意产业。

有一个研究班授课安排了与澳大利亚前总理霍华德先生的交流对话活动。"创意国度"就是霍华德在担任澳大利亚总理期间提出来的。于是，我借机咨询霍华德先生：澳大利亚在 20 年前就提出要建设创意国度，但作为一个旁观者，我感觉，创意产业在澳大利亚并没有预想的那么重要。这是为什么？霍华德先生没有正面回答，只是说：一项政策如果能实现百分之五六十，那就很好了。

在澳大利亚学习期间，随着对澳大利亚感受的增多，我渐渐也就明白了个中道理。实际上，澳大利亚真正有竞争力的产业是农业、畜牧业、矿业，一些高科技领域也是其强项。澳大利亚的创意设计水平也很高，但过少的人口（澳国人口只有 2000 多万）、狭小的文化消费市场，限制了文化创意产业的发展，无法形成有竞争力的文化创意产业。澳大利亚文化企业要发展，在国内市场难以施展手脚，只能向外拓展。这就是为什么媒体大亨默多克要加入美国国籍的原因。

就是说，在文化创意产业方面，澳大利亚政府和学界有很好的理念，却难有充分发展的产业。由此我想到，中国台湾地区不也是这样嘛。在创意设计方面，台湾地区有很先进的理念，也确实有一些在创意设计方面很先进的文化企业，比如琉璃工坊；也有不少很精致的产品，但过于狭小的市场和消费人群偏少，使得台湾地区的文化产业发展也受到很大的限制。正如我的一位台湾朋友所说，在台湾地区做文创产业，若仅仅在台湾地区做，基本上做一个赔一个。

中国（大陆）则不同。中国有庞大的人口和市场，是世界上文化产业最活跃的国家之一。正是基于这一点，我认为，随着时间的推移，中国文化产业在国际文化产业中的地位和作用会越来越重要。实际上，中国是目前为数很少的几个推动乃至引领文化产业发展的国家之一。在这一点上，我们应该有自信。同时，中国也有着最为复杂的社会形态和转型特点，中国与其他国家有很多不同点。因此，深入中国文化产业实际，研究中国文化产业发展面临的突出问题，形成鲜明的中国风格，是中国文化产业研究的立足点。

这并不意味着我们已经不需要学习和借鉴国外先进文化产业理论和经验了。在任何时候，学习和借鉴都是不可或缺的。

二　产业提升是"十三五"时期文化产业发展的主旋律

我们刚刚跨入了"十三五"时期。"十三五"时期文化产业发展的主线是什么？政府在研究，学界在探讨，我们文化政策与管理研究中心也一直试图捋一个线索。我们认为，"十三五"时期文化产业发展的主线是转型升级，简单地说，就是产业提升。我们知道，"十二五"时期文化系统出台的文化产业发展规划被概括为"倍增计划"。所谓倍增，是说文化产业的增加值要在五年内翻番，到2020年文化产业实现成为国民经济支柱性产业的目标。着眼于数量的增长、规模的扩容，是"十二五"时期的主旋律。我认为，"十三五"期间主线应该调整到文化产业转型升级上，转移到产业提升上。我们应该更加关注文化产业发展的质量。数量、规模固然很重要，但并不具有决定性，真正决定文化产业核心竞争力的是文化内涵。近些年来，我国文化产业增速较快，这固然是好事，但也不值得特别夸耀，因为核心竞争力的提升并不明显。2014年我国文化产业增加值中，印刷业总产值占比接近一半。印刷业中文化含量并不高，并不能真正体现文化产业的核心竞争力。

产业提升是"十三五"时期文化产业发展的主旋律。那么提升的重点是什么？简单地讲，一是提升品质、确立品牌；二是创新商业模式；三是完善文化金融支持体系。

一是提升品质、确立品牌。提升品质就要在文化内容上下功夫，鼓励多出精品。有精品，经济效益、社会效益自然就出来了。以影视为例。现在我国每年生产电影六七百部、电视剧上万集，但真正有口碑、票房好、收视率高的精品不多。电视连续剧《琅琊榜》就是既有口碑，又有收视率的精品。

网络游戏也一样。现在，网络游戏是增长最快的行业，而手游又是赢利前景最好的行业。但现在做网络游戏的企业有 1 万多家，手游行业是红海，粗制滥造肯定很难生存。一款手游《刀塔传奇》2014 年的流水达到21.6 亿元，单日最大流水超过 2000 万元。《刀塔传奇》开发商中清龙图游戏公司现在市值达 100 亿美元，其靠的就是精耕细作。

图书出版同样如此。现在我国每年出版的图书超过 30 万册，但精品图书不多。一家出版社一年出书不少，但真正赚钱的只有精品书。做出精品，社会效益有了，经济效益也有了。几乎所有的文化行业都是如此。

我国文化产业有品牌的企业、称得上品牌的产品太少。创造企业品牌、产品品牌主要不是靠宣传，而是靠产品的美誉度。一家企业精品多了，品牌自然也就确立起来了。

二是创新商业模式。文化产业转型升级的核心是提升品质、确立品牌，需要强调的是传播渠道、消费方式和内容生产等生产经营方式、商业模式的转型升级也很重要。2014 年文化信息传输服务业增加值同比增长36.5%，为增长速度最快的行业，发展势头强劲。当下文化领域做到更好地利用互联网等新技术，是促进文化产业转型升级的迫切需求。

首先，要促进文化传播渠道的数字化和网络化，尤其是促进传统文化领域的互联网转型。现在传统书店、传统媒体等经营效益每况愈下，但电商、移动互联网等新媒体发展迅速。据统计，2014 年，电视、报纸和杂志等传统媒体广告市场出现负增长，其中报纸广告降幅达到 18.3%，比上年多出 10 个百分点，杂志降幅为 10.2%，也大大超过上年降幅，而相应的2014 年互联网广告市场规模上升约 56%，新媒体行业迅猛发展所带来的冲击可见一斑。传统媒体发挥着价值和舆论引导的作用，在互联网时代，传统媒体立足于传统的内容资源和人才优势，借助互联网平台的优势和经营思维，改变单向传播方式，建立精准化、定制化、互动性的新型主流媒体，形成立体多样、一体化的现代传播体系尤其重要。

其次，要顺应消费方式的网络化和移动化发展趋势。与传统的消费方式有很大不同，网络消费方式更强调参与性、社交性和个性化。从文化消费来看，网上购买电影票、演艺票和旅游门票是最普遍的大众文化消费方式。而更加有意思的文化消费行为，如粉丝经济、社群经济、众筹消费等，才是互联网与文化消费进一步深度融合的产物。现在一大批文化企业，甚至是旅游景点都有自己的微信公众号、微博账号，通过优质的内容吸引趣味相投的"粉丝"，建立社群，形成差异化的社区文化，进而达到营销和引导消费的效果。再如，经过传统的功能性消费和品牌式消费的培育，互联网的参与式消费是当下和未来文化消费的重要发展趋势，如早期的贴吧、猫扑、天涯论坛等，现在的弹幕、众筹、众创等都是年轻人深入参与的亚文化消费市场，都具有完整的产业链。

对于传统文化行业来说，顺应大众消费市场的转移，建立新的网络消费渠道，引导新的文化消费习惯，对于激发文化消费潜能具有重要作用。尤其是在互联网、大数据、云计算等新一代基础设施完善的基础上，建立文化消费的O2O平台，实现文化消费的精准化、定制化和参与性，是创新文化消费业态、促进文化消费转型升级的重要方向。

最后，要进一步优化文化生产经营方式。2015年以来，以BAT为代表的互联网公司大举进军文化产业，阿里影业、百度影业、腾讯文学、乐视影业等相继成立。随之而来的商业模式创新层出不穷，如腾讯以知识产权为核心提出了涉及文学、游戏、动漫、影视等领域的"泛娱乐"战略，阿里巴巴打造了网民投资影视剧作品的平台——"娱乐宝"，乐视构建了"平台＋终端＋内容＋应用"的互联网生态系统等。同时，免费模式、众创模式、平台模式、长尾模式等新的互联网经营模式也不断涌现。面对全新的互联网生态和基础设施条件，文化产业的生产经营方式和商业模式也需要积极注入新的元素，进一步优化升级。一方面，传统文化领域需要与新技术、新业态有机融合，丰富创作手段、生产方式，促进内容、业态和服务方式创新，建立传统文化发展的互联网新阵地；另一方面，面对新兴文化领域，更需要鼓励和支持个性化定制、精准化营销、协作化创新、网络化共享等新型文化生产经营形态，实现文化、创意、人才、资金的自由连接和协同创造，塑造新型文化创新体系。

三是完善文化金融支持体系。如何利用金融杠杆，做到快速发展，是文化产业转型升级需要解决的重要问题。单靠企业的自我积累很难实现转型升级，单个企业即使能够达到 30% 的利润率，发展也是很慢的，企业要快速发展就需要金融支持。"十三五"时期文化产业转型升级特别需要注意创新文化金融服务。

首先，要进一步满足小微文化企业融资需求，保持小微文化企业的创业创新活力。目前，我国特色文化产业中，民族民间工艺品业、文化创意设计业、艺术品等行业，都是小微企业居多，这些小微企业在特色经营、创新产品特色和服务、提升原创水平、满足多层次文化需求，以及在很多乡镇特色文化产业富民中，都具有重要作用。据统计，目前中国小微文化企业的数量已占到文化企业总数的 80% 以上，从业人员约占文化产业从业人员总数的 77%，实现增加值约占文化产业增加值的 60%，加上 200 多万文化类的个体创业者、经营者、工作室，小微文化企业对中国文化产业发展的贡献还远远高于这个比例。但是，由于小微文化企业资产规模小、缺乏贷款抵押实物的特性，很多规模小、缺乏信用积累的初创企业很难从金融机构获得资金支持。提升社会资本投入小微文化企业的积极性，探索打造适合小微文化企业的特色信贷产品，完善品牌、版权等无形资产的市场流通机制，逐步形成对无形资产的定价评估体系，创新创投基金、统贷平台、集合授信等金融服务形式，都是"十三五"时期文化金融的重点努力方向。

其次，需要强调的是互联网金融新形态。在互联网平台上，P2P、众筹、股权投资等新的金融模式正在快速生长。自从 2011 年国内第一家众筹网站"点名时间"上线以后，追梦网、天使汇、众筹网、淘宝众筹等各类众筹网站层出不穷。而且值得关注的是，这些众筹网站的众筹项目大部分和文化领域有关。据统计，2014 年在参与众筹的各类项目中，文化类项目占据主导地位，募集资金额占到了总募资规模的 65%。在文化领域，首部以众筹方式融资成功的动画电影《十万个冷笑话》也获得了很好的票房成绩。文化创意企业通常立足于某个创新或创意，这与互联网众筹模式的特点相互契合。艺术家或创业者通过网络展示自己的创意产品或项目，预先向大众募集资金，这种方式不仅解决了初创文化企业缺乏实物抵押的问题,而且可以预先检验项目的市场效益,对于解决一些小微文化企业以及"创客"的资金问题,具有很好的作用。"十三五"期间需要利用好互联网金融新模式,进一步支持和规范文化领域第三方支付平台、P2P信贷、众筹等互联网融资平台建设,满足中小微文化企业、创新型文化项目及个人创新的资金需求。

最后,要支持传统金融机构优化文化金融产品与服务。传统金融机构在解决文化产业资金问题中仍然可以发挥重要作用。如北京银行2008年就与华谊兄弟开了以版权质押打包贷款的先河,通过金融创新,先后成功支持过《画皮》《叶问》《图兰朵》《智取威虎山》等影视作品,成果颇丰。这也表明伴随着我国文化消费需求的进一步释放和产业的不断成熟,未来文化市场具有很大的发展空间和资金需求,传统金融机构与文化领域具有很大的合作空间。在国家政策的不断支持下,传统金融机构需要积极与文化产业全面对接,从优化符合文化企业特点的金融产品和服务,到逐步推进文化融资的信用评级、完善文化贷款利率定价机制和风险管理机制等文化企业信贷管理机制,逐步形成传统金融机构的文化金融服务体系。政府在文化金融方面也需要积极探索建立文化金融合作试验区,引导和促进金融机构创新金融产品和服务模式,搭建文化金融服务平台。同时,支持民间资本依法发起设立中小型银行,鼓励各地方先行先试,探索符合地区特点的文化金融模式。

总之,政府既要支持原创、支持出精品,鼓励提升品质、鼓励品牌化发展,也要鼓励商业模式创新,促进互联网条件下的文化生产经营方式的转型升级。同时,也要努力解决文化产业快速发展过程中的资金问题,为文化创新的快速实现以及文化创业提供有力保障。

三 既要有产业研究视角,又要有城市研究视角——文化产业研究视角的转型

2015年底,中央召开了城市工作会议。这是自中华人民共和国成立以来时隔36年第三次召开城市工作会议。这次会议的召开表明了中央对经济发展方式认识的一个重大转变:从重视产业自身发展,到更加重视产业发展的土壤、空间——城市建设。

城市在文化产业发展中同样具有非常重要的地位。

我们常常在思考：为什么北京有如此丰富、得天独厚的文化资源，有如此庞大的人才队伍，但"十二五"时期，北京的文化产业产值占 GDP 的比重一直在 12% ~ 13% 徘徊，无法达到预期的 15%；杭州文化资源与北京不可相提并论，但杭州文化产业产值占 GDP 的比重却能占到 17%？为什么有些地方的文化产业园区可圈可点，但也有许多文化产业园区或经营状况不佳，或难以为继，或挂羊头卖狗肉，有其名无其实？这些仅仅从文化产业自身的角度是难以回答的，还要从作为一个生命体的城市的机理去分析和研判，因为城市是文化产业发展的土壤，城市的地理位置、产业结构、消费习惯、人员构成、文化传统等综合因素决定着一个城市的文化产业发展。

正如人们都熟知的，有关文化产业与城市的互动关系研究，是西方国家城市转型理论中的热点话题之一，产生了许多很有见地的研究成果，国内也有不少这方面的介绍。西方国家在城市转型中以文化为动力的转型模式也被一些城市所实践，其中既有成功的喜悦，也有失败的惨痛。成功的例子介绍得不少，但失败的例子介绍得不多。其中，美国底特律就是一个通过文化经济推动城市转型失败的案例。

20 世纪 90 年代中期，底特律就确立了以发展休闲文化娱乐产业为重点的城市转型和复兴战略。包括：第一，改扩建剧场；第二，大力发展体育设施，投巨资重建足球馆和棒球场馆，其中项目投资的一半是政府投入；第三，投巨资开发赌场等娱乐项目；第四，实施城市美化工程，重修了 33 个城市公园、上百条街道。但 2013 年底特律申请破产，宣告了文化经济发展实践的失败。

底特律以文化为动力的发展模式的失败极具启示性，很值得我们深入研究。

它告诉我们，城市文化产业发展问题，绝不仅仅是建几个文化产业园区、出台几个政府给予若干财政补贴的文件、宣布文化企业与银行等金融机构签约这么简单。一座城市的产业结构、城市发展的均衡性、公正性、企业成本、消费人群、文化传统等，往往比文化产业自身发展问题更具有决定性。以底特律为例。由底特律白人与黑人之间不平等所引发的矛盾，以及存在于两者文化观念上的巨大差异，是底特律城市转型失败的极为重要的因素。

中国同样有大量的这方面的案例等待着学界去研究。比如，中国城市的经济发展往往都伴随着对传统文化的破坏，但在福建泉州，我们能看到发达的经济与保存较好的文化传统的结合。创业精神和族群意识是支撑泉州经济发展的文化根源，传统艺术样式诸如南戏和皮影戏长久以来都和这座城市相伴随。

现在各地政府都把发展文化产业园区作为发展文化产业的抓手，但在许多地方，文化产业园区很可能无助于当地文化产业生态的良性发展。

比如，景德镇正在依托老国有陶瓷企业的旧厂房，打造以陶瓷业为主的高端创意企业集聚区。但笔者在当地调研时发现，景德镇最具活力的地方是创意市集，在这里由景德镇陶瓷大学中的年轻人和来自国内国外的"景漂"组成的创意人群，是这座城市最具创造力的群体。如何为这群人提供创意环境是这座城市发展文化产业的关键问题，斥巨资打造的高大上的文化产业园区对这些创意人群的吸引力并不如政府预期的那么大。较高的租金、过于喧闹的环境，并不一定适合创意工作室。显然，创意工作室的本质特征是草根性、是与生活融合，创意工作室往往并不适合庙堂式的集聚。这座文化产业园区仍然在建设中，究竟能发挥什么样的作用还有待观察。但确实有太多地方的文化产业发展实践表明，如果我们不能精细地把握文化产业的特点和城市的特点，政府的许多努力往往事与愿违。

政府和学界都认为，"十三五"时期文化产业发展的重点是转型升级。要实现这个目标，仅仅就文化产业谈文化产业是远远不够的，还要从城市的角度去分析和研判。最近，国家行政学院文化政策与管理研究中心以东阳市木雕业转型升级为关注点完成了一项研究。我们研究的着眼点有二：一是从提升东阳木雕产业的创意设计水平方面，二是从木雕业与当地建筑业、旅游业融合，与城市建设融合方面，来探讨木雕产业的转型升级路径。这也是我们着眼于城市的特点和产业结构、文化优势等，探讨文化产业转型升级的尝试。

最后，我用四点结论来结束我今天的发言。

第一，我们需要全面深入地研究发达国家以文化为动力的城市发展模式理论。西方国家以文化为动力的城市发展模式理论和实践，还没有引起中国文化产业界的足够重视，相反，社会学界、城市规划界学者在这方面介绍的文章倒是不少。

第二，我们应该立足于中国的实际，探索中国式的以文化为动力的城市发展路径。近几年学界和政府文件提出的文化产业与相关产业融合发展、发掘特色文化资源、发展特色文化产业、建设特色文化城市、"双创"等，都是反映了中国化的以文化为动力的城市发展理念。只是我们还缺乏自觉，也缺乏对其进一步的提升和系统化。

第三，一座城市发展文化产业，除了要考虑发展文化产业的条件，还要考虑非文化产业的因素。这对城市发展至关重要。

第四，任何理论都不能照搬。每座城市都是一个生命体，每座城市都有自身的特点。因此，每座城市的文化产业发展都应该有自己独特的路径。找到这样的路径既是政府管理者的责任，也是学界的责任。

美好生活需要提供更多高质量文化产品[*]

《中国青年报》记者：您如何看待"故宫跑"成常态？

祁述裕："故宫跑"说的是 2017 年前后出现的一个有趣的文化现象，就是人们痴迷于欣赏国宝级的文物展、高水平的文艺演出，以致出现了演出活动人头攒动、排长队等候乃至一溜小跑等热闹场景。"故宫跑"现象的背后，反映了当代社会精神文化需求的高涨，尤其是对高质量、高水平的文化活动的渴求。

《中国青年报》记者：为什么"故宫跑"现象会变成常态？

祁述裕：高质量的文化产品之所以越来越受关注，是因为经济发展、信息技术进步、国家倡导以及市场机制在共同发挥作用。

首先，跟经济的发展和生活水平的提升密切相关，这是第一要素。这不是一个新的话题，毛泽东在新中国成立初期就讲过："随着经济建设的高潮的到来，不可避免地将要出现一个文化建设的高潮。"① 我们现在讲新时代的主要矛盾是人民日益增长的美好生活需要与不平衡不充分的发展之间的矛盾。美好生活的核心讲的是一种精神生活，主要包括两大方面：一是人民群众的政治权利，例如，十九大报告讲的公平正义、法治等，这些都属于政治需求，也是社会需求；二是文化权益，文化需求是更生活化的需求，休现得更为强烈。文化需求不是现在才有的，它是任何时候都有的，只是经济的发展、人民生活水平的提高，使人们对美好社会生活的需求和愿望显得更加迫切，尤其是对其中的文化生活需求越来越旺盛。这种需求自然有一个从低到高的过程，起初可能比较简单，比如我们小时候的文化需求只是打弹子、滚铁环之类的活动，如今的小孩子玩的是一些复杂的游

---

* 本文根据笔者 2017 年 1 月 28 日接受《中国青年报》记者采访时的内容整理而成。

① 《毛泽东年谱（1893~1949）》（修订本）下卷，中央文献出版社，2013，第 577 页。

戏，玩具也升级到 iPad 之类，这还是跟经济水平的提升密不可分的。

其次，"故宫跑"这种现象之所以为人所关注，而且吸引越来越多的人参与，信息技术的发展、表现形式的多样也是很重要的原因。一是科学技术进步使得人们获得信息的渠道多了。原来只有看报纸、电视才能获得的信息，现在发微信就知道了，还能互相传播带动流量。不仅文化信息在网上随时可查，而且许多文化产品本身也可以随时在线观看，在线看了以后还不满足，就会到现场去看。有些文化资源、文化产品许多年前就有，但是由于信息传递太慢，它就被淹没或者后知后觉了，技术性手段的引入吸引了更多人参与。二是表现形式也更加丰富。最近有一个很火的大型文博探索电视纪录片叫《国家宝藏》，它用现代化的手段讲述文物的前世今生，观看电视节目甚至比到现场观看还有价值。比如《千里江山图》，一般人看到实物可能没什么感觉，但是看了《国家宝藏》以后，你会了解到这幅画是宋徽宗当时让一个少年画的，这个少年后来很快就去世了，是他留下来的绝笔；还能了解这幅画用的是怎样的颜料，怎么配的，从哪来的。这些都能通过演员的表演和传承人的现场操作很清楚地呈现，这跟信息技术进步、人们表达方式的多样密不可分。此外，表现手段的增多，比如，微信、微博等各种形式，也使人们可以更便利地获得文化需求的满足。

再次，近年来，整个国家大力推动公共文化服务，也是对公共文化需求引导的结果。2015 年中办、国办出台了《关于加快构建现代公共文化服务体系的意见》，对公益性文化机构推动公共文化服务提出了一些要求。近几年又出台了一些相关的文件，比如《关于推动文化文物单位文化创意产品开发的若干意见》。故宫博物院之所以最近很火，一大原因就是它们开发了很多文创产品，而且卖得很火。现在全国大约有两百家博物馆、文化馆、图书馆都在探索如何推动公共文化服务和社会化相结合。公共文化服务原来主要是国家花钱来做，现在不光要提供免费服务，还要让文化文物资源"活起来"，一个很重要的方式就是适应市场需求，采取市场化的方式，通过衍生产品开发这一途径让其走入寻常百姓家。现在的故宫博物院有一个类似文物生活馆的地方，已经成了许多游客到故宫参观必去的地方，因为那里有上万件各种文创产品，成了一个非常重要的景点。这样一种文创产品的开发具有多重功能，除了让文物"活起来"，走入寻常百姓家，也让文物变成生活用品，跟生活结合到一起，还拉近了文博单位，包括图书馆、博物馆和老百姓的距离,增加了亲近感,使人们更多地关注博物馆、图书馆、文化馆举办的各类活动,也更愿意去参与,从观众变成消费者。

最后,高质量文化产品越来越丰富,需求的激励作用也很明显。前面提到故宫博物院越来越多地把馆藏文物展出来,从以前的七八千件增加到一万五六千件,将来还会不断增加。另外各种展览、演出,比如国内外文物展、画展、舞台艺术的数量越来越多,形式越来越多样,质量也在提升。这是供求双方相辅相成的结果,有了高层次的文化需求,供给方就会适应这种需求,供给方提供的文化产品又会得到消费者的呼应,从而形成一种良性循环。高质量的展览受到欢迎以后,商业性的收费展览开始多起来(因为有市场),也有将商业性和公益性相结合的展览,形式越来越多样。需要强调的是,一定范围内的付费是促进高品质文化产品普及的重要因素。市场机制往往更有利于激发产品供给方的积极性。

《中国青年报》记者: 如何解决文化供给东西部、城乡之间的不平衡问题?

祁述裕: 国家一直在采取措施解决东西部、城乡之间的不平衡现象,主要是通过公共文化服务来解决。比如《关于加快构建现代公共文化服务体系的意见》就对东部和西部地区以及城市和乡村构建现代公共文化服务体系提出了一些硬性的要求。比如城市15分钟文化圈,就是走出家门步行15分钟之内,要有一个广场或者图书馆或者文化馆或者公园之类的能够提供文化休闲娱乐的地方。这个首先是北京、上海、深圳、广州这些大城市提出来开始做的,现在一些中型城市也在朝这个方向努力。乡村也有乡村文化站、农家书屋、文化信息资源共享工程,以及通过购买演出服务的方式,由国有或民营院团送戏下乡。

2016年出台的《中华人民共和国公共文化服务保障法》以法律的形式明确了满足公民基本文化权益是地方政府的基本职责。此外,还有公共文化服务示范区建设,三年一轮,2018年又将开始第四轮建设,在全国东中西部都选一些城市来推进公共文化服务示范区建设。示范区的建设标准对图书要达到多少、人均图书能否保证、乡村文化站设施应该怎样、送戏下乡能否保证等都有硬性的要求。城市也是一样。但是这些做法仍然不能完全解决东西部、城乡之间不平衡的问题,原因是多方面的。

首先,还是跟东西部、城乡的经济发展水平不同有很大关系。任何时候经济都是基础，没有经济基础，文化发展就很难支撑和持续，因为文化发展要靠投入，文化不平衡和文化差距的缩小有赖于经济差距的缩小，两者之间是正相关关系。不能指望在经济差距很大的情况下文化不平衡问题得到改善，只靠政府有限的投入是难以为继的。

其次，城乡不平衡、区域不平衡应该是一种常态。绝对的平衡是不存在的，美国也是如此，东西部很发达，中部沙漠地带也相对落后。这跟人口基数有关系，人口基数大的地方，文化消费一定发达，因为它比较效益比较高，而人口密度较小，尤其是年轻人比较少的地方，文化活动肯定相对单调，不可能完全一样。如果追求完全一样，试想把北京的文化供应搬到乡村去，效果也不会很好，比较效益太低。现在有些政策不太考虑农村的一些特定情况，结果社会效益比较低。多年前我曾经到云南一个州去调研，当地的宣传部负责人接待我，他跟我反映，说现在的农村电影放映工程在下面效果不好。他说，现在电视里就有专门的电影频道天天在放电影，送下乡的电影多数都是市场已经放映过的老电影，看的人很少。后来我们还做过这方面的调研，当时地方行政学院的一位老师说他在当地一个农村做过有关电影放映工程的调查，一场电影只有两三个人在看的情况不在少数。这说明如果不考虑实际因素就提供文化产品，往往事与愿违，投资大但收益少。此外，还要考虑消费习惯的差异，城乡对高品质文化产品理解的概念是不一样的，城里人可能觉得文物质量很高，而农村老百姓却不一定看得懂，他们会认为有名角出演的梆子戏才是高水平的。

《中国青年报》记者：最后一个问题，您对满足大众对高水平文化产品的需求有什么建议？

祁述裕：首先，满足大众对高品质文化产品的需求，当然就是要提供更多高质量的文化产品。我们讲文化繁荣兴盛，突出标志就是高质量的产品层出不穷。这是一件不容易的事情。要做到这一点就要形成鼓励创造高质量产品的环境，鼓励更多的人向文化的高峰攀登。社会应该有宽松的氛围，鼓励人们探索，宽容失败和过失，激发全民族文化创新创造活力。其次，鼓励各种文化艺术门类共同发展、共同繁荣，以适应不同人群的需求。最后，重视高质量文化产品的介绍推广，培养更多会欣赏高质量产品的消费者，尤其要加强教育体系中的审美教育。总之，形成高质量文化产品层出不穷的局面是一项系统工程，需要全社会共同努力。

区域文化旅游发展的三个抓手*

促进区域文化旅游业发展应重视逆向切入、高端定位、产业思维三个抓手。

一　逆向切入

第一，从文化旅游业的特点和规律去配置文化资源。人们通常习惯于从当地文化旅游业的资源禀赋去谋划文化旅游业的发展。这固然是需要的，但又远远不够。实际上，我们还需要逆向切入，更应该从文化旅游业的特点和规律去配置文化资源。房山区历史、自然资源十分丰富，具备发展旅游业的巨大潜力。需要提醒的是，文化遗产资源丰厚固然是发展文化旅游业的重要基础，但文化遗产资源不等于文化旅游资源，文物价值高不一定旅游效益好。山西晋祠的历史价值远远高于祁家大院，但从游客参观人数来看，后者远远多于前者；同样，北京云居寺比龙泉寺历史悠久，保留的文物更多，但龙泉寺游客远远多于云居寺。

发展旅游业首先应该研究游客心理。人为什么要旅游？有国外专家把人旅游的驱动力总结为两个：一是休闲、放松，二是娱乐。接受教育、获得知识也是动力之一，但不是最重要的驱动力。从旅游业的角度来看，周口店博物馆、云居寺的价值主要是教育和获得知识的功能，因此，如何将房山的人文资源转化为旅游资源还需要付出极大的努力。以云居寺、周口店博物馆为例，发掘云居寺、周口店博物馆的旅游价值，除了提升其教育价值之外，更重要的是增加其休闲放松、娱乐功能，增加愉悦性，提高体验性，提升旅游互动性，体现品牌化、生活化、时尚化、特色化等特点。

---

* 根据笔者 2017 年 10 月 14 日在北京市房山区文化改革发展专题研讨会上的发言整理而成。

第二，从北京市全国文化中心建设的角度谋划房山区文化旅游业发展。我们都知道，目前北京市委、市政府在大力推动全国文化中心建设，明确了北京市四大功能，确定了"一核一城三带两区"的发展思路。这就要求房山区不仅要从房山区自身产业转型的角度思考文化旅游业发展，同时也是更重要的，还要从房山区文化旅游业在北京市全国文化中心建设中的定位的角度，从如何体现四大功能、"一核一城三带两区"发展思路谋划房山区文化旅游业的发展，包括如何与西山永定河文化带相结合、如何体现示范性和引领性，要尽可能使房山区文化旅游业发展体现时代内涵。

二　高端定位

房山区文化旅游业需要高端定位，应该从全国文化中心建设的高度谋划发展，包括目标、定位、品牌、辨识度等，都应该进一步深入思考、系统规划。高端定位并不意味着一定要大投入。有好的大项目当然很好，如果一时没有好的大项目，切不可头脑发热，盲目上大项目。近些年来，有些地方为发展旅游业实施的一些大项目，效果就很糟糕，如西安法门寺旅游景区建设，特别是佛手合十建筑和广场建设饱受诟病，建成后当年就入选"十大最丑陋建筑"。相反，有一些文化项目花钱不多，规模不大，也能做到很高端，比如，日本利贺戏剧节，就是由日本一位著名导演，依托一个乡村，办出的一个亚洲最有影响力的戏剧节。

三　产业思维

一是做到旅游产品从单一到多元。不仅要提供观光服务，而且要谋划旅游产品开发、节庆活动、媒体宣传、品牌树立等。二是业态从平面到立体。不能就旅游而旅游，还要尽可能将娱乐业、休闲业、体育业、餐饮业、康体业等融入其中，应该努力做到物理空间与虚拟空间的结合、历史与现代的结合，形成以旅游业为重点的集群。三是做到"无中生有"。许多成功的旅游地是"无中生有"，许多旅游地的旅游项目是"无中生有"。大型实景山水演出《丽江印象》便是"无中生有"的典范；蚌埠吸引一家房地产公司将该公司多年来收集的数十家各族民居落户蚌埠，形成观赏、娱乐、餐饮一条龙服务，成为蚌埠市旅游发展的亮点，也是"无中生有"。"无中生有"就是创意。

房山区从原来黑（煤炭）灰（水泥）白（大理石）产业为主向文化旅游业为主导产业转型，除了谋划产业发展，还有很多事情要做，应该在以下五个方面下功夫。第一，转变发展理念。第二，改革体制机制。调整部门功能，形成发展合力。比如，宁夏为了促进当地特色产业——葡萄酒业发展，专门成立了一个厅局级机构——葡萄酒花卉产业发展局，由一个副省长分工负责。第三，创新发展方式。发展工业经济要依靠企业，发展包括文化旅游业在内的文化产业则需要有更多的主体参与，包括企业、社会组织、居民、游客等。尤其是社会组织在旅游业发展中发挥着越来越重要的作用，如现在众多的驴友会在推动旅游业发展中的作用；社会组织、非营利机构乐天陶社在景德镇创办了创意市集，促进了景德镇创意陶瓷产品的开发，也使创意市集成为景德镇五大旅游景点之一。房山区发展旅游业离不开当地居民的参与。第四，争取各方支持。如学界的智力支持、媒体的支持、争取国家级项目和打造示范区等。第五，提高能力。发展旅游业对房山区公务员来说是一个新课题，需要提高公务员相关能力。加强公务员公共文化服务、文化产业发展、文化旅游业发展理论和案例培训是十分必要和紧迫的。

当前中国文化产业集聚发展的特点和趋势[*]

文化产业园区是推动文化产业发展的重要抓手。集聚是文化产业园区的基本特点。本演讲重点探讨我国文化产业集聚发展的特点和趋势，希望对文化产业园区建设有所帮助。

企业集聚对产业的促进作用一直为学界所关注。经典经济学家对集聚现象有所论述：集聚可以提高劳动生产率，能促进信息的流动，可以带来溢出效应等。文化产业园区就是建立在集聚理论基础上的。我国文化产业园区集聚有三种类型：第一是企业集聚，第二是项目集聚，第三是"要素 + 业态"集聚。

一 企业集聚

从文化产业园区管理方式看，企业集聚又有三种类型。

（一）房东型管理园区

798 艺术区是我国最早的文化产业园区之一。从企业集聚的角度来看，798 艺术区管理较为粗放，园区经营方主要提供的是办公空间和最基本的物业服务，如水电、安保、停车等。服务类型单一，管理较为粗放，近似于房东式的管理。尽管 798 艺术区知名度很高，但在很长时间里，798 艺术区都没有解决好游客上厕所难的问题。

（二）服务型管理园区

随着文化产业园区的发展，出现了一些专业性的文化产业园区管理公

---

[*] 本文是作者于 2017 年 12 月 30 日在河北石家庄召开的京津冀三地文化产业发展研讨会上的演讲，内容略有改动。

司，也出现了一些新的管理方式。

上海德必文创集团就是一家专门从事文化产业园区经营和管理的公司。相较于房东型管理园区，上海德必文创集团为园区提供的服务更为完善，具有服务型管理园区的特点。上海德必文创集团目前经营的文化产业园区约有 70 家，形成了一定的规模，包括在美国和意大利的两家园区。

德必文创集团构建了一个被该公司称为轻公司生态圈的服务管理模式，能够提供创意服务、投融资服务、人才服务、品牌推广服务、法律和政策服务、财务公共服务以及上海文创企业 CEO 俱乐部等七大服务。

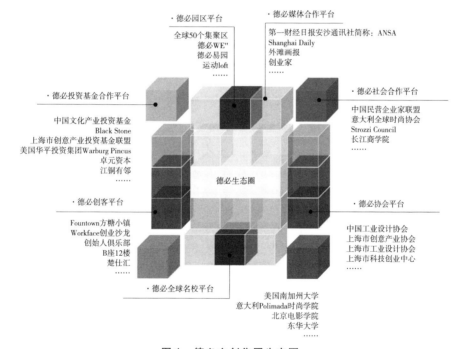

图 1　德必文创集团生态圈

德必文创集团为入驻企业打造了诸多平台，包括合作平台、创客平台、园区平台、媒体沟通平台以及社会合作平台、人才培育平台等，这是生态圈的重要构成。德必文创集团通过这些平台引入一些服务型企业，促进企业合作。

比如，德必文创集团引入了意大利一家设计师事务所，为入驻园区的设计企业搭建平台；还引入了为园区企业提供后勤配送服务的公司。同时，通过举办各种会展活动促进企业的交流。比如德必文创集团与其他机构合作，连续举办了两届国际社群节活动，目的是要促进园区员工和企业之间的合作。此外，作为全球大学生创新创意大赛的承办单位之一，德必文创集团为来自全球大学生的创意活动搭建平台。德必文创集团还参与投资设计大赛，为企业搭建平台。德必文创集团提供的生态圈服务，还包括为企业提供互联网服务与金融服务等。

概括起来说，考察文化产业园区，可以从以下七个方面着手。第一，园区应该有一定物理的空间。第二，有一定数量的同类或者相关度较高的企业聚集在一起，这是一个基本要求。第三，要有完备的公共服务，房东式管理已经不适应文化产业园区的发展要求。第四，有品牌企业和品牌产品，或者是特色产品，这反映了园区是否具有影响力，这一点也相当重要。第五，对当地经济发展有较大的带动作用，这也是国家级文化产业示范园区的一个很重要的评审标准。第六，要有一定的观赏性，展示性要强。文化产业园区和工业园区的不同点，就是它应该具有一定的观赏性，一定是对公众有吸引力的，要能够显示它作为形象创造的特点。如果文化产业园区里没有人气，那这个园区通常不是理想的园区。第七，开放性。现代的文化产业园区越来越具有开放性。比如北京市朝阳区一些文化产业园区都在拆围墙，目的就是要提高园区和社区之间的融合度。

（三）网络服务型园区

以上谈的都是现代物理型产业园区的一些特点。

现代文化产业园区的发展已经超越了这种物理型产业园区，随着互联网技术的发展，网络服务型园区应运而生。网络服务型园区的特点是利用互联网搭建线上平台，通过网站、软件和移动应用程序为企业用户服务，形成了网络文化产业集群。

以猪八戒网为例，这家全球最大的众包服务交易平台创办于2006年。猪八戒网的经营模式是提供网上交易平台，使希望获得特定产品的用户与有提供产品能力的人、企业等对接，完成交易活动。据猪八戒网提供的数据，该公司主要涉及创意设计、网络营销、文案策划、生活服务等600多种行业服务类别，注册用户达1900万，年交易额达310亿元。10年来，为60万家企业设计了LOGO，为50万家机构开发了网站，为10万家机构开发了软件，为60万家企业提供了产品包装，为10万个孩子取了名字、为 10 万人提供了在线就业机会。

网络服务型园区的价值体现在以下几个方面。首先，它解决了高房租、高投入的硬件问题。我国的一线城市房屋租金高，高房租增加了企业成本，影响企业发展，网上创业则可以避免这个问题。其次，网络服务型园区的人才共享模式解决了企业普遍的人才培养难题。最后，可提供生命周期全产业链的服务。猪八戒网可为网上企业办理商标注册服务，也能够提供产业链中的其他服务。其中，仅代理企业注册服务一项年收益便可达数亿元，已经成为全国最大的在线代理企业注册公司。

二　项目集聚

随着文化产业的发展，出现了另外一种集聚方式，可称为项目集聚，即在特定空间里，集聚的不是企业，而是由小微团队提供的项目，它依托的载体和平台是众创空间。通过众创空间，将各类项目集聚在一起，遴选有投资价值的项目，是众创空间的主要目标。

近年来出现了很多众创空间，比如创新工厂、优客工厂等。其中，腾讯公司在全国创办了 30 家众创空间。目前，在国内很有影响力的北京中关村创业大街就是一个众创空间。2014 年 6 月 12 日中关村创业大街开街，全长约 200 米。截至 2017 年年中，入住的创业服务机构共有 45 家，累计孵化创业团队 1000 个，平均每天孵化 1.4 个创业项目；有 483 个团队获得融资，总金额达 34 亿元；举办创业活动 1600 场，参与人数超过 16 万人。

企业集聚和项目集聚的区别在于企业集聚关注的是企业，项目集聚关注的是项目。在中关村创业大街集聚的团队，不一定以企业形式出现，但是他们有项目。北京中关村创业大街有一些咖啡馆，这些咖啡馆由一些风险投资公司创办，办咖啡馆主要是为年轻的创业者提供价格低廉的创业平台。这样的创业形式，对有强烈创业意愿的年轻人来讲非常适合。

中关村创业大街作为众创空间，通过各种文化沙龙、创意沙龙、讲座培训、政策宣传、展示成果、路演推广、比赛等，让有潜力的文化或科技项目有获得资金支持的机会，也为投资公司寻找新项目提供场所。

三 "要素+业态"集聚

近些年来，业界开始关注另一种新的集聚形式，可以将它称为"要素+业态"集聚模式。"要素+业态"集聚重视的是在特定空间里的生态圈，这种生态圈有利于各种资源要素和业态的聚合。

美国克拉克教授提出的场景理论为"要素+业态"集聚模式提供了理论支持。有关城市经济发展的动力研究有很多理论成果，其中有四种研究成果特别值得关注。

发展理论	主要内容	核心要素	生产阶段	代表人物
传统理论	公司驱动，更多企业，用就业机会吸引人群聚集	土地、劳动力、资金与管理等	工业时代	斯密马克思马歇尔
人力资本理论	知识技能驱动，提升教育、培训与保健质量	如教育与学习	工业向后工业转型	舒尔茨科尔曼卢卡斯
创意阶层理论	创意阶层驱动，3T理论，技术、人才和宽容度	创意与学历无关，鼓励大众创新	后工业时代	格莱泽佛罗里达
场景理论	文化场景驱动，文化艺术参与对于城市发展的影响	社区、生活文化设施、多样性人群、生活方式与价值观念	后工业时代	克拉克王国平

图2 城市发展动力四种理论

传统理论的特点是重视生产要素驱动。这是工业时代的主导理论，强调土地、劳动力、资金、管理等基本要素在推动城市经济发展中的作用。人力资本理论重视人的知识技能在驱动城市经济发展中的价值和作用。这是从工业社会向后工业社会转型过程中出现的新的理论。创意阶层理论不是一般地讲人力资本的价值，而是强调在后工业社会创意阶层对促进城市经济发展的重要性。美国学者佛罗里达在《创意阶层的崛起》一书中就这个问题做了系统的阐述。佛罗里达认为，有无创意或创意的多少，不取决于有无学历，每一个人都有可能成为有创意的人。创意阶层理论与当代中国提出的"大众创业、万众创新"相契合，在中国很有影响力。但创意阶层理论没有就如何集聚创意阶层这个关键问题进行深入探讨。

场景理论则探讨了如何集聚创意阶层的问题。提出该理论的芝加哥大学教授克拉克认为，城市持续发展的关键是要形成众多有活力的场景。场景包括五个基本要素：社区空间、人群、便利性文化生活设施、多样化活动、共同价值观。上述五个要素的聚合，可以为集聚创意人才创造条件。场景理论为我们观察和分析文化产业集聚提供了新的视角。

乌镇发展模式就与场景理论相契合。乌镇就是社区空间、人群、便利性文化生活设施、多样化活动、共同价值观完美结合的一个案例。它有特色文化空间，有众多的人流，有各种便利性生活文化设施，有定期举办的各种文化活动，其中如世界互联网大会和国际现代戏剧文化节等都很有影响力，乌镇崇尚生活与艺术相融合的理念。这是一个传统与现代完美融合的特色文化小镇。

国内一些城市提出的功能区概念也与文化场景理论相契合。比如，南京将文化产业功能区建设作为"十三五"时期南京市文化产业发展的抓手。南京市将城市划分成 13 个功能区，这些功能区就是以各种要素来进行组合的，例如，秦淮老城历史文化传统功能区就是指江南夫子庙和秦淮河，宋代以来这个地方就是举行科举考试的场所，因此有很多文人雅士的故居以及流传的故事等，这是它的传统资源。在这个基础上又集聚了一些新的要素，比如，南京创意设计中心、国家领军人才中心、产权交易所、修复的大报恩祠遗址等。秦淮河城南园区已经成为南京市最有影响力的既有众多传统文化生活设施和活动，又有众多现代文化生活设施和活动的具有多种业态的区域。

最后，就文化产业园区建设提四点建议。

第一，文化产业园区发展到今天已经逐步走向专业化，因此，建立专业化的管理机构和管理团队是促进文化产业园区发展首先要解决的问题。当然，最好还是要有属于自己的专业管理团队，如果难以做到，委托专业管理公司承担文化产业园区管理工作也是一个选项。

第二，既要考虑物理空间的集聚，也要重视网络空间的集聚。线上线下的结合是互联网时代的要求，也是发展趋势。

第三，重视构筑文化产业生态系统，增强内生动力，增加文化产业园区吸引力。

第四，要因地制宜。文化产业园区的发展既有共性，也有自身的特点。这就要求园区管理者既要把握文化产业园区发展的共同规律，也要找到符合当地实际的发展路径，这一点至关重要。

讲好中国故事，传播文化价值[*]

今天论坛的主题是"文化走出去"。我所工作的单位——国家行政学院主要是通过开展对国外公务员的培训来参与推动文化"走出去"工作的。随着中国国际影响力的提升，国家行政学院培训国外公务员的规模不断扩大，形式也更加多样。据不完全统计，国家行政学院培训的境外公务员来源也已经超过 140 个国家和地区。近年来，国家行政学院和商务部联合开展"走出去"培训，与许多第三世界国家政府和行政学院在当地合作开展中高级公务员培训，分享中国发展的经验。我本人也参与了此项培训工作。今天借这次论坛，以"讲好中国故事，传播文化价值"为主题，把本人参与国外公务员培训的体会和我平时对文化"走出去"的思考心得与各位分享。

一 寻找共识

中国文化"走出去"首先要寻找共识，增强情感认同，做到以理服人、以文服人、以德服人；找到情感共鸣，做到以情动人，是文化"走出去"的关键。

2017 年我参加了国家行政学院赴阿尔及利亚开展的中高级公务员培训，给阿尔及利亚公务员介绍中国的发展情况。阿尔及利亚与中国有长期的友好关系。当年毛泽东主席在谈到恢复中华人民共和国在联合国的合法席位时曾说过，是非洲朋友把中国抬进了联合国。在联合国提出此项议案的两个国家，其中一个就是阿尔及利亚。阿尔及利亚跟中国有不少相似点。阿尔及利亚历史悠久，文化底蕴深厚，国土面积辽阔，是非洲最大的

---

* 本文根据笔者在北大主办的 2018 年第十五届中国文化产业新年论坛上的演讲整理而成。

国家，也是地中海、中东地区最大的国家。阿尔及利亚经历了长时间的殖民统治，到 20 世纪才真正独立。阿尔及利亚资源丰富，其经济近几十年来有了明显发展。但总体来说，经济还不够发达。我们培训的地点是该国安纳巴省的首府安纳巴市——一个毗邻地中海的著名港口，但这座城市的人口规模和建设水平大致相当于中国东中部的一个县城。相近的经历，使阿尔及利亚对中国的经验和中国的发展思路很感兴趣，希望从中国经验中得到启示，促进本国更快发展。

两国相近的经历，为开展公务员培训奠定了很好的基础，但如何使培训入脑入心、受欢迎，还是一个需要深入研究的问题。通过在阿尔及利亚开展培训和交流我体会到，对外国公务员授课，要尽可能以情动人。晓之以理，动之以情，效果才能最大化。比如，如果仅仅抽象地向国外公务员讲中国现在是世界第二大经济体，给他们列出一堆数据，他们对中国还是没有多少印象，效果自然也不会很好。

我觉得，切入点还是寻找情感共鸣，做到以情动人。我在给国外公务员授课时，经常讲中国是一个有着深厚文化传统、很有人情味的国家。我介绍的第一个例子是在中国城市里就业的农民工在中国最重要的节庆——春节返乡的情况。每年的春节前后都是中国人大迁徙的时节。这种大迁徙的背后，反映了中国人对家的情感、对家庭团圆的渴望、对家乡的依恋、对中国文化传统的执着。中国南方珠三角地区农民工春节期间从人贴人挤火车回家过年，到后来开摩托车结伴回家，再到现今坐高铁、开车回家的过程，反映了中国人的情感，也反映了中国社会的巨大变化。

前几年，广州举办了一个摄影展，叫《十年春运》，这个展览所展示的照片就记录了从 2000 年到 2010 年春节期间，在中国珠三角地区打工的千千万万的农民工的返乡经历和返乡方式的变化。中国普通人的这些经历，能够让国外公务员对中国人有更多的情感共鸣，对中国的发展变化也有更多的直观认识。

第二个例子是讲传统文化资源可以帮助下层妇女脱贫。给他们介绍由于企业的介入、社会贤达的热情帮助、政府的助推，中国少数民族羌族的传统刺绣——羌绣从普通的家庭传统手工品转变为时尚的刺绣产品。众多羌族妇女、藏族妇女、汉族妇女通过培训，成为羌绣的绣娘。羌绣给他们带来了收入，改善了生活。羌绣也受到国际知名品牌的关注。近几年，著名品牌爱马仕的一些重要时装活动，也闪现出羌绣的身影。这个案例使阿尔及利亚公务员也很有触动。

其次要寻找共同价值。有没有共同价值？当然有。和平、发展、公平、正义、民主、自由，这些都是人类的共同价值。文化"走出去"就是要发掘和传播跨越时空、超越国度、富有永恒魅力、具有当代价值的文化精神。电视纪录片《舌尖上的中国》、电视连续剧《琅琊榜》《美猴王》等作品能够被国际社会广泛接受和喜爱，很重要的原因也是这些作品传达了共同的价值观念。包含共同价值的文化产品才有可能得到国际社会的广泛关注。

二　中国元素国际化表达

一部文化产品光有共同情感、共同价值理念还不够，还要有很好的艺术表达。中国古人说的"言而无文，行之不远"就是这个道理。中国文化产品"走出去"，首先要有中国元素、中国内容，同时还要找到符合时代欣赏习惯的表达方式，这样的文化产品才有可能"走出去"。舞蹈《千手观音》就是一个经典的例子。《千手观音》的内涵是佛教的大慈大爱，其表达方式又是极具创意、现代的舞台艺术。为国际音乐界称道的谭盾交响曲《离骚》《风雅颂》等，也是中国元素国际化表达的成功例子。蔡国强是中国在国外获得艺术奖项最多的当代艺术家之一。他以中国最传统的火药为元素，用高科技手段创造了一种现代装置艺术，获得了极大的成功。这同样是中国元素国际化表达的成功例子。

三　善于借力

中国文化"走出去"，还要善于借用当地的资源，善用当地的人才。前不久，四川省宜宾市举办五粮液国际酒文化节，与会嘉宾探讨了五粮液酒"走出去"话题。一位前意大利议长有两点建议：一是酒的价格须降下来，国外烈性酒的价格一般都不贵；二是要加强营销，尤其要重视以上率下，首先要争取让上流社会喜欢喝五粮液。这第二点就很重要。在古代，中国瓷器之所以能够风靡欧洲数百年，成为欧洲著名的奢侈品，很大程度上得益于欧洲上流社会青睐中国瓷器。现在我们看欧洲 17 世纪、18 世纪的油画，能看到一个普遍现象，但凡是画居家的贵妇人的，其身后通常摆的是瓷器；居家的普通农妇身后放的一定是陶器。

善用当地人才是中国文化"走出去"的重要途径。哈萨克斯坦有一名年轻人叫伊尔泰，他在中国学习了 7 年汉语，是一位青年汉学家。他在中国学习过程中，观看了"中国好声音"等综艺节目，看了电视连续剧《伪装者》等，很有触动。回国后，他就把中国的一些电视节目翻译到了哈萨克斯坦。这就是一种最好的中国文化"走出去"的方式。宁夏智慧宫文化传播有限公司也是一例。该公司的董事长是一名埃及汉学家。他和两位宁夏大学的老师共同创办了智慧宫文化传播公司，主打中阿文翻译，将中国文化介绍到阿拉伯世界，也把阿拉伯文化介绍到中国来。2011~2016 年，该公司翻译的有关中华文化的书籍超过 200 种。现在中阿文翻译书籍的约70% 是由该公司组织完成的。可见，善于借力是讲好中国故事、传递中国文化精神的重要方式。

四　提高"卖文化"的能力

以前，中国文化"走出去"，政府行为多，免费送文化多。随着中国企业越来越多地参与国际文化市场竞争，如何把文化"卖"出去成为人们关注的重点。文化"走出去"是国家战略，有许多行为是为了实现公益性目标，因此，一定程度上的"送文化"还是必要的，但"送文化"往往效率不高。如何利用市场机制，更多的是将文化"卖"出去，是文化"走出去"需要考虑的一个大问题。前几年，国家行政学院办过几期高级外交官培训班。一些大使、文化参赞说，以前经常有国内演艺团体赴国外"送文化"——搞演出活动。这些演艺团体希望中国在当地的使馆人员帮助送票。这让中国使馆人员很头痛，因为使馆也不知道哪些人喜欢看演出，结果常常是票很难送出去。让中国外交官欣慰的是，现在以商业化的方式在国外开展的演艺活动越来越多了，总体来说效果也更好。

从目前看，文化"走出去"有四种方式，一是"社会（企业和社会组织）＋市场"，二是"社会＋送文化"，三是"政府＋卖文化"，四是"政府＋送文化"。我认为最好的方式是"社会＋市场"的方式，主要是通过文化企业将文化产品"卖"出去。应该形成政府引导、社会力量为主体、多种方式运作，特别是市场运作的文化"走出去"模式。

五　文化"走出去"最重要的是人"走出去"

人是文化最重要、最基本、最鲜活的载体。姚明、成龙、李连杰等名人在国外的影响力要远远超过静态介绍中国情况的书籍。现在，中国有越来越多的人出国公务或旅游，也有更多的外国人到中国来公务或旅游。提高中国人的素质，提高中国人行为举止的修养，是推动中国文化"走出去"的基础性工作。

六　发掘核心理念，传达文化精神

文化精神的核心元素是文化理念。今天论坛的主办方之一——北京海淀区十分重视文化如何"走出去"。就一个地区来说，文化要"走出去"很重要的工作是提炼当地的核心理念。比如，美国硅谷的核心理念是"活着是为了工作"而不是"工作是为了活着"，中关村创意大街的核心理念是"一切皆有可能"。同样，如何提炼海淀区的核心文化理念，让外国人记得住、印象深刻，是海淀区推进文化"走出去"工作需要解决的一个重要问题。

得互联网者得天下：当前文化消费的
新趋势和新治理[*]

主办方要我就互联网文化消费做一个主旨演讲，这对我来说是一个艰巨的任务。现在有一个说法，叫"90后""00后"出生的是互联网原住民，"70后""80后"是互联网移民，"50后""60后"是互联网弃民。我算是互联网弃民。让一个互联网弃民来做主旨发言，是给我出了一个难题。好在后面还有一批"80后""90后"的互联网企业家要登台发言。我的演讲算是抛砖引玉，供大家拍砖。

首先跟在座各位分享三个数据。

第一个数据是消费对我国经济增长的贡献率不断提升。我们都知道，消费、投资、出口是拉动经济增长的三驾马车。长期以来，投资在促进经济发展中的贡献很大，但是过度投资带来的负面作用也很大。所以，近些年来，中央一直说要压投资。因此，投资对经济的驱动力在明显减弱。出口也一直是中国经济发展的强大动力，但是我们看到，随着中美贸易摩擦的加剧，出口对中国经济的拉动空间也将会大大压缩。相反，消费在三驾马车中最有前景，实际也是这样。我们可以看到，十多年来消费对我国经济增长的贡献率不断提升，由2004年的35.4%增加到2017年的64.6%。

第二个数据是网络经济在国民经济中所占份额不断扩大。数据显示，2017年中国网民经济营收规模达到1.8万亿元，同比增长25%左右。原工信部部长苗圩在接受媒体采访时说，2017年我国信息技术产业总规模达到了18万亿元，这是一个庞大的数据。这表明网络经济对国民经济的贡献率大大提升。

---

* 本文根据笔者2018年4月13日在宁波2018文化消费论坛上的演讲整理而成，郭嘉等对本演讲内容有贡献，收入本书时有改动。

第三个数据是 2017 年互联网文化内容产业发展迅速。根据国家统计局近期发布的数据，2017 年文化信息传输服务业增加值达 8000 亿元，比上年增长 34.6%。就增速来说，文化信息传输服务业在十大类别的文化行业中一枝独秀。毫无疑问，支撑文化信息传输服务业的是互联网文化内容产业。

这三个数据给我们传递的信息归结起来有两点：第一，互联网文化内容产业和互联网文化消费具有极大潜力和良好前景；第二，扩大互联网文化消费是当前促消费的"牛鼻子"。

上面算是开场白。下面谈三点认识：第一，对当前互联网文化消费的四个判断；第二，当前互联网文化消费的新特点；第三，促进互联网文化消费需要完善治理方式。

一 对当前互联网文化消费的四个判断

第一个判断，得互联网者得消费者。

我国拥有庞大的网民数量和网络消费群体。目前，我国网民规模达 7.5 亿人，手机网民规模达 7.24 亿人，网民规模占全球网民总数的 1/3。同时，我国拥有最庞大的互联网信息传输平台。据统计，我国有 482 万家网站，有 2800 万个微信公众号，有 1800 万个 App。毫无疑问，这些互联网信息传输平台也是最活跃的文化消费平台。

近些年，我国互联网文化内容产业的各个行业都不断拓展，网络新闻、网络视频、网络直播、网络游戏、网络文学、网络音乐的用户规模都超过了 3 亿人，用户使用率都超过了 45%。据统计，目前公众获得的信息有 70% 是来自手机，网络文化消费有着极为广阔的前景。

从互联网文化内容产业的具体行业看，从 2016 年到 2017 年，网络游戏持续增长，2017 年 1～11 月网络游戏业务收入达 1341 亿元，同比增长 22.1%。网络文学市场规模不断扩大，2011～2017 年网络文学市场规模增幅喜人。据统计，2017 年 1～9 月，网络播放覆盖人数 TOP10 的电视剧中有 5 部改编自网络小说，且排名占据总榜单前四位。获得普遍好评的电视连续剧《琅琊榜》就是改编自网络小说。作为网络小说的《琅琊榜》就广受关注，俘获了众多粉丝，而且女粉丝居多。近年来有一个规律性的现象，即但凡女粉丝多的网络小说改编成电视剧的，收视率都比较高，因为女粉丝忠诚度较高。《琅琊榜》电视剧的大获成功再次验证了这个规律。

网络视频用户规模也在快速增长。我们看到，经过这几年的培育和发展，网络视频制作量正在全面比肩甚至超越传统影视作品。比如 2017 年，国产传统电影数量是 970 部，2017 年网络大电影的数量则达到了 1892 部；各频道发行的电视剧数量是 186 部，而网络自制剧的数量达到了 379 部；全国卫视综艺节目数量是 157 个，网络自制综艺数量则达到 131 个，数量基本比肩卫视。

就中国文化"走出去"而言，网络文化内容产业已经成为最成功的 1 个文化门类。目前，微信海外用户达到了 2.3 亿人；网络游戏《王者荣耀》2017 年全年收入高达 19 亿美元，位居全球第一，在许多国家和地区，其用户规模名列前茅。网络文学在海外有极大影响力，比如，"武侠世界"网站海外月活跃读者达 400 万人，日访问 40 万人次。我国网络小说的海外读者分布在全球 100 多个国家和地区，其中，北美读者占 1/3。

第二个判断，得互联网者得产业生态。

腾讯、阿里巴巴等互联网巨头纷纷构筑了传统媒体无法企及、难以望其项背的跨文化行业产业链，培育了庞大的互动文娱的生态雨林。各种网络文娱行业都在蓬勃生长。这是一个以 IP 为核心、不同行业相互交接又各有边界的复式生态链。

值得一提的是，猪八戒网作为全球最大的网络众包服务交易平台在众多网络服务企业中独树一帜。这是一家超级创意平台，这家网络企业把有创意设计技能的人与希望获得创意设计产品和服务的人结合在一起，通过互联网平台完成交易。目前，猪八戒网网上服务类别达到 600 多种，日发布需求信息 2 万多项，年交易额达 310 亿元，网站估值超百亿元。猪八戒网有三个突出特点：一是以互联网作为创业和交易平台的特点，解决了在大城市对初创企业来说难以承受的高房租问题；二是自愿组合式的交易，解决了企业的人才培养问题；三是为进入平台的创意公司提供全方位的运营服务，免除了网上入驻企业注册商标、开具发票等诸多问题。

第三个判断，得互联网者得公共文化服务效能。

公共文化服务项目效能不高的问题一直饱受诟病，互联网为提升公共文化服务效能开辟了新的路径。湖南株洲市韵动公司创建的韵动株洲文体云,借助互联网平台为公众提供全方位的公共文化信息服务,有力地提高了文化服务设施使用效率,为市民提供了方便。敦煌研究院通过建设数字敦煌,为游客提供全方位数字服务,包括建立敦煌网站、提供平板电脑服务、线上线下互动等。值得一提的是,一些网络直播企业,比如,腾讯直播、新浪直播、斗鱼直播、花椒直播、陌陌直播、KK 直播等,通过直播非物质文化遗产的技艺、匠心等传播中国传统文化,激发了用户的关注,收到了很好的效果。比如,2017 年 6 月花椒直播播出的"传承·匠新——非物质文化遗产巡播",点击量达 700 万人次。

现在一提到网络直播,人们往往就联想到庸俗和低俗内容,网络直播似乎成了庸俗、低俗的代名词。其实这是一个误解。娱乐性是网络直播的突出特点,其中也确实有一些庸俗、低俗的内容,但网络直播也有很多正能量的内容,比如,上面提到的直播非物质文化遗产的技艺就是一例。

值得关注的是,发达国家的人工智能也开始进入公共文化服务领域。英国著名的泰特美术博物馆为观众提供机器人服务。观众进入泰特美术博物馆网站,通过操作机器人就可以足不出户,在机器人的帮助下近距离参观这家博物馆展示的所有藏品。

二 互联网文化消费的三大特点

当前,互联网文化消费呈现以下三大特点。

第一,知识付费时代强势到来。2016 年被称为"知识付费元年",社交平台纷纷推出各种在线知识、娱乐付费产品,吸引了众多用户,成为盈利的重要模式;2017 年我国知识付费市场规模达 49.1 亿元。随着知识付费习惯的形成,愿意为优质知识服务付费的人群基数不断增长。据有关机构估算,预计到 2020 年,该产业规模将达到 235 亿元。

从 2018 年中国在线知识付费的产业图谱可以看出,在线知识付费产业生态系统由内容方、平台方、中介机构、传播渠道和用户五部分组成。知识付费的核心是解决内容获取及效率问题,内容方通过在社交、资讯或独立平台上推出知识付费产品来积累人气,从而达到知识变现的目的。付费内容的营销离不开平台的运作,知识付费平台通过向 C 端收费,不断拓展收入规模,市场力量的凸显也反向促进了其对优质内容的生产和服务模式的迭代。平台方与内容方的合作是在线知识付费产业生态的核心。部分平台会与邀请入驻的头部内容方建立深度合作，为其提供从选题到分发的全流程服务；也有部分平台会为开放的内容生态中的内容方按发展阶段提供从用户导流、平台补贴、内容指导到投资孵化等不同层级的服务。平台的赋能将帮助内容方更高效地进行在线知识付费产品的生产，并强化其与用户之间的关系链，从而进一步增强平台与内容方及用户之间的关联度，三者形成稳定且健康的结构，并将自发维持整个内容生态的运行。随着产业分工趋于专业化和细分化，第三方支持机构的重要性也日渐凸显。

第二，文化消费社交化。随着"网生一代"成为互联网市场的中坚力量，以熟人社交为主的移动社交（如微信）正在转向以内容为核心的媒体平台来拓展人际关系和娱乐消费，同时变得更加个性化、垂直化、细分化，并开始向陌生人社交等垂直方向发展。例如，移动游戏化社交逐渐成为中国移动陌生人社交市场的主要细分市场。微信、微博、QQ 等社交工具虽然有庞大的用户群体，但其娱乐休闲功能不强。因此，现在的年轻人越来越多地使用直播类、视频类、游戏类社交媒体进行文化消费。有统计，约 1/3 的"95 后"更青睐直播类、视频类社交平台，而"90 后""80 后"分别占 12% 和 8%。同时，"90 后"消费群体更注重自我属性，乐于表达自我，往往以特定的兴趣和内容为连接核心形成内容型社交圈层。

就内容型社交的细分领域而言，大致有职场、运动、婚恋、兴趣、学习、资讯、娱乐休闲等领域，通过文字、图片、音频、视频、游戏、直播等信息载体和渠道，以弹幕、实时聊天、即时评论、交友等形式来进行文化消费。借助互联网构建的平台和渠道，不少手机网民会生产自己的原创内容并有意愿进行更广泛的分享，这将使得互联网平台的文化内容更加丰富，社交互动属性更加显著。艾媒咨询数据显示，近九成网民愿意把个人创作的内容予以分享，其中 50.8% 的网民选择开通个人公众号和通过朋友圈等途径分享，37.3% 的网民则通过电台、直播等公开平台分享。

第三，文化消费社群化。粉丝社群化是互联网经济的突出表征，在互联网及新媒体的影响下，粉丝经济、注意力经济成为一种新型的文化经济模式，并逐渐发展出其独特的形态——社群经济。社群往往是以具有特殊情感和社会关系的人群为核心的亚文化群落。社群的形成，通常基于成员共同的兴趣爱好、相近的生活习惯。社群成员彼此之间分享意见、乐趣、经验、观点和行为。粉丝群体通常以共同的兴趣或具有高度黏性的内容集结在一起，在社群媒体上通过信息分享、内容生产、内容消费和内容传播来建立情感联系、信息沟通和价值认同。社群内部高黏性、高互动性的社群成员，通过不断的内部反馈来促进内容的生发与迭代。粉丝社群背后往往隐藏着巨大的商业价值和社会影响，利用互联网平台进行社群化消费已成为当前互联网文化消费的一大突出特点。

三 促进互联网文化消费需要完善治理方式

大力推动互联网文化内容产业和互联网文化消费是"十三五"时期国家发展战略的重要内容。

2016 年 12 月国务院发布的《"十三五"国家战略性新兴产业发展规划》把以互联网为核心的数字创意产业作为国家重点扶持的五大战略性新兴产业之一。2017 年 1 月，国家发改委发布了《战略性新兴产业重点产品和服务指导目录》（2016 年版），进一步明确了数字创意产业的具体类别。2017 年 8 月，国务院发布的《关于进一步扩大和升级信息消费持续释放内需潜力的指导意见》（国发〔2017〕40 号），将"面向文化娱乐的数字创意内容和服务"纳入了未来我国消费发展的重点领域，同时提出了提高信息消费供给水平、扩大信息消费覆盖面、优化信息发展环境等三大重点任务。这说明互联网消费是下一步扩大消费的重点领域。

我认为，落实中央上述精神，促进互联网文化消费，应把握三个重点。

第一，促进互联网文化消费必须深化供给侧结构性改革。深化供给侧结构性改革要重点解决两大问题：一是要有优质的网络文化产品；二是要建立充满活力的支持网络文化产品生产和消费的机制。没有好的网络文化产品不行，没有好的机制也难以涌现好的产品。

第二，客观看待以互联网为依托的亚文化。最近媒体对网络直播的一些不健康的内容做了一系列曝光，这是必要的，这有利于促进网络直播健康发展。在曝光不健康内容的同时，还要对网络直播等新兴社交媒体上积极健康的内容、节目予以鼓励、支持，支持其健康、快速发展。"草根"性、以年轻人为主体、有生命力是以互联网为依托的亚文化的基本特点。

从某种意义上说，以互联网为依托的新的社交媒体是最有吸引力的新的信息传输平台，这也体现了新的文化消费方式。

应该看到，其一，从历史上看，文化总是多元的，亚文化是客观存在的；其二，亚文化不同于主流文化，但并不都意味着对抗主流文化；其三，须摒弃亚文化中的庸俗内容，引导亚文化健康发展；其四，还要积极吸收亚文化的有益成分，丰富壮大主流文化。天下无不可变之风俗。主流文化也不是一成不变的，主流文化只有不断吸收亚文化中的有益成分，才能保持活力和生命力。

第三，落实"放管服"改革精神，激发市场活力。扩大互联网文化消费，核心是要有优质的产品。优质产品主要有赖于互联网文化企业去创造。因此，营造良好环境是互联网文化企业创造优质文化产品的保障。这就要落实"放管服"改革精神，真正做到简政放权、放管结合、优化服务。一是要做到降低市场准入门槛，尽可能吸引更多的网络文化企业参与文化产品的生产和创造；二是加强事中事后监管，减少行政审批；三是树立标杆，支持、鼓励生产优质的网络文化产品，引导网络文化产品生产和消费；四是明确底线，营造健康的网络文化消费环境。

最后，对宁波市扩大互联网文化消费提几点建议：一是搭建大数据平台，定期发布宁波市文化消费状况，科学引导文化消费；二是营造良好的产业环境，大力支持互联网文化企业创新创业；三是线上、线下相结合，搭建便捷惠民的文化消费服务平台；四是跟踪互联网文化消费热点，创建有影响力的互联网文化消费品牌活动；五是促进"互联网"与宁波传统文化产业、优势文化制造业融合发展。

公共文化与旅游产业融合发展需要优势互补、取长补短[*]

公共文化与旅游业融合发展是大势所趋。文化部与国家旅游局合并成立文化和旅游部后，促进公共文化与旅游业融合发展变得更加紧迫。要做到这一点，关键在取长补短。多年来，通过财政支持的公益性文化项目或设施，为公众提供满足公众基本需求的文化产品是公共文化的基本特点，但如何发挥市场机制的作用，如何利用社会力量，目前来看还是短板。旅游业则通过最大限度地利用市场机制，得到了长足的发展，但如何提高社会效益、体现公共精神，考虑得还不多。促进公共文化与旅游业融合发展需要公共文化服务强化市场意识，更加重视和利用市场机制和社会力量；旅游业不能仅仅着眼于经济效益，提供吃住行游购娱，还要在传播国家形象、传承民族文化、提高公民素质等方面发挥更大的作用。

一 强化公共文化服务市场意识，重视公共文化在促进旅游业发展中的作用

第一，拓宽公共文化服务的内涵和职能，进一步发挥公共文化服务在促进旅游业发展中的作用。公共文化服务的基本职责是满足公众基本的文化需求。在多数情况下，满足公众基本的文化需求与促进旅游业的发展是相辅相成的。一个大家都熟知的案例，就是 2002 年西湖风景区在全国率先实行门票免费政策。尽管少了门票的收入，但西湖风景区总体收入不但没有减少，反而比以前增加了。当地有个著名的"241"算法，即只要每个

---

[*] 本文根据笔者于 2018 年 5 月 18 日在首都师范大学文化研究院召开的"公共文化与文化旅游产业融合发展"研讨会上的发言整理而成，收入本书时有改动。

游客在杭州多停留 24 小时，杭州市的年旅游综合收入便会增加 100 亿元。西湖风景区免收门票之举极具启迪意义，让人们看到了公共文化在促进旅游业乃至经济发展中的巨大作用。

第二，以地方文化资源为依托，发挥特色博物馆等文化文物单位促进当地旅游业发展的功能。当今社会，博物馆、美术馆等文化文物单位已经成为一座城市的文化符号。挖掘当地历史文化资源，建设特色博物馆，也成为吸引游客、促进当地旅游业发展的重要途径。比如，河南安阳殷墟是中国第一个有文字记载的朝代商代晚期的都城遗址。2006 年，河南安阳殷墟被获准列入世界文化遗产名录，在此基础上建设的安阳中国文字博物馆作为中国第一个文字博物馆吸引了来自四面八方的游客，有力地促进了当地旅游业发展。南京中国科举博物馆也是一个成功案例。自宋代以来，南京的江南贡院就是历朝科举考试的考场。2014 年南京市建设的中国第一座科举博物馆，展示了中国独特的科举文化，对游客极具吸引力，每天游人络绎不绝，有力地促进了南京旅游业的发展。

第三，通过文化创意和设计，发挥公共文化设施在促进旅游业发展方面的作用。一是借船下海。西班牙毕尔巴鄂市古根海姆博物馆的建设带动了该市旅游业的发展，促进该市经济转型就是一个经典案例。毕尔巴鄂市曾以港口闻名于世。随着运输业的衰落，该市陷入了长期的萧条。为振兴当地经济，该市与古根海姆艺术基金会合作，在当地建设了后现代风格的古根海姆艺术博物馆，每年吸引大批游客来此地观光旅游。古根海姆艺术博物馆的建设完善了城市服务功能，促进了当地经济转型。二是整合资源。四川大邑县安仁古镇抗战博物馆群和文革博物馆，就是整合各方文化资源建设而成的，现已成为中国著名的博物馆群落，形成了当地颇具特色的以旅游业为核心的博物馆经济。

第四，重视文化文物单位的观赏功能，促进旅游业发展。以图书馆为例，公共图书馆的基本功能是文献保存和图书借阅服务。在现代社会，图书馆除教育功能外，其观赏功能也开始凸显。云南省腾冲市和顺图书馆就因其教育和观赏功能并重而成为吸引游客的重要处所。北大图书馆也是去北大参观的家长和学子必去的地方之一。位于北京市怀柔区的篱苑书屋，是通过文化创意和设计，借助图书馆的观赏功能，吸引游客的一个典型案例。篱苑书屋是清华大学一位设计师出于文化扶贫目的，为当地村民建造的一个公益性文化空间。篱苑书屋设计独特，由 4.5 万根柴火棍搭建而成，与周围自然景观融为一体。每到节假日，参观游览篱苑书屋的游客络绎不绝，篱苑书屋被网络媒体誉为世界上最美的图书馆之一。

第五，重视非遗技艺与旅游业的融合。非遗技艺是我国传统文化资源的重要组成部分，有广阔的市场前景。近些年来，非遗技艺经历了从重视政府保护，到同时重视生产性保护，再到重视将传统工艺与旅游业、教育业等相结合，发挥非遗技艺综合功能的过程，收到了良好的效果。

以"文房四宝"为例。以前，笔墨纸砚等传统工艺厂家只是扮演着书法、绘画材料提供商的角色。知名企业——安徽泾县红星宣纸厂不仅年产 600 吨宣纸，现在还建设了宣纸博物馆、文化体验园等文化设施，开放工艺流程供游客、学生参观、游览，增加了让游客、学生体验传统造纸工艺的内容。

大理周城扎染企业家段树坤和大理市前文物保护管理所所长张绅，共同筹划了大理璞真白族扎染博物馆，博物馆由"扎染源流""扎染世家""珍品展示""繁花似锦""琳琅满目""活态体验展示"等展厅组成，将周城 300 多年的扎染历史以展板、影像、实物陈列和体验制作等形式呈现出来。据不完全统计，每年来这里参观的中外游客达 18 万人次，有近一半的游客会参与制作体验。平均每天接待参观体验的旅游团、学生团体在 25 个左右，旅游旺季每天接待 60 多个团组。现在，段树坤创办的璞真扎染坊年营业额的 40% 是由游客扎染制作体验的收入创造的。

重视以非遗技艺为核心的传统工艺与旅游业的融合发展也写进了正式文件中。2017 年，国务院办公厅转发的由文化部、工信部、财政部联合发布的《中国传统工艺振兴计划》指出，鼓励在传统工艺集中的历史文化街区和村镇、自然和人文景区、传统工艺项目集中地，设立传统工艺产品的展示展销场所，集中展示、宣传和推介具有民族或地域特色的传统工艺产品，推动传统工艺与旅游市场的结合。

第六，拓展文化文物单位服务游客、促进旅游业发展的职能。目前，我国文化文物单位均以当地居民为服务对象，为其提供基本的公共文化服务。实际上，有条件的文化文物单位还应该最大限度地发挥其资源优势，辐射更多的人群，包括外地游客，服务当地经济，促进旅游业发展。一是增加博物馆、文化馆、图书馆、综合文化中心等公共文化设施，宣传当地文化旅游资源、文化品牌、文化形象，增加当地居民的文化归属感和自豪感；二是把吸引外地游客、外来人流作为考察博物馆、图书馆、文化馆等文化文物单位经营业绩的重要指标，对文化文物单位知名度和吸引外地游客人数进行统计，建立文化文物单位促进旅游业发展指数；三是鼓励文化文物单位开发文创产品。

二　旅游业应更加重视社会效益，更好发挥旅游业在传播国家形象、传承民族文化、承担公共教育、提高公民素质方面的作用

促进公共文化服务与旅游产业融合发展，也对旅游业提出了新要求。旅游业不能仅仅满足于吃住行游购娱，还要发挥旅游业在传播国家形象、传承民族文化、承担公共教育、提高公民素质方面的作用。

第一，强化旅游业的文化传承、文化传播功能。旅游景点在绩效考察、品牌建设、知名度、影响力等方面要纳入社会效益，统筹发展。强化旅游景点在彰显国家形象、传播知识文化、培养公民文化素养和良好习惯方面的职责和功能。

第二，提升旅游资源平台，提高宣传历史文化的水平。优化导游和讲解服务，通过优质、专业的讲解，培养游客对优秀传统文化的认同感。

第三，合理制定旅游景点的价格，完善旅游景点的文化传播功能。发达国家在旅游景区门票价格制定方面更加重视社会效益，最大限度地实现旅游景点的文化传播功能。目前我国景点门票价格偏高，这必然会淡化旅游对社会效益的贡献。因此，应通过合理定价，使旅游景区能更多地承担国民教育和文化传播的功能。

"文化是旅游的灵魂，旅游是文化的载体。"公共文化与旅游业融合发展需要创新发展理念，拓宽发展内容和途径，做到公共文化与旅游业相互促进、相得益彰。

以文化为本促进北京市文化与
旅游融合发展[*]

　　促进文化与旅游融合发展的价值和意义可以概括为"四个需要"：一是适应经济转型升级、满足人们对美好生活新期待的需要；二是提升城市文化形象、扩大城市影响力的需要；三是整合社会资源，激发创造活力，实现资源效益最大化的需要；四是适应国际通行做法的需要。

　　人们常说"文化是旅游的灵魂，旅游是文化的载体"。这句话言简意赅地阐明了文化与旅游相互依托、相辅相成的关系。

　　文化与旅游的这种相互依存的关系是通过价值连接在一起的。文化的本质是发现价值和创造价值，发现自然之美，创造人文精神，而自然造化之美一旦被人类发现、文明成果一经被人类创造出来，都具有极大的观赏性。而旅游的本质则是体验价值和分享价值，人们通过体验和分享人类文明成果和自然造化之美，获得身心的极大愉悦。文化与旅游历来相辅相成。中国唐代著名诗人李白就是集诗人与旅行家为一体。在西方国家看来，旅游作为一个产业的兴起，起源于寻根之旅。早年漂洋过海到美洲新大陆谋生的大批欧洲人，在美洲安家立业以后回到欧洲故土寻根问祖。这说明，旅游产业就其本质而言就是以文化作为其基本内涵的。

　　从北京市来说，从文化的角度促进文化与旅游融合发展，应重点围绕文化产业与公共文化这两个领域发力，目前应着重做好以下七项工作。

　　第一，擦亮北京文化创意品牌，激发文化创新创造活力。考察文化与旅游融合发展的状况，可以看到，文化创造力越是充沛的地方，通常其旅游价值也越高。北京最宝贵的文化资源是丰富的文化人才和文化创造活

---

　　* 本文根据笔者 2018 年 7 月 9 日在北京市委宣传部主持召开的文化与旅游融合发展现场对接会上的发言整理而成，收入本书时有改动。

力，这些文化资源给北京市带来独特的旅游资源，这也是北京最具特色、其他城市难以比拟的竞争力。

北京798艺术区就是一例。798艺术区是20世纪末由民间自发形成的艺术园区，也是国内最早的艺术园区之一。798艺术区以其先锋性、现代性艺术风格，浓郁的艺术氛围引起了国际社会的普遍关注。2003年，798艺术区被美国《时代周刊》评为全球22个最有文化标志的文化中心之一。目前，798艺术区已经成为北京的现代名片和文化符号，也成为北京著名的旅游目的地，每年接待大量的中外高端游客，其中外国游客占很大比重。迄今为止，到798艺术区参观的外国国家元首有123位。值得注意的是，北京的这张文化创意名片由于种种原因正在褪色。具有类似情况的有宋庄艺术园区。宋庄艺术园区也是具有国际影响的艺术集聚区，目前也处于萎缩状态。这种情况令人担忧。

保护文化创造活力，擦亮现有北京文化创意品牌是北京市迫在眉睫的一项工作，也是促进文化与旅游融合发展的首要任务。

第二，支持、鼓励知名机构、知名企业开展特色旅游活动，扩大影响力，丰富北京文化旅游内容。知名机构和企业开展文化旅游活动是社会效益和经济效益俱佳的一项举措，无论是国际还是国内都有许多成功的案例。比如，每临假期，北京大学、清华大学的校园游都十分火爆。2018年暑假，北京大学和清华大学的暑期校园游已经开始了网上预约。实际上，北京高校资源丰富，具有开发校园游潜力的高校还有很多，这需要统筹协调和加强推介。企业游的成功案例也有很多。比如，上海宝钢开发的"钢铁是怎样炼成的"工业旅游项目每年都吸引了大批游客，效果很好。北京知名企业众多，尤其是知名文化机构和文化企业众多，这是北京的一大优势，比如，百度、爱奇艺、优酷、新浪、中国移动等，还有像蓝海、四达时代等，或很有知名度，或很有故事性，都具有旅游开发的巨大潜力。

第三，支持和鼓励北京文创产业园区增强展示性、体验性，开发旅游内涵。文创产业园区与工业园区有一个很大的不同点，就是入驻文创产业园区的文化企业通常提供的是形象化的文化产品，因此，文创产业园区往往也具有展示性的特点，形象性、娱乐性往往兼而有之。这也是文创产业园区具有吸引游客潜质的原因。比如，北京朗园文化产业园区入驻的企业有罗辑思维等知名网络音频企业，这些企业对年轻消费者极具吸引力。北京铜牛电影产业园对喜爱电影的年轻人来说同样有很大的磁场效应。应大力挖掘北京文创产业园区所具有的旅游潜质。

第四，支持、鼓励创作和生产彰显北京时代特色的高质量的文化产品。通过创作和生产电影、电视剧、流行歌曲等雅俗共赏的大众文化产品推介城市，是屡试不爽的成功经验。以电影为例，《罗马假日》对罗马城、《少林寺》对河南登封的巨大的推介作用都是著名案例。流行歌曲对城市的推介作用也不可低估。

第五，开发特色旅游演艺产品，丰富城市的旅游文化内涵。一是定制符合旅游消费特点的演艺产品。杭州的旅游演出《宋城千古情》、上海的《时空之旅》都已成为许多游客去当地的必看节目。北京作为中国最大的旅游目的地，同样有条件打造旅游演艺产品。二是从北京现有演艺产品出发培育适合旅游消费的产品。北京特色演艺产品不少，可从中挖掘符合旅游消费的演艺产品，如京剧、小剧场中的部分特色产品等。

第六，重视公共文化空间，建设更加人性化的城市。公共艺术是城市文化不可或缺的组成部分，世界知名城市都十分重视公共艺术，有意为公共艺术留下空间，以增加城市的文化气息和温馨感。比如，韩国首尔就有意为公共艺术留下了空间。

第七，重视城市形象宣传。要通过各种方式展示北京市的美好、人性化和艺术气息，在这方面还有很多工作要做。比如现在，在北京西客站，24小时都能听到的是广播的防偷防盗提醒。这给游客制造出紧张的气氛，与一座旅游城市的精神不符。首都机场的大巴上反复播放的也是防偷防盗的提醒广告。应该指出，这些提醒是必要的，但应该采取更艺术化的方式。

论当前我国文化领域的三个热点[*]

2018 年以来，文化领域热点纷呈。

第一个热点是文化管理格局调整。在 2018 年启动的机构调整中，文化领域有一个重要变化，就是文化部和国家旅游局合并成立文化和旅游部。尽管这项机构调整出乎预料，但舆论对此次机构调整仍正面评价居多。学界普遍认为，文化部与国家旅游局合并成立文化和旅游部将有助于整合资源，打破部门权力分割状态，对文化和旅游业发展都将是有利的。

文化部的职责与国家旅游局的职责有千丝万缕的联系。旅游业所依托的人文资源，很多是由原文化系统管理的，比如旅游景区中的物质文化遗产、近些年旅游开发中越来越受到重视的非遗项目等。近些年，文化系统与旅游系统加强了合作，旨在共同推动文化和旅游业的发展。比如，2009年，文化部和国家旅游局联合发布的《关于促进文化与旅游结合发展的指导意见》就是一例。但由于文化系统的职责侧重在公共文化服务，而国家旅游局侧重于利用市场手段促进旅游业发展，这两家政府部门也常有不协调的地方。

2000 年，山东曲阜发生的一起被媒体称为"水洗三孔"的事件就是一例。

2000 年，曲阜政府与华侨城集团合作，成立了曲阜孔子国际旅游股份有限公司，旨在挖掘"三孔"（孔府、孔庙、孔林）的旅游资源。在公司正式挂牌前夕，当地有关政府部门打算召开发布会，为此工作人员对孔庙做了一些清洁工作，但此事被媒体炒作为"水洗三孔"，并对孔庙造成了无法挽回的破坏。鉴于孔子的巨大国际影响力，此事在国内外引起极大轰

---

* 本文根据笔者 2018 年 8 月 1 日在深圳创新研究院主持召开的 2018 年中国改革报告座谈会上的发言整理而成，收入本书时有改动。

动，招致舆论的不满。后来，国家文物局委派的调查组认定了"水洗三孔"的事实，合作项目也被叫停。多年以后，曲阜当地官员对笔者抱怨，尽管以孔子命名一家公司确实不妥当，但当年所谓"水洗三孔"事件确系被媒体夸大了。强行叫停合作项目，使得曲阜旅游业的发展停滞了多年。

文化部与国家旅游局合并，整合两个部门的资源，将有利于促进文化旅游业的发展。可以预计，两部门合并后将会在两个方面有明显变化。第一，提升旅游业的文化内涵将受到高度重视。文化是旅游的灵魂，旅游是文化的载体。在旅游业中融合更多的文化创意元素，是旅游业转型升级的重要路径。在这方面，原文化部有很大优势，文化和旅游部成立后应该大有作为。第二，文化和旅游部的成立，不仅有助于提升旅游业经济效益，也将有利于彰显旅游业的公共性，比如有助于解决旅游景点乱收费问题。近些年，我国旅游业快速发展，但唯利是图、借旅游景点之名乱收费的现象屡见不鲜，消费者对此很不满意。笔者最近参观的满洲里国门景区门票为80元，但该景区的核心旅游资源是国门和红色教育，这些均属于公共资源，此类公共资源属于免费参观之列。考虑到有运营成本，适当收取成本费也可，但国门景区收取高额门票，这显然属于不合理收费。

第二个热点是电视政论片《厉害了，我的国》下架和电影《我不是药神》的热映。前者被认为是体现"正能量"的文化产品；后者则是针砭时弊的作品。但这两部作品面世后，境遇却截然相反：《厉害了，我的国》受到非议，最终被下架；《我不是药神》则广受好评，票房一路攀升。这两部影视片极具典型性，研究这两部作品，对把握文艺发展的特点和规律、推动文艺繁荣具有范本价值。

体现正能量是我们对文化产品的基本要求。所谓正能量，就是要求文化产品要发挥引领风尚、教育人民、服务社会、推动发展的作用。文化产品作为精神产品，当然应该承担社会责任，体现正能量。真正体现正能量的文艺产品历来也受到消费者的喜爱。一段时间以来，对正能量的认识存在以下两个误区。

一是为体现正能量而罔顾现实，随意编造历史，无原则拔高。抗战神剧就是典型案例。二是把正能量简单地等同为赞扬和歌颂，批评和暴露现实的作品则被认为没有体现正能量而不值得鼓励。这也是一段时间里，暴露问题、针砭时弊的影视产品较少面世的重要原因。

实际上，问题是时代的声音。批判现实主义是历史最悠久、最具生命力的文艺流派。批判现实主义的作品所具有的"揭出病苦，引起疗救的注意"（鲁迅语）的作用，在今天仍然有较高的现实价值。以电影《我不是药神》为例。《我不是药神》上映后，电影中反映的进口药价过高的问题，引起了国务院总理李克强的关注，并做了相关批示，要求"国务院常务会确定的相关措施要抓紧落实，能加快的要尽可能加快"，李克强总理指出"抗癌药是救命药，不能税降了价不降"。① 《我不是药神》暴露的问题也引起了政府部门的重视，有关部门加快了对相关药品的审批工作。这就很好地体现了文艺影响现实、促进发展的作用。

由此可见，文艺作品是不是体现了正能量、是不是体现了坚持以人民为中心的创作导向，判定的标准不在于作品写了什么，而在于如何写，在于消费者的实际感受，在于作品产生的社会效果。

第三个热点是崔永元和冯小刚的争论。引发了观众极大关注，其有意味的地方主要有以下两点。

第一，此事件再次说明了娱乐界名人的巨大社会影响力。在互联网时代，娱乐明星们占据着社交媒体的重要位置，娱乐界的资讯是读者和观众最感兴趣、最乐意消费的信息。于是出现了一种现象：当今社会娱乐界的私人话题，就是公共话题；娱乐明星们的私人生活，在很大程度上也是公共生活。

第二，观众（消费者）对文艺状况不满意。在笔者看来，在娱乐明星中冯小刚是佼佼者。冯小刚拍摄的电影有情怀、有情趣，在中国电影界独树一帜，贡献很大。但在社交网站上，网民几乎一边倒地"倒冯"，这实际上反映了公众对当代中国文艺现状的不满。

必须承认，公众对娱乐明星的不满有充分的理由。当今社会，文艺娱乐明星获得了巨大的社会知名度和丰厚的经济收入，这些娱乐明星本应该洁身自好、谨言慎行，为社会的健康发展做表率。但遗憾的是，实际情形并不都是这样的，其中有些娱乐明星的社会责任意识淡薄、自我膨胀，以及行为处事方面的缺陷等问题，引起了公众的不满。

---

① 《李克强就电影〈我不是药神〉引热议作批示》，人民网，http：//politics.people.com.cn/n1/2018/0718/c1024‐30154243.html。

此事件的启示有三：一是娱乐明星应强化自律，公众人物就要承担公共责任，中外皆然；二是强化管理部门的责任，进一步规范市场秩序，把文化市场存在的问题一律归咎于文艺界从业人员是不客观的；三是尊重艺术劳动，科学劳动、艺术劳动都是创造性的劳动，都是满足社会需求、实现社会进步的动力，两者并无高下之分，那种不分青红皂白，把从事艺术工作的人一律蔑称为"戏子"、认为艺术劳动天然地就要低于科学劳动的观点是不可取的，也是有害的。

文化为魂、旅游为体，促进文旅深度融合[*]

　　文化的本质是发现价值和创造价值，旅游的本质是体验价值和分享价值。

　　当代旅游业迫切要求由粗放式发展向内涵式发展转型，向优质发展转型，向更加尊重游客的感受和体验转型，文化旅游业会有更好的发展。

　　如何认识文化与旅游的价值，如何推动文化与旅游业融合发展，是迫切需要研究的重大问题。

　　首先，文化创意是旅游业中最核心、最鲜活的要素，是旅游业发展的动力之源。

　　文化和旅游有何不同？笔者以为，文化的本质是发现价值和创造价值，旅游的本质是体验价值和分享价值，这是文化和旅游最大的区别。自然资源、历史资源对旅游来说固然很重要，但文化创意能赋予旅游业最鲜活的元素，使旅游具有持久的吸引力和生命力。

　　早在 2500 年前，中国的圣贤孔子就十分强调文化创意具有久远的价值，阐述了"无文不远"的道理。

　　在当代社会，文化创意对旅游业的推动作用越来越突出。迪士尼主题公园中最具吸引力的唐老鸭、米老鼠、狮子王等动漫形象，彰显的就是文化创意；《宋城千古情》突出一个"情"字，体现了文化创意；乌镇的国际戏剧节、木心美术馆同样体现了文化创意。可以说，文化创意是旅游业走创新性、内涵式发展之路的核心环节，也是旅游业转型升级的关键。

　　其次，旅游彰显文化的价值，赋予文化更大的能量。

---

　　* 本文根据笔者 2018 年 10 月 15 日在贵州省黔东南州举办的"2018 国际山地旅游暨户外运动大会"上的演讲整理而成，后于 2018 年 11 月 2 日发表在《联合时报》，收入本书时有改动。

在现代社会，文化要实现价值、传承久远，必须借助于一定的渠道，而旅游为公众分享、体验文化价值提供了最佳载体。

旅游有力地促进了文化资源的保护和利用。以非遗传统技艺为例，旅游为非遗传统技艺赢得了更多的消费者，并提供了广阔的空间。

旅游推动了公共文化服务和旅游公共服务的融合。以贵州黔东南州雷山县西江千户苗寨为例。近 10 年来，西江千户苗寨旅游业快速发展。2017 年，旅游人次达 753 万，旅游总收入达 64 亿元，当地人均收入从 2000 元增长到 15000 元。旅游业的发展也带动了公共文化服务的发展，近些年涌现出西江文化研究院等众多本土文化机构和文化品牌。这些公共文化服务机构既促进了当地特色文化的保护和利用，也为旅游业提供了更丰富的内容。

旅游业提质增效需要公共文化服务与旅游公共服务融合发展。改革开放以来，我国旅游业蓬勃发展，成绩很大，但问题也不少，突出问题是过度商业化，收费高、服务差、游客满意度低是普遍现象。近些年入境游人数徘徊不前甚至有所下降就是警示。要完善旅游业服务，很重要的一个措施就是要将公共文化服务与旅游公共服务相结合。旅游业不仅要讲求经济效益，也要重视社会效益，弘扬公共文化精神，只有这样才能形成旅游品牌，做到可持续发展。

促进旅游产业与文化产业协调发展，相得益彰。文化产业与旅游产业既有交叉，又有不同，总体来说都属于服务业，都服务于城市和乡村经济社会发展。重视两者的结合，有助于协调发展、相得益彰。

最后，促进文旅深度融合，推动旅游业转型升级。

文化与旅游的深度融合促进了旅游业的转型升级，也使旅游业呈现了一些新的特点。

一是从关注自然和历史到更多关注当下的生活。在过去，人们对旅游的理解主要限于森林草原、江河湖泊、深山古刹、名人故居等自然景观和历史遗物。这些自然和人文资源固然重要，但在当代社会，人们尤其是年轻人主要关注当下的生活。

二是从有限景点到无限空间。现代旅游已不再仅仅满足于传统意义上的景区景点，艺术园区、特色餐饮、演唱会、山地旅游、户外运动、邻里生活等，一切异样生活、新鲜感受都可能成为旅游资源，都有旅游开发的潜力。

三是由观光到更加注重体验、分享。上车睡觉、下车拍照这种浅层次的旅游，已经越来越不能满足人们对旅游的需求。

四是从物理空间到多维空间。单一的物理空间已经不适应时代发展的需求。在互联网时代，虚拟空间也进入了旅游的视野。比如，敦煌研究院根据敦煌季节分明的特点，积极创建数字敦煌模式，通过新媒体互动、数字终端导览系统、PC端数字存储传播等多种方式，将线下游览与线上游览相结合，极大地增强了游览的便利性、多样性和精确性，扩大了敦煌莫高窟的影响力和知名度。迪士尼、宋城千古情、华侨城欢乐谷、华强方特欢乐世界等成功的案例无不说明科技的力量极大地提升了旅游的文化表现力。驴妈妈旅游网提倡的旅游IP、马蜂窝推动的互联网社区互动等，都有力地拓展了旅游业的理念、思路和视野，为旅游业开辟了新空间。

五是从粗放式发展到优质发展。当代旅游业迫切要求由粗放式发展向内涵式发展转型，向优质发展转型，向更加尊重游客的感受和体验转型。

只要适应上述特点和趋势，文化旅游业就会有更好的发展。

文化创意是旅游业发展的动力之源[*]

文化创意是旅游业中最核心、最鲜活的要素，是旅游业发展的动力之源。

第一，文化创意是旅游业中最核心、最鲜活的要素。如何看待文化与旅游的关系？在 2018 年 9 月下旬召开的敦煌国际文化博览会上，联合国教科文组织的一个高级官员曾以文学创作和文学出版来形容两者的关系。他说，文化如同讲故事的人，旅游如同出版家、图书经销商。这个比喻很形象，也很贴切。文化和旅游有何不同？笔者以为，文化的本质是发现价值和创造价值，旅游的本质是体验价值和分享价值，这是文化和旅游最大的区别。

自然资源、历史资源对旅游业来说固然很重要，但文化创意能赋予旅游业最鲜活的元素，使旅游业具有持久的吸引力和生命力。

早在 2500 年前，中国的圣贤孔子就十分强调文化创意具有久远的价值，阐述了"无文不远"的道理。中华民族历朝历代都有一批山水诗人、边塞诗人，他们游历大江南北、西部边陲，把诗歌创作与人生经历结合在一起，通过文学创作为自然赋予了鲜活的生命力。20 世纪 80 年代，一部由李连杰主演的《少林寺》，带火了中国武术，也带火了少林寺的所在地——河南登封市的旅游业。这至今让人们津津乐道，记忆犹新。

在当代社会，文化创意对旅游业的推动作用越来越突出。迪士尼主题公园中最具吸引力的唐老鸭、米老鼠、狮子王等动漫形象，彰显的就是文化创意；《宋城千古情》突出一个"情"字，体现了文化创意；乌镇的国际戏剧节、木心美术馆同样体现了文化创意。

---

* 本文根据笔者 2019 年 5 月 6 日在由江苏省委宣传部主办、江苏省文旅厅等单位共同承办的大运河文化旅游融合发展论坛上的演讲整理而成，收入本书时有改动。

　　但凡游客喜爱的国际和中国著名景点，比如，迪士尼主题公园、环球影城、华侨城欢乐谷、华强方特欢乐世界、北京 798 艺术区、上海田子坊艺术园区等，都无一例外地体现了文化创意。可以说，文化创意是旅游业走创新性、内涵式发展之路的核心环节，也是旅游业转型升级的关键。

　　第二，重视文化创意是文化旅游企业成功的秘诀。目前宋城集团已经成为全球最大的演艺企业，旗下的"千古情"系列共有 7.5 万个座位，超过世界两大戏剧中心——百老汇和伦敦西区座位的总和，每年接待游客 3500 万人次。宋城集团成功的秘诀在于秉承"创意者不死，独特者永存"的经营理念，其主打产品"千古情"系列坚持每月一小改、每年一大改，力求不断完善，常演常新。

　　深圳华强集团坚持"以文化（创意）为核心，以科技为依托"的经营理念，自 2012 年以来，推出了《熊出没》等一系列动漫产品，这些动漫形象成为华强方特欢乐世界中最具吸引力的 IP 形象。文化创意与科技的结合使华强集团仅用十年左右的时间就跻身于全球五大主题公园企业之列。

　　第三，以文化为内涵的民族风情、地方特色、日常生活是最具魅力的旅游资源。乌镇吸引游客的不仅仅是乌镇国际戏剧节，也包括体现浓郁地方特色的评弹、皮影、茶馆、乌酒坊、酱坊、蓝花印坊等当地传统文化元素。

　　上海迪士尼主题公园十分注重体现中国特色，力求做到"既是真正的迪士尼，也是独特的中国"。在上海迪士尼主题公园，百老汇经典音乐剧《狮子王》首次以普通话演出就是一例。宋城集团总是把挖掘每个城市的历史文化和民间传说作为每个"千古情"作品的魂和根，这使得"千古情"系列能够在全国各地落地生根。

　　在当代旅游中，那些能体现民族和地方风情、感受普通人日常生活的场景，换言之，能体现文化独特性、鲜活性、多样性的文化场景，越来越具有吸引力和感染力。

　　拉萨的布达拉宫、北京的四合院、成都的宽窄巷子、福州的三坊七巷，以及中国著名高校等，现今都成为旅游热点。正如中国旅游研究院院长戴斌所说："旅客既关注文化遗产承载的共同价值和家国情怀，也向往当代生活所散发的环境品质和人间烟火。"

　　第四，旅游业应秉承开放、包容、共享的文化理念，做到与时俱进。

当代旅游业要做到可持续发展，需要坚持开放、包容、共享的文化理念，力求在更大的空间和领域配置资源，激活更多的旅游要素。迪士尼主题公园落户上海并获得了极大成功，近代旅游开拓者、英国托迈酷客公司与中国复星集团成立合资公司，合作开发国际和中国旅游市场，都体现了开放、包容、共享的文化理念。

当代中国各具特色的音乐节、演唱会，方兴未艾的二次元动漫游戏博览会，贵州举办的山地旅游和户外运动大会等，都体现了开放、包容、共享的文化理念，体现了新型娱乐、时尚等现代生活方式与旅游业的融合。

完善软环境，促进文化产业发展[*]

一　城市之间的竞争在很大程度上是软环境的竞争

岁末年初，给了我们回顾过去和展望未来的一个契机。因此，笔者想从中国文化产业发展态势说起。

近年来，我国文化产业的发展呈现了以下六大特点。

第一，文化产业进入了理性发展期。与早期"朝阳产业""新兴产业""高增长行业"等的说法不同，近些年业界对文化产业特点的认识在不断深化，开始进入理性阶段。人们发现，并不是所有的文化行业都是高增长的，相反，不少文化行业恰恰是低增长，甚至是负增长，比如一些传统媒体，也并不是所有的文化行业都是高投入、高回报的，有些文化行业恰恰是高投入，但回报周期长、风险大，比如文化旅游业。

人们还发现，在特定时间里，并不是每座城市都能把文化产业做成当地的支柱产业。一个地区、一座城市文化产业发展的状况取决于很多因素，受经济状况、资源、地域、市场等多种因素的制约。当今文化产业发展的一个突出特点是，无论是在中国还是在国外，经济发达地区和城市总是在引领文化产业的发展。经济发达、交通便利、市场繁荣的地区发展文化产业明显具有先天优势。

另一个突出特点是文化产业业态与地理位置有直接的关系。实景演出就是典型例子。实景演出基本上是在长江以南地区成功的居多；长江以北，除了西安的《长恨歌》和承德的《康熙大典》，鲜有成功的案例。自

---

[*] 本文是笔者 2018 年 12 月 22 日在河北文化厅举办的京津冀地区文化产业园区建设交流研讨会上的演讲，收入本书时有改动。

然环境的差异是造成上述情况的主要原因。有些城市忽视地域差异，盲目引用其他城市文化产业成功的做法，结果事与愿违。比如，前些年西北地区一个省会城市看到哈尔滨冰雕节做得很成功，于是从哈尔滨请来冰雕专家协助当地搞冰雕展。由于当地冬天气温达不到要求，不到一周冰雕就化掉了；有的城市不考虑当地的消费水平、客流状况，盲目引进主题公园，结果很快就陷入门庭冷落、难以为继的窘境。

第二，数字创意产业引领文化产业发展。谁在数字创意产业发展方面占据优势，谁就占据了文化产业的制高点。其一，数字创意产业是文化产业各门类中发展最快的行业。其二，数字创意产业最能体现科技和文化的结合，是文化产业各门类中最具创新性、最有活力的行业。当今社会，数字创意产业的发展情况决定了一座城市在文化产业发展中的地位，是中心城市乃至省会城市的必争之地。

第三，文化创意在旅游业中的作用在提升，自然和历史资源在旅游业中的作用在下降。自然和历史资源无疑是旅游业极为重要的资源，但静态的自然和历史资源创造的价值是有限的，文化创意创造的价值则是无限的。我们看到，文旅产业的新业态、增值服务基本上得益于文化创意的力量。因此，文化和旅游业融合发展的关键要素是文化创意。现在人们经常讲，文化是灵魂、旅游是载体。所谓文化是灵魂，这里的文化不仅是指静态的人文资源，而且是指动态的文化创意，文化创意是旅游业发展的不竭动力。

第四，资本驱动效应越来越明显。一方面，头部企业在城市文化产业发展中发挥着至关重要的带动作用。腾讯、百度、阿里巴巴凭借其强大实力对所在城市的文化产业产生着深刻影响，也影响着城市文化产业格局。另一方面，一些城市借助于雄厚的资本在文化产业的一些领域发力，希望占得产业发展的先机。特色文化小镇建设就是如此。杭州艺尚小镇在服装设计领域的大资本投入，使得中西部地区难以望其项背。尽管尚不能断定这种大资本投入一定能带来预期的回报，但毋庸置疑的是，资本对文化产业的驱动作用越来越明显。

第五，城市抱团意识增强。珠三角地区、长三角地区、京津冀地区等区域协调发展受到前所未有的重视。以京津冀地区为例，现在北京越来越感受到，周边生态环境不佳，北京也难以独善其身；周边地区不发展，北京也很难有更大的发展。经济发展如此，文化产业发展也是这样。

第六，软环境是核心竞争力。软环境作为文化产业发展的核心要素之一，对城市文化产业发展的作用和影响越来越重要。软环境包括城市宜居度、市场环境、政府管理水平、政策环境等。

下面，笔者重点围绕营造软环境问题谈几点认识。

现在业界意识到，数字创意产业的竞争力是城市文化产业的核心竞争力。那么，在中国中心城市中，数字创意产业的发展情况究竟如何？哪些城市处于领先地位？这些都是业界非常感兴趣、也是研究界需要弄清楚的话题。从主要城市发布的信息看，北京、上海、广州等城市都信心满满，认为自己是中国数字创意产业的领头羊。最近，我们承担了一项课题研究，任务就是对中心城市数字创意产业竞争力状况做一个客观评估。

我们首先选择了北京、上海、广州、深圳、杭州这五座城市作为研究对象，分别从产业状况（宏观分析）、营商环境（中观分析）、企业投入产出状况（微观分析）三个层次，建立了城市数字创意产业竞争力影响因素模型。同时，运用熵权法进行分析，这是经济社会和工程技术领域广泛采用的一种分析方法。熵权法的一个重要特点是能够避免主观设定权重，是根据指标变异性的大小确定客观权重，尽可能追求分析的客观性。

其中，营商环境共设计了 16 个指标，包括企业经营者在城市的宜居度（房价、交通、物价等）、政府服务水平、引进人才的力度、企业融资状况、扶持政策出台和落实情况等。我们采取问卷调查的方式，由企业经营者填写。

我们发现，北京、上海等五座城市的营商环境有着明显差别。以吸引人才为例。受户口等因素的限制，与深圳、杭州、广州相比，北京、上海两座城市更难留住人才。以上海网络音频企业喜马拉雅为例。喜马拉雅公司为提高服务的精准度，从杭州引进了一位精算师。这位精算师是该企业的关键人才，但由于无法在上海落户，子女面临上学难的问题。这位精算师因此打算回到杭州。北京著名的得道公司也面临同样的问题。得道公司是由三位合伙人共同创办的，其中两位没有北京户口，现在也面临子女入学的困扰。

研究发现，营商环境作为产业发展的软环境，深刻影响着一座城市文化产业的发展。实际上，北京、上海、广州、深圳、杭州这五座城市的经济发展水平、产业结构、消费结构总体上不分伯仲、各有特色，数字创意产业的发展状况在很大程度上取决于软环境——营商环境的状况。俞正声担任上海市委书记期间，提出了一个问题让大家讨论，这个问题就是人们熟知的上海为什么留不住阿里巴巴。实际上，这个问题讨论的就是如何营造良好的城市发展软环境。在当代社会，中心城市之间的竞争在很大程度上就是软环境的竞争，软环境状况决定着城市的吸引力和未来发展。

二　完善软环境需在六个方面发力

城市要营造良好的软环境，需做好六个方面的事情。这六个方面的事情可以概括为夯基础、搭平台、促消费、理思路、稳政策、转观念。

第一，夯基础。文化产业发展的基础是什么？毫无疑问是文化企业。企业发展了，文化产业才有发展；企业竞争力提升了，城市文化产业的竞争力才会提升。因此，发展文化产业的重点是要解决企业发展中存在的问题，最大限度地为企业发展创造条件。

在北京市文创促进中心和朝阳区有关部门的支持和帮助下，文化政策与管理研究中心在文旅部和北京市委、市政府共同创建的国家文化产业创新实验区做了一个文化企业问卷调查，了解文化企业的状况和诉求，共回收了 210 份有效问卷。通过对问卷的分析发现，文化企业面临最大的问题集中在以下几个方面（见图 1）。

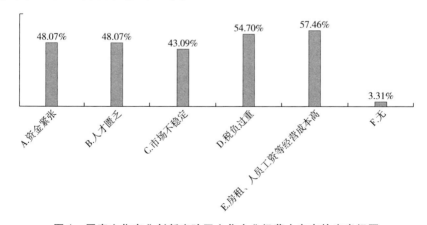

图 1　国家文化产业创新实验区文化企业经营中存在的突出问题

通过对问卷的分析发现，房租、人员工资等经营成本高是实验区文化企业最大的困扰，占比达 57.46%。尤其在经济发展下行压力时期，矛盾更加凸显。其次是税负过重问题，文化企业一直反应强烈。究其原因，一是创新创造和高新技术的研发运用、对内容原创产品的支持等方面没有体现税收优惠；二是在营业税改征增值税试点中，部分试点范围内的小企业由于被核定为一般纳税人，税率有所提高，其中文化创意类小企业由于没有前端环节，无法获得进项增值税发票，无法抵扣，实际税负增加。

值得一提的是，相比民营文化企业，国有文化企业税负压力要小很多。2009 年财政部、国家税务总局出台的《关于文化体制改革中经营性文化事业单位转制为企业的若干税收优惠政策的通知》（财税〔2009〕34号）中规定，自 2009 年 1 月 1 日至 2013 年 12 月 31 日，经营性文化事业单位转制为企业，自转制注册之日起免征企业所得税。2018 年底，国务院办公厅出台了相关文件，① 要求对经营性文化事业单位，在其转制为企业后的五年内免征企业所得税；对 2018 年 12 月 31 日之前已完成转制的企业，自 2019 年 1 月 1 日起可继续免征五年企业所得税。同时，从 2019 年 1 月 1 日开始，针对由财政部门拨付事业经费的经营性文化事业单位转制为企业的，对其自用房产继续实行五年内免征房产税的优惠。

困扰民营文化企业的问题还有资金紧张、人才匮乏、市场不稳定。

以市场不稳定为例。市场不稳定给文化企业带来的冲击不可低估。最近发生的几起事件都是例证，网络游戏版号申请一度停办，图书出版社书号收紧，等等。这些实际上暴露出我国文化管理方面存在的问题，暴露出文化政策和我国文化市场的不稳定性，也从另一个侧面反映了中国文化产业的高风险性。

第二，搭平台。包括信息系统、中介组织、公共服务等平台。支持文化企业依法成立各类文化行业协会，鼓励发展独立公正、规范运作的文化中介机构。通过搭建平台，在市场增信、产权交易、文化经纪、资质认定、技术创新、智库等方面为文化企业提供服务。

文化产业园区是文化产业发展最重要的平台。近些年来，随着文化产

① 参见国务院办公厅发布的《关于印发文化体制改革中经营性文化事业单位转制为企业和进一步支持文化企业发展两个规定的通知》（国办发〔2018〕124 号）。

业园区的发展，文化产业园区的运营模式也在不断创新，经历了从基本服务型园区到注重为企业提供更多增值服务的公共服务型园区的转变。

笔者认为，当下理想的文化产业园区应该具备九大特征：（1）有特定的物理空间；（2）聚合着一定数量的产业关联度高的企业，主业突出；（3）有品牌产品或特色产品；（4）有比较完善的公共服务体系；（5）对当地经济发展有较强的带动作用；（6）具有观赏性和展示性；（7）有故事；（8）有价值理念；（9）开放性。

以开放性为例，当代文化产业园区提倡"三结合"，即园区要和社会结合、园区要和社区结合、园区要和居民日常生活结合。园区要承担为当地居民、社区、社会服务的责任。

总之，当今文化产业园区的理念和内涵都在发生深刻变化。

前不久，为发挥文化产业园区的引领示范作用，北京市开展了市级文化创意产业示范园区建设工作。北京市发布了《关于加快市级文化创意产业示范园区建设发展的意见》和《北京市文化创意产业园区认定及规范管理办法（试行）》，共评出 30 家示范园区，其目的就是要发挥文化产业园区在促进文化产业发展中的作用。

第三，促消费。旺盛的文化消费是文化产业发展的基础，也是稳增长的重要领域。

在 2014 年开展了文化消费试点城市建设，2016 年公布了第一批文化消费试点城市名单。宁波市作为国家首批文化消费试点城市之一，在推动文化消费方面做了许多卓有成效的探索工作。最近，受宁波市邀请，文化政策研究中心考察了宁波市文化消费试点城市建设工作，梳理了宁波市推动文化消费的做法，我们认为，宁波市在推动文化消费试点城市建设中的探索和做法，为扩大文化消费、推动文化消费试点城市建设提供了宝贵经验，值得研究。

我们认为宁波市促进文化消费的主要做法有以下五点。

其一，以市场为主体。宁波市坚持市场导向，以市场为主导推动文化消费，使企业成为文化消费试点城市建设的主体。政府通过政策引导和多样化的扶持方式，吸引企业投入文化消费市场的培育和开发中来。无论是国有文化企业还是民营企业，都在其中大放异彩。尤其是民营企业，政府采取购买服务和项目补贴等支持方式，既发挥了民营企业在文化市场中的特有活力，又满足了居民日益多元的文化消费需求。宁波市的上述做法抓住了此次文化消费试点城市建设的关键点，体现了文化消费试点城市建设的主旨。

其二，产业与事业融合。产业需要事业来涵养，事业需要产业去推动。文化消费的最终目的之一是实现人民文化素养和精神境界的提升，在这个层面上，公共文化服务与经营性文化产业是相辅相成的关系。宁波市国有文化企业、文化事业单位通过多样化的改革方式，在兼顾经济效益和社会效益方面发挥了表率作用。此外，产业化、市场化的运作方式充分激活和利用了公共文化资源，为文化事业的发展注入了活力。

其三，供给创造需求。文化消费需求与文化消费习惯需要激发和培养。宁波市通过打造长期的、系列化的文化消费活动、文化节庆活动来刺激居民文化消费需求；通过免费或者补贴的方式，引导居民文化消费，改变市民生活方式，并逐渐形成文化消费习惯。同时注重乡村以及少数群体的文化消费需求，如完善乡村文化设施、培育乡村文化消费市场、将外来人口以及务工群体纳入文化消费和公共文化服务范围等。

其四，线上线下联动。注重线上和线下的结合，线下依托各类文化空间开展文化普及活动，如读书节、艺术讲座、技能培训等，线上通过建立文化服务和消费平台，形成汇集多种内容的文化超市供市民选择。另外，线上线下结合还体现在宣传和营销方式上，微信等网络平台在线下文化活动的宣传和营销中发挥了很大的作用，在增强文化消费传播力上彰显了优势。同时注重网络文化事件的制造，通过在互联网中制造话题来聚集人气。

其五，符号消费带动实物消费。主要表现为文化符号的提炼和打造丰富了文化消费的意涵，激发了文化消费行为。宁波市拥有丰富的文化资源，通过深入挖掘地方文化特色并将其转化、外化为现代文化消费符号，如小汤·悠悠等，塑造了鲜活的文化消费形象，营造了接地气的文化消费场景，从而增强了文化消费的趣味性，刺激了文化消费意愿。另外，以文化符号为主题开发契合市场需求、贴近日常生活的周边文创产品，也是符号消费转化为实物消费的有力手段。

我们认为，宁波市在文化消费试点城市建设工作中的经验和做法具有普遍意义，值得其他城市学习和借鉴。

第四，理思路。每个城市的经济发展水平、产业结构、地理位置、文化资源都不同，文化产业发展要找到适合城市特点的方式和路径，这一点很考验城市管理者的智慧。实际上，现在每座城市都很重视寻找最优发展路径。比如，北京市在2018年8月出台了《关于推进文化创意产业创新发展的意见》，提出北京市文化创意产业要以数字创意和内容版权为两大发展引擎。杭州市最近出台了《之江文化产业带建设规划》，提出了通过大项目、大投入带动重点区域发展的思路。上海于2017年底出台了"文创五十条"，产生了很好的影响，"文创五十条"的特点是解决文化产业发展中的重点、难点问题，也很有针对性。上述城市的共同特点是重视理清文化产业的发展思路，这对其他城市具有启示作用。

第五，稳政策。稳定的文化市场预期对企业发展至关重要。稳定的政策与稳定的文化市场是相辅相成的。文化市场与文化政策之间往往存在悖论。转型中的中国文化市场需要政策加以规范和保障。多年来，我国文化政策在规范文化市场、促进文化产业发展中发挥了保驾护航的巨大作用。但毋庸讳言，各地出台政策导致事与愿违的情况也不少。事实上，出台的政策过多、不精准甚至失当，往往本身就是文化市场不稳定的一大制约因素。

从多年政策实施的情况看，最常见的给文化产业带来负面影响的政策通常有以下两种情形：一种是缺少统筹，抓住一点，不及其余。比如，公共文化服务中免费送戏下乡固然很好，但数量过多就会对民间演艺团体带来巨大冲击。另一种是过度纠偏给产业带来的负面影响。治理整顿是规范市场秩序常用的政策手段，但治理整顿是一把双刃剑，如治理整顿的范围、力道把握不好，就可能给企业、文化市场带来很大的负面影响。比如，电视频道对某类题材的临时性的限制措施对影视制作节目的冲击，就经常受到影视制作机构的诟病。最典型的例子是2000年禁止国内电子游戏设备的生产和销售。

电子游戏出现以后，把电子游戏斥为"电子海洛因"的呼声就不绝于耳。2000年就曾发生过有青少年因沉迷电子游戏而出事的问题，于是有关部门下决心釜底抽薪，彻底整顿电子游戏市场。2000年，国务院办公厅转发了文化部一个文件，禁止任何企业、个人从事面向国内的电子游戏设备及其零附件的生产、销售活动。电子游戏行业被彻底清盘，除极少数企业做了一点电子游戏设备的出口加工贸易外，整个电子游戏设备行业基本上消亡。直到 2013 年才取消禁令，电子游戏设备行业才得以恢复生产。这十几年间，国外电子游戏行业突飞猛进，很多企业异军突起，著名的微软公司就是既做软件也做游戏主机研发业务。而中国在这 13 年里，整个电子游戏产业处于"四无"状态：无新设备，无新产品，无新技术，无专利。值得庆幸的是，2013 年取消电子游戏设备生产的禁令出台后，广东中山、番禺等地电子游戏研发和生产销售基地又开始兴起，中国电子游戏设备出口数量也在不断增加。

这件事情给我们的警示是，在文化市场治理整顿上，各级政府应慎重决策，坚持统筹二字。既要解决眼前存在的问题，又要考虑产业发展的可持续性。这也是建立健全现代文化市场体系的题中应有之义。

第六，转观念。发展文化产业要转变观念。其中很重要的一点就是要正确认识娱乐的价值。

现代社会，满足人的精神需求已上升为主要需求。娱乐是精神需求中最基础的需求。人们对娱乐也开始有了新的认识。人们发现，实际上，古往今来，许多创造性的劳动恰恰发源于娱乐。德国著名美学家席勒讲得好：只有当人充分是人的时候，他才游戏；只有当人游戏的时候，他才完全意义上是人。发展文化产业的基础是娱乐，文化产品在很大程度上也是基于娱乐，所谓"寓教于乐"说的就是这个道理。

要在全社会崇尚尊重娱乐、尊重娱乐从业人员（包括艺人）的氛围。只要格调健康，有益于身心愉悦，无论是传统的娱乐形式还是新兴的娱乐形式，都应该鼓励和支持，都可以自由发展。

第三部分

文化发展短论

健全文化法律制度需遵循文化发展特点和规律[*]

党的十八届四中全会提出，要建立健全坚持社会主义先进文化前进方向、遵循文化发展规律、有利于激发文化创造活力、保障人民基本文化权益的文化法律制度。

健全文化法律制度需要遵循文化发展的特点和规律。凡是市场能够通过自我调节的方式来解决的，就由市场来解决；凡是由社会组织能解决的，就由社会组织来解决；凡是公民能自主决定的，政府也不应该过多介入。政府要解决的是市场失灵的领域，社会组织、公民无法解决的事情，比如公共文化设施建设、文化遗产保护、打击黄赌毒等公共文化领域。健全文化法律制度重点应做好以下四方面工作。

一 进一步明确公民文化权利的内涵

健全文化法律制度的核心是维护公民文化权利，激发文化创造的活力。要做到这一点，首先应明确公民文化权利的内涵。我国宪法明确了公民的权利，包括文化权利，但还需要通过制定法律法规来进一步细化，以便于实施。因此，许多国家通过制定文化基本法来明确公民文化权利的内容。比如，俄罗斯在1999年修订的《文化基本法》中，明确公民享有10个方面的文化权利：创作权，个人文化独创权，文化价值知情权，人文教育权，艺术教育权，文化领域所有权，在文化领域创建组织、机构及企业权，在文化领域创建社会团体权，创作活动成果出口权和国外文化活动权。这就为我国制定相关文化政策提供了借鉴。

---

* 本文于2015年1月8日发表在《人文天下》，收入本书时有改动。

二　对文化内容实行分类管理

第一，文化产品品质有不同层次。以前，我们习惯于从政治角度把文化产品划分为好的文化产品和坏的文化产品两类。实际上，从文化产品品质来看，按照思想性和艺术性，文化产品是分不同层次的。比如，从舞台艺术看，《茶馆》属于品质较高的艺术，赵本山的小品属于品质次之的艺术。这两种艺术，适应不同的消费群体，都有其存在的合理性。我们原来的问题是混淆了不同品质的艺术产品，以为消费需求越大的文化产品，品质就越高。于是，赵本山的小品的价值被抬到了不恰当的高度。但现在又出现了另一个倾向，就是把赵本山的小品说得一无是处，否认其存在的合理性。这是从一个极端走到另一个极端，两者都是违背艺术规律的。

第二，实行文化产品消费分级制。文化市场越是发达，文化产品的类别就越是丰富，消费者欣赏趣味也就越是多样化。为满足不同类型消费者的需求，影视等文化产品消费分级制应运而生。从某种意义上说，是否实行分级制管理，是衡量一个国家文化市场成熟度的重要标志。我国目前是世界上少数几个尚没有实行电影等文化产品消费分级制的国家。

2013年初，周星驰导演的电影《西游降魔篇》在全国各地放映，市场反响很好。但因为里面暴力镜头很多，不适合儿童观看，不少家长带着孩子看了一半就走了。这件事也让人们更加意识到分级制的必要。

2012年5月22日，韩国人金宰贤在网上发布了名为"一个韩国人不喜欢中国的十大理由"的帖子。金宰贤提及的不喜欢中国的十大理由中，其中一个理由就是中国没有实行电影分级制。他不赞成国家广播电影电视总局负责人的说法："中国目前还不适宜推进电影分级制。相关部门对国外电影分级制进行了广泛的考察，得出了'在实践中还没有看到非常成功的经验'的结论。"他强调，韩国就是实行文艺产品消费分级制成功的国家。

从美国电影业发展历史来看，美国电影经过了一个从行政审查到分级制的过程。1930年，天主教教士丹尼尔·劳德公开宣称，电影正在败坏人们的道德观，并起草了一部电影审查法典。这部法典被电影工业的巨头们接受并交由美国制片人和发行人协会（后来更名为美国电影协会）主席即威尔·海斯执行，史称《海斯法典》。《海斯法典》很严苛，如影片中白人和黑人不能通婚，不能出现接吻镜头等。《海斯法典》一经公布，就遭到电影创作人员的反对，而且出现了许多违反规定的影片，《海斯法典》失去了意义。到20世纪五六十年代以后，美国电影协会提出电影分级制，把电影分成五级：大众级、普通辅导级、特殊辅导级、限制级、成人级。主要是根据电影的暴力与性表现的程度等进行划分，并对每个类别做了界定。实行电影分级制，有助于帮助消费者选择不同类型的电影。人们往往以为，实行了分级制会导致表现暴力和性内容的电影泛滥，其实不然。美国是最早实行电影分级制的国家。统计显示，实行分级制以后，美国历史上票房最好的前十部电影，都是大众级电影。

三 科学管理文化内容

文化内容管理是文化管理的重点，也是难点。

第一，从事前审查，到事中、事后审查。我国实行的是事前审查制，需要将全部电视剧全部审查以后才能播出；发达国家一般实行的是事中或事后监管。随着现代生活节奏的加快和新兴传媒业的快速发展，事前审查越来越不能适应文化生产力发展的要求。

首先，海量的文化产品使事前审查无法持续下去。在互联网时代，文化产品的生产能力极大提高，每天都有海量的文化产品被生产出来。以影视产品为例，目前，我国有影视机构四五千家，电影、电视剧、微电影等影视产品类型不断丰富。传统的事前审查做法成本极高，难以为继。其次，不利于及时回应消费者需求。美剧、韩剧之所以吸引观众，很重要的原因是边编边播，这有助于编剧能够及时根据观众的反应设计剧情。我国需要对全部产品审查后才能播出，这不利于应对不断变化的市场。

第二，依法加强市场监管。为保持文化市场的健康发展，需要加强对文化市场的监管。但以前，我们把文化市场等同于一般市场。文化市场监管的手段基本上是处罚、强制等，这些手段被概括为"禁查堵"。市场监管的关键是要重视文化的自主性和自身规律，做到有法可依、赏罚分明。在这方面，发达国家有一些好的做法值得借鉴。

例如，美国联邦通信委员会对公共广播电视内容管理严格，对低俗节目、不敬节目、淫秽节目内容有清晰的界定，其目的是让电视节目生产机构和播出机构有章可循。如美国刑法第 1464 条规定，禁止电视台播出含有"淫秽、亵渎或粗俗"内容的节目，违法的个人可被处以高达 12500 美元的罚款或者最高两年徒刑，也可两罪并罚。

又如，美国《儿童电视法》规定，商业电视台每周至少要播出 3 小时儿童节目，含有色情、暴力的节目只能在晚 12 点至凌晨 4 点播出。从 1998 年开始，要求所有电视厂商必须对 13 英寸电视内置"防暴力芯片"，密码由成年人掌握。此外，还对违规播出低俗内容者进行高额处罚。

再如，2005 年美国国会参众两院制定了《广播电视反低俗内容强制法》，将违规播出低俗内容者的罚金由每次违规罚款最高 3.5 万美元提高到最高 50 万美元，对特定违规案例的累计罚款可达 300 万美元。

另一个案例也可以给我们直接的启示。2004 年美国职业橄榄球"超级碗"比赛的中场秀节目中，著名歌星珍妮·杰克逊在演唱的最后一分钟，被合作歌手贾斯汀撕开衣物致使右胸暴露。节目播出后有 50 万个家庭对此进行了投诉，两人在公开道歉后也被禁止参加格莱美奖的颁奖典礼。后来根据美国《广播电视反低俗内容强制法》，美国联邦通信委员会决定对 CBS（公共广播）电视网所拥有的地方电视台罚款 2.75 万美元，并要求 MTV（有线广播）永远不能参与"超级碗"中场表演节目。2004 年 11 月，Viacom（CBS 和 MTV 的母公司）掏出 350 万美元来解决此事。这个事件最终成了 CBS 和 MTV 分家的导火索，也直接影响了珍妮·杰克逊的职业生涯发展。

四 鼓励社会组织参与文化管理

目前，我国的文化管理中政府是唯一的管理主体。在现代社会，政府独自管理的局限性越来越暴露出来。以网络广告为例，现在网络广告几乎铺天盖地，政府根本管理不过来。因此，如果有一个完善的行业自律组织，由它们来承担监管职责，政府可以作为背后的监管主体，这样监管效果一定会有所改善。由此可见，实际上文化管理的手段是多种多样的。在国外，行业协会在文化管理中发挥着重要作用，因为行业协会有更专业的知识和经验。通过行业自律的方式来实施管理，成本低，效率高。如果行业协会管理不善，再由国家出面。社会力量参与文化管理，常常能起到政府起不到的作用，如韩国的社会组织在参与文化管理方面就起到了积极的作用。前些年，韩国有一个反映家庭伦理的电视剧，其中有个情节，媳妇和婆婆吵架，媳妇认为婆婆不讲道理，一气之下打了婆婆一个耳光。这个镜头在韩国引起了很多人的不满。一些民间机构向电视台抗议，说媳妇怎么能打婆婆耳光，这违反了传统道德，播放这样的电视节目是在挑战韩国的道德底线。后来，电视台公开道歉才平息了此事。

建立文化法律体系是实现文化强国目标的保障*

党的十八届四中全会提出，要全面推进依法治国，总目标是建设中国特色社会主义法治体系，建设社会主义法治国家。文化领域的法治建设是全面推进依法治国的重要内容。改革开放以来，我国文化领域的法治建设有了长足的进展，但与其他领域相比还很滞后，文化法律体系不健全的问题十分突出，如何更好地依法管理文化事业十分紧迫。

一 我国文化法治建设的主要问题

（一）立法盲点多

改革开放以来，文化领域仅颁布了3部法律，分别是著作权法、文物保护法、非物质文化遗产法。其中，著作权法不仅仅针对文化领域，也涉及其他领域。我国文化领域还存在许多立法盲点，许多早该通过立法规范的领域，目前都还是空白。立法滞后不利于文化建设，如在新闻报道方面，因缺少新闻法，对采访权、报道权与拒绝采访权、拒绝报道权、采访范围和隐私范围等都没有明确的规定。还有一些由高科技孕育产生的如手机短信、网络视听点播等新兴领域也没有制定相关的法律法规来进行制约和规范。

我国立法盲点多也表现在具体行业立法缺失上。以广播电视业为例，美国广播电视业出台了《联邦通信法》《公共电视法》《美国有线电视法》《儿童电视法》《广播电视反低俗内容强制法》等众多相关法律。我国目前尚无一部相关法律出台。

---

* 本文于2015年2月1日发表在《中国行政管理》，收入本书时有改动。

（二）层级低，权威性、稳定性不强

目前，我国文化管理主要是以国务院发布的行政法规和部门规章为依据。行政法规和部门规章有制定较为快捷等优点，但也存在层级低等问题。如电影管理、广播电视管理、演艺业管理等，本来应该通过立法提供依据的，现在只有管理条例，影响了管理的规范性、权威性和稳定性。以公共文化服务为例，2007 年，国务院出台了《关于加强公共文化服务体系建设的若干意见》。这个指导意见对促进公共文化服务体系建设起到了积极作用，但该意见主要是为"十一五"时期公共文化服务体系建设而制定的，具有明显的时效性。同时，文件制定主要是为了完成某项任务，缺乏周密的研究。公共文化服务的内涵、公共文化服务的责任主体等一些基本问题还不够明确，也缺少法律依据，这给各地在公共文化服务体系建设上带来了困难。

（三）行政法规、部门规章缺乏协调性、系统性

政出多门，行政法规和部门规章在实施中的相互矛盾、推诿扯皮以及多头审批、多头执法和交叉处罚等现象时有发生，损害了法律应有的严肃性和权威性。

文化领域法治建设滞后，很重要的一个原因是文化领域存在法治观念淡薄的倾向。一些人认为，文化产品具有意识形态属性，依法管理不适合意识形态管理，意识形态管理主要靠政策调节。这种过于夸大文化产品的意识形态属性的认识、把意识形态属性与依法管理对立的看法，是文化法治建设的一大障碍。

二　文化领域法治建设的重点

（一）加快文化立法，做到立法先行

应加紧启动或完善公共文化服务保障法、文化产业促进法、演出法、出版法、电影法、新闻法、图书馆法、博物馆法、文化市场管理法等文化立法工作。

（二）立法先行，规范文化建设

我国在这方面还有很多欠缺。以文化产业为例，2000 年的中央文件中第一次提出了文化产业概念，并提出要完善文化产业政策。从 2000 年以后，中央和地方支持文化产业的文件不断发布。但由于没有出台相应的支持文化产业发展的法律文件，党委、政府、市场、社会的边界并不清晰，文化产业在发展中出现的问题缺乏权威的法律依据，仅有的与文化产业相关的法律文件只有著作权法。而韩国政府与我国政府几乎同时提出要扶持文化产业发展。与我国不同的是，韩国是立法先行，出台和修改完善了许多相关法律，构筑了完善的文化产业法律支撑体系。中国和韩国有关文化产业立法情况见表1。

表1　中国和韩国有关文化产业立法情况比较

国别	立法情况
韩国	《文化艺术基本法》《文化产业振兴法》《统和放送法》《设立文化地区特别法》《影像振兴基本法》《著作权法》《电影振兴法》《演出法》《广播法》《唱片录像带暨游戏制品法》《出版与印刷振兴法》
中国	《著作权法》

（三）文化立法建设与宪法和党的规章相统一

党的十八届四中全会指出，坚持依法治国首先要坚持依宪治国，坚持依法执政首先要坚持依宪执政。加强文化法治建设，很重要的一点是应注意文化立法与宪法的统一。比如，我国宪法第35条规定，我国公民有出版的自由。应根据宪法规定，首先放开对民间资本出版非时政类出版物的限制，进一步搞活文化市场。

加强文化法治建设还须解决与党的规章相统一问题。我国实行的是党委宣传系统领导文化系统的管理体制。因此，党的规章与法律和行政法规、部门规章等相统一的问题十分重要。2013 年 11 月 27 日发布的《中央党内法规制定工作五年规划纲要（2013—2017 年）》提出，"宪法为上、党章为本。以宪法为遵循，保证党内法规体现宪法和法律的精神和要求，保证党内法规制度体系与中国特色社会主义法律体系内在统一，确保各级党组织和党员在宪法和法律范围内活动"。这为党的规章与法律法规相统一指明了方向。

重视发挥公益性文化单位在稳增长、促消费中的作用[*]

　　习近平总书记强调："要系统梳理传统文化资源，让收藏在禁宫里的文物、陈列在广阔大地上的遗产、书写在古籍里的文字都活起来。"[①] 博物馆、图书馆、美术馆、文化馆等公益性文化单位挖掘其藏品的文化内涵，开发文创产品，是补充公益性文化机构发展资金、增强发展能力的重要手段，是丰富人民群众精神文化生活、促进文化产业发展的必然要求，是传播中华优秀文化的重要渠道，是培育国民经济新的增长点、稳增长、促消费的重要途径。

一　公益性文化单位挖掘文化资源、开发文创产品是时代发展的需要

　　第一，是传统文化资源创造性转化、创新性发展的需要。我国历史悠久，文化资源极为丰富，但传统文化资源必须经过创意设计才能转化为符合现代消费需求的产品，最大限度地实现经济价值和社会价值。文化系统的公益性文化单位保存着大量的优秀文化资源。要使这些文化资源更好地为当代社会服务，很重要的途径就是挖掘藏品内涵，进行文创产品开发。

　　第二，是发挥义化系统在经济转型中重要作用的需要。"十三五"时期我国产业转型的任务非常繁重，稳增长、促消费是当下中国最紧迫的问题，各行各业都要发挥作用，文化系统也责无旁贷。公益性文化单位不仅要提供基本的公共文化服务，还应该积极参与文创产品开发，活跃文化市

---

* 本文于 2016 年 2 月 14 日发表在人民网，参与写作人有李鹭、张祎娜、陆筱璐，收入本书时有改动。

① 《习近平谈治国理政》，外文出版社，2014，第 161 页。

场，发挥公益性文化单位在稳增长、促消费中的应有作用。

第三，是公益性文化单位自我发展的需要。目前对全额拨款文化单位的管理办法，在一些方面不利于公益性文化单位提供多样化的公共文化服务。2003～2012年文化单位实行分类改革，博物馆、图书馆、美术馆、文化馆等公益性文化单位被列为公益一类单位，实行的是全额财政拨款、收支两条线的管理方式。该分类有利于解决其生存之忧、规范运作，却不利于调动其积极性。公益性文化单位进行文创产品的开发经营需承担包括经济、安全、政治等在内的多重风险，但受收支两条线管理方式所限，其经营所得必须全部上交，文化单位本身不能从中获益。这导致许多公益性文化单位宁愿选择少做事，甚至不作为。这种状况必须改变。

第四，公益性文化单位开发文创产品是国际趋势。发达国家和地区的博物馆开发文创产品有三个突出特点。

一是意识早。发达国家博物馆从事文创产品开发已经有百余年历史。比如，纽约大都会博物馆早在1871年就开始进行文创产品开发，目前产品品类已达2万多种，涵盖仿制品、出版物、文具、服饰、家居装饰、玩具、珠宝配饰等七大门类。

二是效果好。美国博物馆协会公布的数据显示，美国博物馆商店的销售收入，平均占每年美国博物馆总收入的10%。有报告显示，2000年，纽约市的艺术与文化类非营利性机构创造的经济效益为57亿美元，并间接推动了88亿美元的商业增长，城市文化投资带动了超过其他方面投资额度五倍多的私人投资，并为本地经济发展带来了至少每年100万人次的游客。

三是减轻了财政负担。近些年来，由于经济不景气，欧美一些国家对文化的财政投入在减少，博物馆等非营利性机构要通过自行创收弥补财政投入的不足。比如2006年，法国政府对卢浮宫博物馆的财政支持由2003年占总收入的72%降至63%，缺口由卢浮宫通过文创产品开发经营等手段自行填补。这反过来也激发了博物馆开发文创产品的动力，并取得了良好的效果。

四是丰富了对博物馆等非营利性文化机构价值和功能的认识。以博物馆为例，在当代社会，博物馆办馆理念已经发生了很大的变化，除收藏、展示和教育三大传统功能外，还要求非营利性文化机构发挥休闲娱乐功能，发挥其在文化传播中的作用。博物馆等非营利性文化机构积极通过文创产品开发等途径实现上述功能，其努力赢得了更多的社会尊重。

二　我国公益性文化单位开发经营文创产品有许多成功做法

第一，注重创意设计，开发时尚产品。以故宫博物院为例。截至 2015 年 11 月，故宫博物院累计开发文创产品 8683 种，其中与知名设计公司合作设计的仿蜜蜡朝珠耳机、故宫猫等时尚产品深受消费者喜爱。国家图书馆共开发文创产品 400 多种，甲骨文图案领带、拓片积木、《庆赏升平》系列公交一卡通等广受好评。此外，苏州博物馆开发的莲花尊饼干、湖南博物馆的马王堆养生枕等也是极具代表性的创意时尚产品。

第二，与旅游业等相关产业深度融合。成都武侯祠博物馆开发的锦里文化休闲一条街，以武侯祠为核心，将吃、住、游、购、娱结合在一起，实现了效益最大化。国家图书馆计划与西班牙有关部门合作，以西班牙著名作家塞万提斯的纪念日开展旅游活动。多年来，北京市海淀区以依托当地文化遗产资源，大力推动"红纳皇法"① 为抓手，推动海淀区旅游业和相关产业发展，取得了很好的效果。

第三，提供文化创客空间。国家图书馆、上海图书馆等已着手积极探索利用政府资金、丰富的硬件设施、低成本或无成本的场地、资源和服务，营造创新创意的空间、环境和氛围，支持文化"双创"发展。

第四，善用现代营销手段。善用互联网平台，扩大信息传播的受众范围已经成为许多公益性文化单位的自觉意识。比如故宫博物院、国家博物馆等均开设了淘宝专营店、微信公众号，并开发了移动客户端 App，充分利用新媒体手段开展营销活动，成效显著：2015 年故宫博物院 90 周年院庆期间，其官方淘宝店在聚划算平台创下了单日成交 1.6 万件的良好成绩。

三　调动公益性文化单位开发文创产品的积极性需解决四个问题

第一，解决认识问题。文化系统普遍认为，公益性文化单位不能从事

---

① "红"指曹雪芹的《红楼梦》；"纳"指纳兰性德（清代著名词家）；"皇"指皇家园林（三山五园）；"法"指中法文化交流。

文化经营活动，否则就跟经营性文化企业没有区别。这是认识上的误区。公益性文化单位的功能是实现公共（公益）目标，而不同于企业以赚钱为目的。但这并不意味着实现公共目标与市场经营活动是水火不容的。公益性文化单位参与市场经营活动同样有助于公益性文化单位公共目标的实现。发达国家非营利性文化机构开发衍生产品在获取经济收益的同时，也促进文化传播就是证明。

实际上，公益性文化单位与经营性文化企业的区别在功能上，而不是在实现途径上。公益性文化单位的功能是实现公共目标，提供公共文化服务，而经营性的文化企业则是以营利为首要目标。公益性文化单位不仅要承担提供基本公共文化服务的职能，同样可以根据市场需要，为特定人群提供优惠或市场化文化服务。前者主要靠财政支持，后者主要靠公益性文化单位依托自身文化资源，通过市场机制来实现。公益性文化单位与文化企业的区别是其经营所得必须回馈社会，用于公益事业。

从实践看，公益性文化单位通过参与市场经营活动实现公共目标，往往比行政手段更有效。因为这要求公益性文化单位准确把握消费者的需求，提供适销对路的产品，提供更有效的服务。近年来，发达国家社会企业的兴起，就是非营利性机构普遍积极引入企业管理、参与市场竞争的结果，值得我们研究。总之，我国公益性文化单位不仅要提供普惠式的免费服务，还应该善于利用市场机制，为特定人群提供定制化、分层次的优惠服务，在增强自身活力的同时，最大限度地实现公益目标。

第二，坚持走社会化的路子。我国公益性文化单位进行文创产品的开发，关键是要走社会化的路子，找到公益性文化单位所拥有的资源与社会资源嫁接点，盘活资源。参考国际经验，我国公益性文化单位可通过四种途径与社会力量合作开展文创产品的开发。一是授权。主要是通过图像和著作授权、品牌授权、合作开发三种授权方式，委托其他机构、企业开发文创产品。二是可尝试通过无形资产入股、设立混合所有制文化企业、委托经营等方式，开展商业合作。值得注意的是，入股的不应是公益性文化单位拥有的文化资源，而应为自行研发的著作权、品牌等文化知识产权。三是可尝试与专业社会组织开展合作进行文创产品的开发运营。四是加强与各类基金、资金的合作，支持、推动、鼓励国家艺术基金、中央文化产业专项资金、各地区文化产业发展专项资金等把公益性文化单位挖掘其藏品内涵、开发文化创意产品项目列入重点支持范围。

第三，推进体制机制创新。一是在博物馆、图书馆、美术馆、文化馆等公益性文化单位定级和运行质量评估中，将文创产品开发经营绩效纳入其评估定级标准和绩效考核内容。二是优化分配机制，调动博物馆、图书馆、美术馆、文化馆等公益性文化单位开发文化创意产品的积极性。应在财政稳定投入的基础上，积极探索博物馆、图书馆、美术馆、文化馆等公益性文化单位将文化创意产品开发销售所得的部分收入作为单位自有资金，用于开展本单位公益性文化服务、设施运营维护以及藏品、展品购买等费用支出和相关人员的绩效奖励的做法。三是建立公示制度。公益性文化单位的文化资源属于公共文化资源，其文创产品开发收入所得属于公共财产，其收入分配情况应接受社会监督。可参考国际上对非营利性文化机构的管理办法，建立公示制度，定期通过公共媒体向社会公开其文创产品销售收入、分配及使用情况，接受舆论和社会监督。

第四，因地制宜，分类管理。必须看到，具备文创产品开发条件的主要是国家级、省级和部分省会城市、计划单列市的博物馆、图书馆、美术馆、文化馆等公益性文化单位，市县以下博物馆、图书馆、美术馆、文化馆等和经济欠发达地区的文化单位大都条件不足。此外，博物馆、图书馆、美术馆、文化馆等机构类别不同，条件也不同，其文创产品开发也不可一概而论。应尊重不同类别公益性文化单位的特点、不同层级文化单位的实际情况，制定分级、分类文创产品开发经营的实施细则，由其自行决定文创产品开发事宜，不搞"一刀切"，防止一哄而起。

此外，在鼓励公益性文化单位挖掘优秀文化资源、开发文创产品的同时，应防止对公益性文化单位承担的基本公共文化服务职能造成冲击，并在原则上禁止其进行与文化领域无关的经营活动。

当前扩大文化消费亟待澄清两大认识误区[*]

扩大文化消费是当前的一大热点，是保增长、促消费的重要内容。近年来，一些城市举办了各类文化消费季活动。2015 年，有关部门下发了扩大文化消费试点的通知，启动了拉动城乡居民文化消费试点项目；2016 年 5 月，再次出台文件，决定在全国范围内开展引导城乡居民扩大文化消费试点工作，把文化消费推广至全国，数十个文化消费试点城市应运而生。这些举措对探索拉动城乡文化消费需求的经验具有重要意义，在经济下行压力加大的情况下，对于刺激消费需求具有一定积极作用。

但在当前扩大文化消费成为热点的情况下，如何客观地把握文化消费特点，正确认识扩大文化消费的边界，准确厘清政府在扩大文化消费中的作用，是极为紧迫的任务，对于制定科学合理的举措而言是极为重要的。这些问题不研究清楚，扩大文化消费就可能是一场盲目的行动。实际上，当前在对文化消费问题认识上还存在不少误区，这些误区需要澄清，其中有两大误区值得特别关注。

第一个误区：我国文化消费存在巨大缺口

这个观点的准确性值得怀疑，尤其是在当前得到广泛引用的情况下，可能会对实践和理论研究产生较大误导，亟须对其科学性进一步厘清。

其一，文化消费与其他消费一样，是人们购买欲的反映，是实际发生的交易行为。《中国文化消费需求景气评价报告（2016）》的数据也表明，21 世纪以来（截至 2014 年），尽管随着收入的增加，我国居民文化消费的绝对值也有所增加，但占居民全部消费的比重没有明显变化，大致都在 7%~8%。这说明，我国居民文化消费占总消费之比是稳定的，也是理性的。所以，是否存在所谓巨大缺口，是需要进一步论证的。

---

* 本文于 2016 年 6 月 22 日发表在中国经济网，收入本书时有改动。

其二，这个结论实际上假设文化消费与经济增长、人均收入增加有一个比例关系，经济增长、人均收入的增加必然带来文化消费比例的快速增长。实际上，从国际经验看，影响文化消费需求的因素很多。其中，经济发展水平、人均收入状况固然是影响文化消费的最重要因素，公共服务状况、居民消费时尚、文化传统等，同样对文化消费产生深刻影响。从各国情况看，经济发展、人均收入提高与文化消费增加不同步问题是普遍现象。根据联合国《国民经济核算统计》对各国民众消费构成结构历史数据的分析，随着各国经济发展，各国文教娱乐用品及服务支出占居民消费的比重呈上升趋势，但上升的速度相当迟缓，且各国上升的幅度有很大差别。例如，美国居民消费结构中文教娱乐用品及服务支出的比重从1960年的7.49%上升到2001年的11.49%，42年间仅上升了4个百分点；法国从1952年的6.58%上升到2001年的9.50%，50年间仅上升了3个百分点；英国则上升幅度较大，从1952年的5.76%上升到2001年的13.97%，上升了8个百分点。我国文化消费实际状况表明，改革开放以来，经济增长、人均收入状况与文化消费不同步问题也是客观存在的。①

其三，过于简单化地分析文化消费需求。正如以上所说，影响文化消费需求的因素很多，包括经济发展、收入状况、公共服务状况、居民消费时尚、文化传统等，这些都会对文化消费产生深刻影响。实际上，影响我国居民文化消费的主要原因并不是城乡居民消费意愿不足，而是面临着实实在在的生存和发展压力，无力或无心去过多地从事文化消费。其中，住房和教育在中国居民消费中所占比重过大，严重影响了其他消费。非理性上涨的住房费用的压力就不用说了，仅以教育为例，发达国家大都有着完备的公共教育体系，教育支出在家庭消费支出中所占比例较小。以英国为例，统计表明，英国居民"休闲、奢侈品花费"（近似于中国的文化娱乐消费）占一生全部消费的比重约为16%，教育和子女花费仅占2%。我国的情形正相反，根据国家统计局提供的数据，我国城镇和农村居民文教娱乐用品及服务的内部构成中，教育消费占有很大的比例。根据国家统计局提供的21世纪以来的数据，其中教育消费占历年教育、文化和娱乐消费的比重均在50%上下。中国与英国文教娱乐消费的结构性差别由此可见一

---

① 参见祁述裕主编《中国文化产业发展战略研究》，社会科学文献出版社，2008。

斑。从中我们也可以看出，扩大文化消费需求本身固然有其价值，但"功夫在诗外"，在提供更多更好的公共服务，特别是教育和住房等公共服务。

其四，忽略了文化消费作为一种精神文化消费需求的特点。文化消费具有民族性、习惯性、差异性等众多特点。首先，文化消费是习惯性消费。文化消费水平与经济增长、家庭收入不是一个简单的线性关系。不是说家庭收入、个人收入高，文化消费水平就一定高，家庭收入、个人收入低，文化消费水平就一定低。影响文化消费水平的因素有很多。以文化传统和习惯为例，有统计表明，在美国文化娱乐消费占家庭消费比重最高的不是收入普遍偏高的白人群体，而是收入偏低的黑人群体。其次，文化消费是选择性消费。与生活必需品消费不同，文化消费是一种选择性很强的消费。其中，高质量的文化产品和服务是决定性因素。这就是为什么名山大川、优秀的文化产品从来不缺消费者，低劣的文化产品即使免费也无人问津的道理。最后，文化消费是差异性消费。文化消费与社会背景、风俗有很大的关系。天津人喜欢曲艺，上海人喜欢听交响乐，风气使然。"缺口说"忽视了不同地区、不同人群文化消费习惯的差异。

第二个误区：政府要承担扩大文化消费的责任

一味要求政府来承担扩大文化消费责任的观念是不准确的，很容易产生误导。实际上，政府的责任不是扩大文化消费，而是为扩大文化消费创造条件，提供更恰当的公共服务。

中央一再强调，在市场经济条件下，要正确处理市场、企业（社会组织、个人）和政府的关系。市场能解决的，政府就不要过多介入，企业能提供的，社会组织（个人）能提供的，政府就不要过多介入，政府要提供那些市场管不好、企业和社会组织不愿提供或提供不好的产品和服务，要最大限度地释放市场和社会的活力。供给侧结构性改革的核心也是强调要大力推动放松管制、释放活力、让市场发挥更大的作用。目前，政府部门在扩大文化消费上发挥作用，应着眼以下几点。

其一，大力推动供给侧结构性改革。这是根本。重点是放松管制、释放活力、让文化市场发挥更大作用。要拿出实实在在的举措，调动各类市场主体的积极性、创造性，为市场提供更多更好的文化产品，激发文化消费需求。

其二，规范文化市场秩序。在这方面，需要做的事情很多，如保护知识产权，打击假冒伪劣；又如引导文化消费需求，提升消费品质。还要注意，并不是所有的文化消费都是值得提倡的。文化消费既要讲经济效益，也要讲社会效益，经济效益好的不一定是精品；同样，精品也不一定是经济效益好的。思想肤浅、内容浅薄、制作简陋、哗众取宠但市场接受度高的文艺产品案例屡见不鲜，相反，思想深刻、内容重要但市场接受度低的文艺产品也不少见。因此，仅仅扩大文化消费还不够，还要重视提升文化消费的品质。现在，文化消费市场的一个突出问题是在扩大文化消费的口号下盲目扩大文化消费。比如，受利益驱动，文化景点乱收费、管理粗疏的问题十分突出。

其三，充分尊重不同群体、不同年龄的文化消费选择和消费习惯，避免政府一厢情愿、越俎代庖。慎用行政力量和财政资金。政府在出台鼓励文化消费的政策时，应特别谨慎地使用行政力量，以免产生挤出效应。行政力量过多用于鼓励文化消费，可能使本来市场可以自身调节的文化消费因政府的干预而受到损害，这样的例子并不少见。比如，财政过度提供免费公共文化服务产品，冲击文化市场的事情就不在少数。

其四，对低收入群体、特殊群体，如老人、小孩、学生等，应提供恰当的公共文化服务，在文化消费过程中给予恰当的优惠或提供各种方便。

"十三五"文化产业发展的主线是提质增效*

——写在《国家"十三五"时期文化发展改革规划纲要》出台前夕

随着国家"十三五"规划的出台,国家"十三五"时期文化改革发展规划、文化系统"十三五"时期文化改革发展规划、新闻出版广电系统"十三五"时期发展规划也将陆续出台。可以预计,"十三五"时期文化产业的发展走向将再次成为学界热议的重点。

"十三五"时期文化产业发展的核心问题是要明确主线。笔者认为,"十三五"时期文化产业发展的主线应该是推动文化产业由注重数量型增长向更加重视质量型发展的转变,重点应该放在提质增效,放在产业和产品质量和品牌的提升上。

文化产业发展的数量、规模固然重要,但并不具有决定性,真正决定文化产业核心竞争力的是文化内涵。文化产业要践行创新、协调、绿色、开放、共享五大发展理念,文化产业领域要推进供给侧结构性改革,重点同样是提质增效。

近些年,我国文化产业增速较快,社会认同度、参与度不断提高,这固然令人欣喜,但也不值得特别夸耀,文化管理者、文化产业研究界对此应该保持冷静和清醒,因为我国文化产业国际竞争力的提升并不明显,也不够均衡。所谓不明显,就是高质量的文化产品并不多,特别是具有国际影响力的文化产品并不多;所谓不均衡,就是不同文化行业发展情况差异很大。以文化产品出口为例。2015年,我国文化产品出口增速最快的是网络游戏等网络文化产品,而传统文化行业如影视、图书出版、演艺则增长乏力。

---

* 本文于2016年6月发表在人民网,收入本书时有改动。

实际上，我国文化产业核心竞争力不强一直是一个突出问题。比如，历年来，我国文化产业产值中，新闻出版一直是生力军。而在新闻出版总产值中，印刷业总产值超过一半。众所周知，印刷业中文化内容含量并不多，印刷业产值的高低并不能真正体现文化产业的核心竞争力。

文化产业的提质增效最终要落到文化产品上。文化产品提质增效就要在文化内容上下功夫，多出精品。有了精品，经济效益、社会效益自然就出来了。以影视业为例，现在每年生产电影六七百部，电视剧上万集，但如电影《老炮儿》、电视连续剧《琅琊榜》《欢乐颂》这样既有口碑，又有票房和收视率的精品还太少。图书出版也是一样。现在每年出版的图书超过 30 万册，但精品图书很少。

出精品需要精耕细作。现在，网络游戏是文化产业中增长最快的行业之一，特别是手游发展迅速。拥有近 3 万家企业的国内手游市场已然是红海，只有有创新，出精品，才能生存。中清龙图游戏公司开发的一款手游《刀塔传奇》年流水曾达到 21.6 亿元，单日最大流水超过 2000 万元，靠的就是精耕细作。

有国际影响力的品牌企业、品牌产品也是建立在精品的基础上的。国外如芬兰成立仅 6 年、员工总数不足 200 人的游戏开发商 Supercell，仅依靠《部落冲突》、《海岛奇兵》和《卡通农场》三款手机游戏，在 2015 年的营收就达到了 23.26 亿美元，达到了腾讯 2015 年在移动游戏营收上的71% 的水平，靠的同样是近乎偏执的制作要求。我国文化产业中有品牌的文化企业、称得上品牌的产品太少。企业品牌、产品品牌的树立主要不是靠宣传，而是靠产品的美誉度。一家文化企业精品多了，品牌自然也就逐步确立起来了。

理论是行动的先导。把提质增效作为主线，实现"十三五"时期文化产业的健康发展，需要解决三个认识问题。

第一，正确认识文化产业成为国民经济支柱性产业的价值和作用。"十二五"时期，相关文件提出，到 2020 年文化产业要实现成为国民经济支柱性产业的目标。人生需要有目标，产业发展也需要有努力方向。从这个角度来说，这个提法有积极意义。尤其是在当前经济下行压力大的背景下，提升文化产业在经济总量中的比重很有现实意义。但如果要以文化产业占 GDP 的比重论英雄，把文化产业占 GDP 的比重作为评判文化产业发展好坏的主要标准，那就本末倒置、大错特错了。其一，热衷追求数量型增长，就会走上一些地方制造业发展的老路，投入与产出严重失衡；其二，热衷追求数量型增长，会导致文化产业价值虚高和泡沫化，将产生严重的后果；其三，热衷追求数量型增长，不符合文化产业的特点和规律。上述问题在一些地方已经出现，需要引起我们的高度关注。关于这个问题笔者在其他文章中已有论述，就不赘言了。

第二，不仅要重视扩大文化消费，更要重视提升文化消费品质。近年来，扩大文化消费受到中央和地方的重视。这是有理由的。2015年，我国人均GDP超过8000美元，按照世界银行人均收入与文化消费增长的关系划分，中国已经位列中上等收入组，进入文化消费攀升期。文化消费在家庭支出中所占比重将不断提升。从这个角度看，出台促进文化消费的政策，有助于激发文化消费潜力，发挥文化消费在稳增长、促消费中的作用。这一点毋庸置疑。

但必须指出，政府出台支持文化消费的政策必须谨慎从事，谋定而后动，切忌凭热情决策、凭主观愿望决策。以北京为例，北京是最早探索通过推动文化消费季促进文化消费的城市。从初步的研究看，尚无足够的证据证明，北京这几年每年举办的文化消费季是成功的。

这并不是说促进文化消费是不可取的，而是说文化消费是一个十分复杂的问题，目前尚未经过充分的研究。以下几点是可以肯定的。

其一，文化消费是习惯性消费。文化消费水平与经济增长、家庭收入不是一个简单的线性关系。不是说家庭收入、个人收入高，文化消费水平就一定高，家庭收入、个人收入低，文化消费水平就一定低。影响文化消费水平的因素有很多，比如社会消费热点取向、社会保障程度、文化传统和习惯等。以文化传统和习惯为例，有统计表明，在美国文化消费占家庭消费比重最高的不是收入普遍偏高的白人群体，而是收入偏低的黑人群体。其二，文化消费是选择性消费。与生活必需品消费不同，文化消费是一种可有可无、选择性很强的消费。其中，高质量的文化产品和服务是决定性因素。这就是为什么名山大川、优秀的文化产品从来不缺消费者，相反低劣的文化产品即使免费也无人问津的道理。其三，文化消费是差异性消费。文化消费与社会背景、风俗有很大的关系。四川人喜欢打麻将，安徽人喜欢打牌，风气使然。这提醒我们，扩大文化消费应该防止"一刀切"。

　　还要看到，并不是所有的文化消费都是值得提倡的。文化消费既要讲经济效益，也要讲社会效益。从文化消费与两个效益的关系看，经济效益好的不一定是精品；同样，精品也不一定是经济效益好的。思想肤浅、内容浅薄、制作简陋、哗众取宠的文艺产品但市场接受度高的案例屡见不鲜。相反，思想深刻、内容重要的文艺产品市场接受度低的情况也不少见。因此，仅仅重视扩大文化消费还不够，还要重视提升文化消费品质。

　　总之，在政府鼓励文化消费的同时，要特别谨慎地使用行政力量，以免产生挤出效应。行政力量对鼓励文化消费使用过多，使本来市场可以自身调节的文化消费，因为政府的干预而变得萧条，这样的例子并不少见。比如，由于财政过度提供免费的公共文化服务产品，冲击文化市场的事情就不在少数。目前，有关部委正在通过确立文化消费试点城市的方式，探索促进文化消费的经验和做法。这种谨慎的态度是可取的。

　　前面讲到，文化产品要实现提质增效就要在文化内容上下功夫，关键是多出精品。这已经讲了很多年，为什么至今没有根本改变？原因有很多。其与文化生产者（个人、企业）的坚持，社会环境、消费者的素养等都有关系。还有一个原因不可忽视，就是以前我们把支持出精品的希望都压在国有文化单位上，政府为此投入了大量的财力和人力。实践证明，仅仅依靠国有文化单位提供精品，靠财政支撑的精品生产机制是有重大缺陷的。"十三五"时期要改善这种状况，就要建立健全竞争机制，应把更多的资金投向民营文化企业。在资金投向支持出精品上，应该不分国有民营。包括在支持文化企业做大做强上，也应该不分国有民营。既要支持国有文化企业做大做强，也要支持民营文化企业做大做强，两者同等重要。从可行性看，恰恰是民营文化企业更有可能做大做强。

坚持理性文化自信，摒弃虚幻文化自信[*]

习近平同志曾多次谈自信问题，特别谈到了文化自信。习近平同志在七一讲话中说："全党要坚定道路自信、理论自信、制度自信、文化自信。"又说："文化自信，是更基础、更广泛、更深厚的自信。"[①] 一时间，文化自信成为人们热议的话题。

自信心是一个国家和民族生存发展的依托。1931年日本占领东北以后，其侵略野心日益暴露。面对日本咄咄逼人的攻势，当时中国社会弥漫着一种对未来悲观失望的情绪，认为中国必败。对此，1934年，鲁迅写下了《中国人失掉自信力了吗》一文。他在文章中说，"我们有并不失掉自信力的中国人在"。"我们从古以来，就有埋头苦干的人，有为民请命的人，有舍身求法的人，……虽是等于为帝王将相作家谱的所谓'正史'，也往往掩不住他们的光耀，这就是中国的脊梁。"后来的历史发展证明了鲁迅的判断。

文化自信是最基础的自信。文化的核心是价值判断，是对自我价值和能力的确认，是对本民族形成的价值观、行为方式、理想追求的认同。文化自信源于内心深处的自豪感，是民族和个人行为处事的内在的精神力量。有了文化自信，道路自信、理论自信、制度自信才有深厚的根基。

一 坚持理性的文化自信，摒弃虚幻的文化自信

实际上，有两种文化自信，一种是理性的文化自信，一种是虚幻的文化自信。

---

* 本文写于2016年7月26日。

① 《习近平谈治国理政》第2卷，外文出版社，2017，第36页。

具有理性文化自信的人既能准确地把握本民族文化的优长，又有开阔的视野、宽广的胸襟，在文化交往中秉承古为今用、洋为中用的态度，善于吸收一切优秀文化的营养。

虚幻的文化自信则是指盲目的自恋、自大。具有虚幻的文化自信倾向的人如同井底之蛙，或者如同把脑袋深深地埋在沙土里的鸵鸟，不知外部世界或不愿正视外部世界，盲目地沉浸在良好的自我感觉中。

虚幻的文化自信有一个很典型的案例，就是1793年乾隆皇帝傲慢地拒绝大英帝国的通商要求。乾隆五十八年（1793）大英帝国马戛尔尼勋爵带了一个阵容庞大的访华团，包括翻译、匠人、科学家、神职人员以及水手在内的公务人员共800多名，这些人一是来请求通商的，二是打算留在中国进行文化上的交流。此时如果事情成功了，对促进当时中国的变革来说是一个很好的契机。但乾隆皇帝太自大了，把人家的礼品当成了贡品，还要使者行三叩九拜之礼，遂遭到英国使者的拒绝。乾隆皇帝对此很不满。据赵尔巽在《清史稿》中记载，乾隆五十八年八月十三日，当乾隆皇帝在避暑山庄接见英国使臣马戛尔尼时，傲慢地声称"天朝统御万国""抚有四海""天朝物产丰盈，无所不有，原不藉外夷货物以通有无。特因天朝所产茶叶、瓷器、丝斤为西洋各国及尔国必需之物，是以加恩体恤，在澳门开设洋行，俾（使）日用有资，并沾余润"。大意是说，我们天朝物产丰富，无所不有，原本不需要外夷的东西，因为茶叶、瓷器、丝绸等是西洋"各国必需的东西，朕体谅西洋各国的难处，所以准许在澳门开设洋行，满足你们生活的需要"。乾隆皇帝有所不知，在英国使臣马戛尔尼拜见他的前几十年，英国爆发了工业革命，开始领跑世界经济。当时的英国与中国如同两个长跑选手，英国已经把中国甩出了好几个身位，可乾隆皇帝却依然陶醉在"天朝上国"的迷梦之中。

理性的文化自信与虚幻的文化自信的区别在于，前者持文化发展论和文化开放论，后者则信奉文化终结论和文化封闭论。与具有虚幻的文化自信的人对一切外来文化都持轻蔑或敌视的态度不同，具有理性的文化自信的人认为，文化如同一条终日流淌的河流，只有不断地吸纳各种溪流，才能生生不息。鲁迅对此有精辟的论述。鲁迅在《拿来主义》一文中说，文化要发展首先要善于吸收外来文化。"没有拿来的，人不能自成为新人，没有拿来的，文艺不能自成为新文艺。"同时，吸收外来文化不是照搬，要善于选择。"他占有，挑选。看见鱼翅，并不就抛在路上以显其'平民化'，只要有养料，也和朋友们像萝卜白菜一样的吃掉，只不用它来宴大宾；看见鸦片，也不当众捧在茅厕里，以见其彻底革命，只送到药房里去，以供治病之用，却不弄'出售存膏，售完即止'的玄虚。"

要做到理性的文化自信，就要秉持开放包容、兼收并蓄的文化态度。初唐和盛唐时期就是一个很好的案例。

著名历史学家范文澜在《中国通史》中这样描述初唐和盛唐富有生气的文化开放："天宝之乱以前的唐朝，处在强固稳定的时期，在政治上有自信心奉行'中国既安、四夷自服'的方针，在文化上也有足够的自信心，并蓄兼收，群花同放。"时下媒体在谈到唐代文化开放包容时，着眼点大都是唐朝的对外文化传播、唐朝文化对周边国家的影响力。实际上这只是一方面。盛唐时期，不仅文化的对外传播影响力惊人，对外来文化的开放包容、兼收并蓄也是前所未有的。

比如，在音乐方面，扶南、天竺、骠国等地音乐大量传入，其数量占当时曲名总数的 1/3。在宗教方面，除了佛教兴盛之外，摩尼教、景教、祆教、伊斯兰教相继传入，在民间均有不同的信教群体。[①] 朝廷对佛教典籍的翻译介绍力度之大也是前无古人、后无来者。从隋（581）至唐贞元五年（789）的 208 年间，共计翻译佛经 492 部 2743 卷，数量十分可观。从贞观十九年（645）开始，在印度游学多年、久负盛誉的玄奘归国，带回佛经经、律、论各类经典 657 部，唐太宗立即命宰相房玄龄等重臣组织 50 余名"硕学沙门"，协助玄奘展开大规模翻译工作。至玄奘去世前的龙朔三年（663），在短短 19 年内，翻译的佛经达 75 部 1331 卷。这一时期，翻译的佛教经典不仅数量众多，在质量上也超迈前古，被誉为中国翻译史上的一座巅峰。

改革开放以后，我国之所以能够取得举世瞩目的成就，很重要的原因就是坚持思想解放，从"文革"时期虚幻的文化自信回到了理性的文化自信，重新确立了正确的文化态度，积极吸纳一切优秀文化成果。这为改革开放的顺利推进奠定了坚实基础。未来我们要实现中华民族伟大复兴的目标，还需要在文化上继续怀有海纳百川的胸襟，加大对外开放力度。

---

① 参见孙昌武《隋唐五代文化史》，东方出版中心，2007，第 396 ~ 403 页。

二　文化对外开放是检验文化自信的试金石

加入世贸组织前后，社会上有很多议论，很多人担心加入世贸组织后我们的产业会被冲垮、国内市场会丢失、大批人员会失业、传统文化会衰落甚至会危及我们的基本制度。十多年过去了，这些担心的情况一个也没有出现，反而是我们的企业更强了，产业更兴了，市场更旺了，更具有国际竞争力了。究其原因，就在于我们有文化优势。从文化来看，中华文化绵延数千年，具有极强的包容性和融合、创新功能，可以兼收并蓄世界先进文明成果为我国所用，具有极大的凝聚力。如果我们对自己的文化有信心，就没有理由不大胆开放。

现在，在应该不应该扩大对外开放上，一直有两种看法。一种看法认为，新闻出版发行、电影广播电视、演艺、互联网信息内容服务等文化领域涉及意识形态，属于国家核心利益，不能对外开放，否则会危及国家文化安全；另一种看法认为，应该承认文化产品具有精神和意识形态属性，与一般产品有区别，文化领域的开放与其他产业领域应该有所不同、有所例外，但"文化例外"不是文化拒外，更不是文化排外。

事实上，就目前的形势而言，我国的文化发展繁荣迫切需要扩大对外开放。扩大对外开放有利于文化发展。实践证明，改革开放以来，凡是开放度高的文化领域，发展状况最好，比如互联网业和电影业；凡是开放度低的行业，发展就滞后。

同时，践行国际准则、国际惯例也需要扩大对外开放。已经加入世贸组织的国家，无一例外地放开了文化产品的市场准入，包括允许国外的报刊、图书、音乐、影视等文化产品进入本国市场；允许国外资本收购本国的文化企业，如 20 世纪 80 年代，日本索尼公司就收购了美国的著名电影公司哥伦比亚电影公司；允许国外资本在本国建立自己的销售渠道，包括书店、影院等。我们迟早要走到这一步。

文化进一步对外开放，是文化自信的体现。改革开放以来，一直存在着讲开放大家都赞成，一涉及本部门的开放立即就谨慎或反对，或者说是抽象赞成、具体谨慎或反对的现象。现在仍然是这样，一些人总是对开放忧心忡忡，既担心政治风险，又担心产业受到冲击。要看到，我们与西方国家的竞争，是敢于在开放条件下交锋，还是在封闭状态下防守，完全取决于我们有无文化自信。只要我们把文化优势充分发挥出来，无论是过去、现在还是未来，我国仍将是全球化的最大受益者。

因此，在未来文化开放的路上，我们应当坚持三个原则。

第一，坚定不移，提高对外开放水平。从历史经验看，任何一个国家和地区，开放就繁荣，封闭就落后。从世界范围来看，无论是欧美老牌发达国家，还是战后发展较快的国家，它们都具有高度开放的共性。从我国历史看，几个号称盛世的朝代，无不是商通四海、文播天下，而清朝的闭关锁国，则导致了落后与挨打。

第二，把握底线。文化领域扩大对外开放还要有底线意识，做到有序开放；一些核心领域，如电视网络频道、时政类新闻服务领域，涉及国家信息安全，不能对外资开放。一些文化领域，如国外资本在本国建立自己的销售渠道，包括书店、影院等，最终也一定是要放开的。但考虑目前我国一些文化行业竞争力不强的现状，暂时可采用合资的方式加以限定。这也是必要之举。

第三，扩大开放与加强监管相结合，做到既放得开，又管得住。负面清单搞得短一些，也不会对国家文化安全造成大的影响，不会把我国文化产业搞垮，因为还有外资安全审查、反垄断审查、金融审慎监管、市场监管、商业网点和城市规划布局、生态环境保护、技术法规和标准等很多手段可用。即使外国企业在一些行业占据较大市场份额，只要符合法律法规、没有构成垄断，也不一定是坏事，因为这加深了双方的利益交融，对于营造良好的国际环境、维护我国战略机遇期是有好处的。

总之，文化上自信的时代，总是对其他不同类型的文化有着极大的开放性和包容性，本民族文化有旺盛创造力的时代。

艺术产业"新常态"与艺术研究转型*

一　艺术"新常态"

当前我国经济发展进入"新常态",服务经济成为经济主体,消费需求从模仿型、排浪式消费转向个性化、多样化消费,发展动力从要素驱动、投资驱动转向创新驱动。与经济"新常态"相适应,随着市场经济的深入发展,艺术发展也呈现了许多新的态势,我们不妨称为艺术"新常态"。从艺术产业角度看,当前艺术发展有以下三个突出特点。

第一,当代艺术生产不仅仅是创作者个人行为,更是一个复杂的系统。在市场经济条件下,艺术生产不仅是创作者的个人行为,而且是由众多相关部门和主体共同参与的,涉及生产、流通、消费等不同领域的复杂系统。网络文化、影视等大众艺术是这样,绘画、音乐等个性色彩较浓的艺术样式也是这样。例如,在绘画业中,绘画艺术价值的实现,除艺术家创作外,还包括艺术材质的使用和创新,艺术欣赏的分析和引导,媒体的推介,艺术拍卖机构的运作,艺术收藏机构的价值评估等,这些不同环节都不同程度地参与了艺术生产过程,共同组成绘画产业的产业链。

第二,艺术业态更加多样。在当代社会,艺术所呈现的形态具有前所未有的丰富性。个性化、多样化消费需求,激发了人们对探索新的艺术形态的渴望;现代科技与艺术生产的结合,特别是数字技术、网络技术、虚拟技术等现代科技手段在艺术生产中的运用,为新的艺术形态的出现提供了极大的空间。其一,同一种艺术类别的呈现方式越来越多样化。例如,音乐的传播不再是仅仅依靠音乐会、影像制品等传统形式,也出现了音乐

---

* 本文于 2016 年 10 月 25 日发表在《中国文艺评论》,收入本书时有改动。

剧、音乐茶座、音乐主题乐园、音乐餐厅、网络音乐等多种形态。其二，虚拟艺术生产和消费走向前台。以虚拟的动漫游戏世界为依托的"二次元"消费就是一例。如动漫游戏、动漫真人秀和角色扮演，"手办"文化，以动漫、游戏为主题的餐厅，二次元社交平台等发展迅速，已经形成了活跃的"二次元"消费市场和产业链。其三，随着技术进步，不同业态和载体的相互转换和融合也越来越便捷。

第三，艺术产业与相关产业的融合度加深。通过版权的保护和转让，艺术产品可以延伸到相关行业和其他领域。以动漫作品为例，通过艺术授权，可以在电影、电视剧、游戏、音乐、玩具、生活用品等领域和行业广泛使用，开发出各类实体和虚拟衍生产品，也能带动相关文化消费终端和设备的需求（如手机、阅读器、游戏设备等）。迪士尼主题公园就是由迪士尼公司创造的艺术形象衍生开发的巨大的展示平台，并且创造了惊人的效益。在当代社会，艺术品的衍生开发，对经济社会的影响越来越大，受众也越来越广泛。国家出台的《关于推进文化创意和设计服务与相关产业融合发展的若干意见》和《关于推动文化文物单位文化创意产品开发的若干意见》，很重要的目的就是大力推动创意设计服务，推动艺术产品的衍生开发，繁荣市场，丰富生活。

二　艺术"新常态"迫切需要艺术研究转型

艺术"新常态"迫切需要艺术研究转型，需要艺术研究者认识艺术领域的深刻变化，以创新和开放的心态研究艺术发展面临的新情况、新问题，促进艺术产业健康发展。从艺术产业的角度来说，笔者认为"十三五"时期亟待加强以下三个方面的研究。

第一，重构艺术研究体系。传统的艺术研究以作家为主体，以研究艺术创作为核心，重点探讨的是艺术作品的审美价值。这种研究角度和话语体系在今天仍然有其重要价值，但这并不是研究艺术生产的唯一视角。在当代社会，市场因素、科技因素等对艺术生产的影响越来越深刻，要把握艺术生产的特点和规律，还要善于从市场的角度研究艺术生产、从产业的角度研究艺术生产，比如市场经济条件下艺术生产组织方式和艺术价值链、艺术生产各个环节的构成和相互影响、艺术产业与国民经济其他行业融合发展、文化消费与艺术生产、文艺管理体制改革研究等。

重构艺术研究体系首先应正确认识文化市场的特点和功能、应最大限度地发挥文化市场在资源配置中的积极作用。目前，在对文化市场的认识上有两种偏向。一种观点认为文化市场是洪水猛兽，是只会产生俗品艳品的垃圾之地。持这种观点的人只相信行政的力量，只认同精英权威。另一种观点认为市场是万能的，市场能够解决一切问题。这两种观点都是片面的。

重构艺术研究体系应防止两种偏向。一种是只重视艺术的审美价值，轻视乃至排斥艺术的经济价值。把艺术的审美价值与经济价值对立起来，没有认识到艺术的经济功能是艺术价值的重要内容，忽视艺术经济在促进经济发展中的价值和作用。另一种是对艺术产业发展规律的认识不清，政绩导向，跟风冒进，匆忙出台扶持艺术产业政策，盲目上马艺术产业项目，导致很多无效低质的艺术供给出现，如名不副实的艺术园区、粗制滥造的动漫游戏产品等。

第二，加强艺术领域智库建设。传统的艺术研究核心是围绕艺术家展开的，其着眼点是挖掘艺术作品的价值，改进艺术创作。今天，艺术研究不仅要服务于艺术家，还应该服务更多的对象。其中，政府就应该是艺术研究的重要服务对象。随着市场经济的深入发展，文化管理体制、管理方式也在发生深刻变革。如何正确认识艺术市场，如何正确处理政府和市场的关系，如何发挥文化行业组织的作用，如何推动艺术业与其他行业的融合发展等，这些都是当前艺术发展中政府需要解决的重大问题。艺术研究工作者应该深入研究这些重大问题，积极建言献策，为政府决策提供智力支持。

当前艺术研究界在艺术领域智库建设上有两种倾向：一种是不屑于做智库，认为承担智库功能、为政府服务会丧失艺术研究的独立性；另一种是丧失客观评判的立场，迎合政府部门所好，只提肯定性的建议，不提批评性的建议；只提能接受的意见，不提一时接受不了的意见。笔者认为，这两种倾向都是不可取的。

第三，强化艺术研究对行业发展的指导性。艺术生产是一个古老的行业。从产业角度来看，艺术产业又是一个新业态。在文化市场和现代科技双重推动下，当前艺术生产的组织方式、商业模式和消费方式正在发生深刻变化。一是艺术领域的创新创意层出不穷。与艺术产业发展相关的众筹众创模式、粉丝和社群经济、网络文学、IP 产业生态链等新的商业模式，个性化定制、精准化营销、协作化创新、网络化共享等新型传播方式不断涌现。二是艺术产业发展所面临的经济环境、政策条件和消费需求在发生深刻变化。在国家经济结构调整，大力推进供给侧结构性改革等背景下，如何优化艺术产业发展质量，使艺术产业更好地服务于社会经济发展，满足文化消费需求，这是艺术产业研究的重大课题。还要看到，随着艺术产业的发展，供需结构不协调、相关服务缺位等问题也十分突出，艺术产业自身也面临转型升级、提质增效问题。我国艺术产业发展迫切需要确立新理念、建立新规范、明确新思路。艺术研究应该在这些方面有所作为，在艺术研究对行业发展的指导性上发挥更大作用，群策群力，共同推动艺术产业的健康发展。

重视从城市视角研究文化产业[*]

2015 年召开的中央城市工作会议指出，城市工作要树立系统思维，从构成城市的诸多要素、结构、功能等方面入手，对事关城市发展的重大问题进行深入研究和周密部署，系统推进各方面工作。文化产业研究同样如此。文化产业研究不仅要重视对产业自身规律的研究，还要重视从城市视角进行研究，这应该是"十三五"时期文化产业研究领域的重大创新。

长期以来，文化产业领域的研究多数是立足于产业自身问题的研究，这些研究必不可少，但很难解释城市文化产业的诸多现象。例如，为什么经济实力相近的城市，文化产业发展的差异却很大。又如，全国名镇名村很多，为什么乌镇独树一帜。这些仅仅从文化产业自身的角度来看是难以回答的，还要从作为一个生命体的城市的机理去分析和研判。

首先，需要立足于城市创新生态系统。一个国家的技术和创新领导地位取决于有活力的、动态的创新生态系统。城市文化产业发展同样如此。当前创意社群、众创空间在很多城市快速发展，正是基于创意人群通过扎堆，形成空间、时间、文化、基础设施等相互关系的需求。美国新芝加哥学派的代表人物特里·克拉克提出城市"场景"理论来分析上述城市文化发展的实践。而文化场景正是基于城市的社区、生活文化设施、多样化人群、文化活动、所体现的特定的价值观五个要素的系统性建构。

其次，既要强调产业特定性要素，又要重视产业共性要素。任何产业的发展都离不开产业自身的特定性要素，但是产业的特定性要素是必要条件，却远不是充分条件。城市文化产业不仅需要立足于城市特有的文化资源、创意人群、文化科技等，还需有与之相关的金融、财税、土地、政策

---

* 本文写于 2016 年 12 月 15 日，发表于微信公众号"祁文共赏"，收入本书时有改动。

等产业共性要素。例如，很多城市在转型升级的过程中，面临着大量老厂房改造为文化产业用地的需求，这便涉及工业用地转变为其他属性用地以及产权变更的问题。因此，城市文化产业的发展便牵扯到与城市规划建设委员会等多部门政策协同创新的问题。但需要指出的是，很多城市在老厂房转型过程中实行的是老厂房改造的方式，目前还很难获得城市土地政策上的支持。

最后，需结合城市特点形成文化产业的比较优势。现在各地政府都把发展文化产业园区作为发展文化产业的抓手。但在许多地方，文化产业园区很可能无助于当地文化产业生态的良性发展。例如，景德镇正在依托老国有陶瓷企业的旧厂房，打造以陶瓷业为主的高端创意企业集聚区。但笔者在当地调研时发现，景德镇最具活力的地方是创意市集，这个由景德镇陶瓷大学中的年轻人和来自国内国外的"景漂"组成的创意人群，是这座城市最具创造力的群体，如何为这群人提供创意环境是这座城市发展文化产业需解决的关键问题。投巨资打造的高大上的文化产业集聚区对这些创意人群的吸引力并不如政府预期的那么大。较高的租金、过于喧闹的环境，并不一定适合创意工作室和创意人群。显然，创意工作室的本质特征是草根性，是与生活融合，创意工作室往往并不适合庙堂式的集聚。这个文化产业集聚区仍然在建设中，究竟能发挥什么样的作用还有待观察。但确实有太多地方文化产业发展的实践表明，如果我们不能精细地把握文化产业的特点和城市的特点，政府的许多努力往往事与愿违。

政府和学界都认为，"十三五"时期文化产业发展的重点是转型升级。要实现这个目标，仅仅就文化产业谈文化产业是远远不够的，还要从城市的角度去分析和研判。第一，我们需要全面深入地研究发达国家以文化为动力的城市发展模式理论。西方国家以文化为动力的城市发展模式理论和实践，还没有引起中国文化产业界的足够重视，相反，社会学界、城市规划界学者在这方面介绍的文章倒是不少。第二，我们应该立足于中国的实际，探索中国式的以文化为动力的城市发展路径。近几年学界和政府文件提出的文化产业与相关产业融合发展、挖掘特色文化资源、发展特色文化产业、建设特色文化城市、"双创"等，都是极有创见的以文化为动力的城市发展理念。只是我们还缺乏自觉，也还缺乏提升和系统化。第三，一座城市发展文化产业，除了要考虑文化产业发展的特殊性要素，还要重视文化产业发展的其他共性要素，这至关重要。第四，任何理论都不能照搬。每座城市都是一个生命体，每座城市都有自身的特点。因此，每座城市的文化产业发展都应该有自己独特的路径。找到这样的路径既是政府管理者的责任，也是学界的责任。

"十三五"时期推动文化产业发展的
三个关键词*

——解读《文化部"十三五"时期文化
发展改革规划》

《文化部"十三五"时期文化发展改革规划》（以下简称《规划》）中文化产业部分的主要内容，可以用"国民经济支柱性产业""提质增效""转型升级"三个关键词来概括，即重点从"推动文化产业成为国民经济支柱性产业""全面提升文化产业发展的质量和效益""推动文化产业结构转型升级"三个方面，提出了"十三五"时期文化产业发展的思路和要求，对促进文化系统乃至全国文化产业健康、快速发展具有重要指导意义。

一　提出"国民经济支柱性产业"发展目标的实现路径

占 GDP 的比重是衡量一个产业是否为国民经济支柱性产业的重要标准。文化产业发挥国民经济支柱性产业中的"支柱性"作用，更多地体现在产业的关联带动效应、扩大就业的能力、投入产出的比例以及可持续发展能力等方面。"十二五"时期文化产业的快速发展，为"十三五"时期推动文化产业成为国民经济支柱性产业奠定了基础。同时应该看到，文化产业发展有其特殊性，其作用和价值更多地体现在满足人民群众的精神文化需求、提升国民文化素质、优化经济发展方式等方面。因此，不能因片面追求规模数量、过于强调占国民经济的比重而忽视了文化产业发展的质量和效益。

---

* 本文写于 2017 年 3 月 7 日，发表于微信公众号"祁文共赏"，收入本书时有改动。

《规划》从总体上对文化产业提出了推动其成为国民经济支柱性产业的发展要求；同时，从实现路径和发展举措上，《规划》更加注重产业发展的质量和效益以及结构的优化升级。这不仅为"十三五"时期文化产业的发展确定了科学的发展思路，也更符合文化产业在新的发展阶段的新的要求。

二 突出文化产业发展的主线是"提质增效"

"十二五"时期我国文化产业保持了较高增长速度，但也要看到，我国文化产业发展也存在创新创意能力和竞争力还不强、文化产品和服务有效供给不足、高端人才相对短缺、市场环境有待完善等问题。文化产业发展的质量效益以及对国家重大战略的服务能力还需进一步提升。

《规划》提出了以创新供给带动需求扩展、实施差异化的区域发展战略、营造一视同仁的企业发展环境、建设完善的投融资服务体系等一系列新的思路和举措。通过突破文化系统的传统范围，基于文化产业整个行业的发展布局，从资本、市场、企业以及供需平衡、区域布局等方面，全面提升质量和效益，对解决文化产业发展中存在的深层次问题，更好地服务于国家关于稳增长、促改革、调结构、惠民生的各项战略布局具有重要意义。

三 通过"转型升级"促进文化产业形成新的增长点

从当前文化产业所处的发展环境来看，一是以互联网技术为代表的现代科技发展迅速，新型业态、新商业模式层出不穷。同时，个性化、多样化的网络文化消费需求不断增长，成为文化产业的重要增长点。二是国民经济各行业转型升级的需求更加迫切，文化产业服务的领域不断扩展，与实体经济融合发展的趋势不断增强。我国文化产业必须顺应新的发展趋势，促进各领域、各环节与互联网等现代科技的融合，加快推进内容形式、传播手段和商业模式的创新。同时，通过提升自身创意水平和创新能力，加强与实体经济相融合，发展符合现代生活需要和审美需求的新产品和新工艺。

　　《规划》重点从推动"互联网+"对传统文化产业领域的整合、发展数字文化产业、加强文化产业关键共性技术研发、推动文化创意和设计服务与实体经济深度融合等方式，推动文化产业结构优化升级。这将有利于顺应互联网文化消费趋势和国民经济发展要求，有利于进一步增强文化产业技术创新驱动力，形成文化产业新的增长点，实现推动文化产业成为国民经济支柱性产业的发展目标。

"十三五" 时期文化产业发展的关键是提质增效*

近日，文化部正式出台《文化部"十三五"时期文化产业发展规划》（以下简称《规划》）。《规划》紧扣我国经济新常态下的新要求和文化产业发展的新趋势，明确了"十三五"时期文化系统文化产业发展的指导思想、基本原则、主要目标、主要任务、重点行业和保障措施，并提出了实现文化产业成为国民经济支柱性产业的发展目标。这一规划的出台对于"十三五"时期文化系统文化产业的发展具有重要指导意义。

一 "十三五" 时期文化产业发展的关键是提质增效

近些年来，我国文化产业的发展保持了较快增长速度，这主要得益于文化领域市场化改革的不断深化。但也要看到，文化产业发展的数量规模固然重要，却不能完全体现产业自身的质量和效益。实现产业的持续增长，促进产业由成长型向成熟型过渡，是一个系统性的问题，不仅需要增加投入、加强扶持，更需要有较强的文化创新创意能力、有效的产品供给、理性的文化消费需求、具有特色的产业区域发展路径、相互协作的产业生态以及完善的市场环境等。

当前我国文化产业的发展已经形成广泛的社会认同度和参与度，文化领域的创新创业也日趋活跃，社会力量投资文化产业的热情高涨。同时，文化产业在转变经济发展方式、调整经济结构、提高发展质量和效益、增加经济社会发展的新动力等方面也被寄予厚望。但是《规划》指出，我国文化产业还存在整体规模还不够大、创新创意能力和竞争力还不强、结构布局还需优化、文化产品和服务有效供给不足、高端人才相对短缺、政策

---

* 本文于2017年5月9日发表在《中国文化报》，收入本书时有改动。

和市场环境有待完善等问题。"十三五"期间，还需以推进供给侧结构性改革为主线，不断解放和发展文化生产力，促进文化产业转型升级，提高文化产业发展的质量和效益。这既体现了我国文化产业在新的发展阶段要实现持续增长必须着手于深层次的问题，又体现了文化产业需要以更加稳健的市场成熟度来迎接经济新常态带来的机遇和挑战。

二 围绕提质增效，《规划》重点解决的问题

围绕"十三五"期间文化产业的转型升级和提质增效，《规划》也围绕产品、市场、区域、政策和业态等方面，提出了一些新的发展理念和思路。

一是更加注重提升文化供给质量。当前我国文化消费水平总体不高，这在很大程度上是因为文化产品供给和需求存在结构性矛盾。文化发展过程中的供需矛盾问题，很难仅仅通过财税补贴、免费优惠等政策进行单方面、短期性的消费刺激来解决。这种方式往往会带来产业结构不合理、产能过剩等问题，必须通过调整优化文化生产结构和资源配置、着力提升文化产品供给的质量和效益、完成文化供需适配来解决。面对日益多样化和个性化的文化消费需求，如何从供给侧发力，通过更多高品质、适销对路的文化产品和服务来释放文化消费潜力，是文化产业健康持续发展的关键。《规划》重点从推动文化内容形式、供给方式创新、文化品牌建设和传统工艺振兴、提高文化创意产品原创能力和营销水平、扩大中高端文化供给、加强数字文化创意内容创作与供给、积极推广政府向社会力量购买文化服务模式等多个方面进行部署，主要体现了"十三五"期间文化发展质量的提升、文化消费需求的拉动，更加强调从文化内容创新、形式创新、业态创新，从优化文化资源配置，调整和重构文化生产结构，来提升文化供给体系的质量和效益，更加强调通过创造新供给来拉动新需求。

二是强调建立有效的市场竞争机制。当前文化改革的核心是激发文化企业的创造活力，落脚点在于解放和发展文化生产力。我国文化市场活力的激发仍然面临着市场准入限制带来的行政垄断、文化立法滞后以及投融资、知识产权等文化要素市场不健全等因素的阻碍。《规划》强调，在"十三五"期间，首先要通过深化文化行政部门职能转变，深入推进行政

审批制度改革，加强事中、事后监管，促进简政放权、放管结合、优化服务；积极推广文化领域政府和社会资本的合作模式，吸收社会资本进入文化产业领域。其次，把行之有效的文化经济政策法定化，加强互联网文化管理法规制度建设，深化文化市场综合行政执法改革，全面落实行政执法责任制，促进文化市场规范发展，保障文化产业有法可依。最后，强调从文化产业投融资体系、文化市场监管体系、文化要素市场体系以及知识产权制度建设等方面，着力完善文化产业发展的生态环境。

三是进一步优化区域文化产业发展方式。首先，突出特色化发展在区域文化产业中的重要作用。《规划》强调根据各地资源禀赋和功能定位，实施差异化的文化产业发展战略，尤其是对于中西部和少数民族地区来说，特色文化资源是其发展文化产业的主要优势，符合地区实际的特色文化产业发展，既能与当地居民的生产生活有效结合，实现文化精准扶贫，又能在国内外文化市场中形成差异化的竞争优势。其次，强调城乡统筹、与城镇化建设相结合。《规划》鼓励发展若干带动区域协同发展的增长极，打造特色文化产业群，支持各地培育特色文化小镇、特色文化街区、特色文化乡村。这种由点成面、点面结合的发展方式，更加有利于形成特色化和相互带动的区域发展方式。最后，《规划》提出京津冀、藏羌彝、"丝绸之路"沿线重点区域、长江经济带城市群、东北老工业基地等区域协同发展布局，主要为了促进具有一定产业关联度、空间组织紧凑性和资源相似性的城市群实现文化产业协同发展。

四是注重文化经济政策的精准性。当前，我国文化经济政策存在扶持方式单一、直接资助奖励的政策落实度高，而引导性、鼓励性的扶持政策落实成效往往不高的问题。这主要是因为很多文化经济政策，如专项资金政策，大都是在"十一五"时期确立的，确立的初衷就是扶持处于起步阶段的文化产业。这对于发挥政府在文化产业发展过程中的引导、扶持和调控作用起到过重要作用，促进了文化产业发展初期市场培育和功能引导，对社会资本产生了示范引导效应和杠杆效应。经历了10多年的发展后，全国文化产业规模、结构和质量已今非昔比，政府角色也应适时转变。在新的发展阶段，原有文化经济政策是否会影响市场机制配置资源的决定性作用的发挥，是否存在资金配给的信息不对称问题，资金投入方式、重点扶持的主体是否需要转变等存在较大争议。《规划》指出，创新政府投入方式，逐步引入市场化运作模式，加大对具有较好市场前景、战略性、先导性的文化产业创新创业项目的支持力度，这在一定程度上弱化了传统行政分配资源的模式，将更有利于促进财政资金投向市场最直接需要的领域。

五是重点拓展文化产业发展的空间和领域。《规划》将发展新型文化业态、促进转型升级、推动融合发展作为"十三五"时期文化产业发展的首要任务，并强调以"文化＋""互联网＋"战略推动文化产业结构的优化升级；注重以互联网等现代科技优化文化产业结构、促进文化创意与国民经济相融合，将文化产业与新的发展机遇紧密结合，促进形成新的增长点，提升自身发展空间，推动文化产业工作适应新情况、实现新进展。

对症下药　引导艺术创作繁荣发展[*]

近日，《文化部"十三五"时期艺术创作规划》（以下简称《规划》）正式出台。《规划》紧扣"中国梦"的时代主题，以培育和弘扬社会主义核心价值观为根本任务，牢固树立以人民为中心的创作导向，明确了"十三五"时期文化系统艺术创作的指导思想、基本原则、发展目标和主要指标、创作主题、重点任务、保障措施，并指出了繁荣艺术创作、健全艺术生产机制、完善艺术评价体系、培育优秀文艺作品的路径，对"十三五"期间文化系统艺术创作发展具有重要指导意义。

艺术创作是文化建设的主体业务、核心内容、基础性工作。近些年来，我国艺术创作空前活跃，优秀作品和人才不断涌现，艺术事业呈现了生机勃勃的发展态势。广大文艺工作者创作了一批与伟大时代相匹配的思想性、艺术性、观赏性俱佳，为人民群众所喜闻乐见的优秀艺术作品，促进了我国舞台艺术的繁荣发展。但也要看到，面对新形势、新任务、新要求和人民群众的新期待，艺术创作中依然存在一些亟待解决的问题，面临着一些新的挑战。《规划》针对这些现实问题与挑战，高屋建瓴，从战略高度规划，提出了解决路径。

当前，以社会主义核心价值观引领艺术创作的总体形势是好的，但也存在着创作导向和艺术思潮的引领任务艰巨、艺术生产供给与人民群众的精神文化需求之间的矛盾突出、优秀艺术作品传播能力不强等问题。鉴于此，《规划》提出，要加大对艺术创作生产的组织引导，合理集聚和有效配置资源，组织实施重大工程项目，加大对具有示范性、引领性作用的原创精品的扶持力度，推出更多无愧于民族、无愧于时代的优秀作品。这既是对我国文艺创作工作所面临问题的正视，同时又为"十三五"时期我国

---

* 本文于 2017 年 7 月 12 日刊于《中国文化报》，收入本书时有改动。

艺术创作工作的发展指明了努力方向。

繁荣艺术创作是一项复杂的系统工程，要解决当前艺术创作中存在的问题和困难，推动我国艺术创作的繁荣发展，必须从战略层面统筹规划、创新工作思路，切实推进各项体制机制的建立和完善，营造良好的制度政策环境。围绕"十三五"期间艺术创作目标，《规划》从作品创作机制、评价激励机制、优秀作品推广、优秀文化传承和人才培养等方面，提出了一些新的发展理念和思路。

一是注重艺术创作的生产引领。推动艺术创作繁荣发展，最根本的是要创作生产出无愧于我们这个伟大民族、伟大时代的优秀艺术作品。《规划》重点从建设深入生活、扎根人民常态化的工作机制入手，推动"深入生活、扎根人民"主题实践活动常态化开展，加强艺术创作生产引领，树立人民至上的创作理念，为"时"而著，为"事"而作。《规划》强调，要持续开展"深入生活、扎根人民"主题实践活动，组织广大文艺工作者围绕重点艺术作品创作到生活一线采风；要建立基层联系点，开展定点深入生活，"结对子、种文化"等帮扶基层工作；要通过动员、引导、示范、表彰等手段，树立和宣传活动典型，带动更多的文艺工作者自觉投身到活动中来。

二是强调优秀剧目的创作生产，扶持精品创作。创作生产优秀作品是艺术繁荣的重要标志。首先，实施国家舞台艺术精品创作扶持工程。《规划》强调，要努力形成策划一批、创作一批、演出一批的优秀作品创作生产机制，每年发布"全国舞台艺术重点创作剧目名录"，并从中遴选"国家舞台艺术精品创作扶持工程重点扶持剧目"。其次，完善国家资助机制，进一步健全管理制度，提高资助质量，为艺术精品创作提供资金保障。国家艺术基金将在舞台艺术创作、美术创作、艺术传播交流推广、艺术人才培养、新兴艺术门类创作等方面，资助 4000 项左右的项目。

此外，还从民族歌剧传承发展工程、剧本扶持工程、重大题材美术创作工程、国家美术发展和收藏工程等方面，扶持和推动这些艺术门类的创作和演出，加大对具有示范性、引领性作用的原创精品的扶持力度。

三是进一步完善艺术创作评价机制。文艺理论与批评对引领艺术创作发展方向，警惕文艺媚俗化和功利化，促进创作繁荣具有重要的指导作用。艺术创作的评价机制中，应当运用好评奖这一评价手段，将评奖机制纳入艺术创作的评价机制中，发挥其对艺术创作和生产的示范、导向和激励作用。《规划》强调，建立健全科学合理的文艺作品评价体系，把遵循社会主义先进文化前进方向和人民满意作为最高标准，把群众评价、专家评价和市场检验统一起来。《规划》强调发挥文艺评论在引领艺术创作、提升群众艺术鉴赏水平、纠正不良创作倾向等方面的重要作用，使创作者创作出贴近大众、打动人心的现实题材艺术作品。

四是注重艺术人才队伍建设。通过多渠道培养一批技艺高超、德艺双馨、深受群众欢迎的各艺术门类的领军人才，带动艺术创新发展。《规划》提出，多措并举，形成有步骤、有层次、系统化的人才培养机制，建设一支德艺双馨、专业均衡、结构合理、数量宏大的人才队伍。具体来说，通过当代戏曲名家收徒传艺工程，由老一代表演艺术家向青年演员传授表演精粹；通过实施戏曲艺术人才培养"千人计划"、全国文艺院团长培训班、西部及少数民族地区艺术创作提升计划，丰富艺术人才的培养模式，提升专业人才的综合素质，逐步形成艺术人才培养、优秀人才选拔、尖子人才再造、领军人才推出的一条完整艺术人才队伍建设链条。

五是注重传承和弘扬中华优秀传统文化。应当创造各种条件增加地方戏曲的演出展示机会。《规划》强调，实施戏曲振兴工程，鼓励戏曲创作，实施剧本扶持工程和戏曲剧本孵化计划，从创作源头入手，推动优秀剧目创作。通过举办艺术节庆及全国基层院团戏曲会演等展演展示活动，激活戏曲演出能力，推动地方戏曲深入基层、走进群众，巩固戏剧在基层的优势地位。开展示范性戏曲活动，组织京剧、昆剧、越剧、黄梅戏、评剧、豫剧等艺术节庆及全国基层院团戏曲会演等展演展示活动。推动戏曲进校园、进农村、进基层，将地方戏曲演出纳入基本公共文化服务目录，支持戏曲艺术表演团体到各级各类学校演出。加大对国家级非物质文化遗产保护名录中传统戏剧项目的扶持力度。培育有利于戏曲活起来、传下去、出精品、出名家的良好环境。这些措施对加强地方戏曲剧种保护与扶持、推动地方戏创作和地方戏曲表演团体建设都具有极其重要的指导意义。

文化产业提质增效要抓住创新这个"牛鼻子"*

"十三五"时期，我国文化产业发展的重点是提质增效，促进文化产业由单纯注重数量增长向更加重视质量提升转变。实现提质增效的关键环节是什么？一言以蔽之，是创新。创新是提质增效的"牛鼻子"，是开启提质增效之门的一把金钥匙。只有在文化产品、经营模式、消费方式、制度设计、发展路径等方面大胆探索、勇于实践、不断突破，才能真正使提质增效落在实处。

文化产品创新是根本。2017 年，我国影视市场出现了《人民的名义》《战狼 2》等既叫好又叫座的作品，令人振奋。《人民的名义》成为 21 世纪以来国内收视率最高的电视剧，电影《战狼 2》登顶中国电影票房冠军。这两部影视作品之所以能够取得如此巨大的成功，究其原因，在于创新，在于突破了既有题材、表现形式上的窠臼。电视剧《人民的名义》聚焦社会热点，直面社会矛盾，以反腐题材为主线，同时涉及土地拆迁等尖锐的社会问题，其全新的视角引起了观众的极大共鸣。电影《战狼 2》以中国崛起为背景，以祖国是所有中国人的坚强后盾为主题，选择了保护海外侨胞这个全新的题材，在表现战争场面上也有许多突破和亮点。《人民的名义》《战狼 2》的成功也给我们很多启示。其一，文化产品生产者应该把雅俗共赏作为自己的追求。正如习近平同志所说的："优秀的文艺作品，最好是既能在思想上、艺术上取得成功，又能在市场上受到欢迎。"① 其二，对什么是主旋律有了更全面的理解。主旋律的内涵不是僵化的、封闭的，而是十分丰富和开放的；主旋律的内涵不应由条文机械地框定，而应

---

* 本文以《创新是提质增效的关键》为题，于 2017 年 8 月 12 日刊于《光明日报》（第 12 版），合作写作人为杨传张，收入本书时有改动。

① 《习近平关于社会主义文化建设论述摘编》，中央文献出版社，2017，第 165 页。

该是通过文化产品阐述出来。

创新商业模式是关键。从文化产业的角度看，商业模式创新有更大的意义。商业模式创新意味着新的经营理念的出现，必然带来新的要素和资本的流动，并开拓新的业态。互联网众创公司猪八戒网就是一例。创办于2006 年的猪八戒网目前已经成为全球最大的创意类众包服务交易平台，相当于超级创意型小微企业孵化器，其经营业务包括提供创意设计、网络营销、文案策划、生活服务等 600 多种行业服务类别。该网站注册用户有1900 万，包括 1000 万家服务买家、600 万家以小微文化企业为主体的卖家，每天发布需求信息 2 万多项，为 25 个国家提供定制化服务，年交易额达 310 亿元。迄今为止，猪八戒网通过创意服务平台已经帮助超过 10 万人实现了在线就业，孵化了数万家公司，为 60 万家企业设计了 LOGO，为 50万家机构开发了网站，为 10 万家机构开发了软件，为 60 万家企业提供了产品包装服务，为 10 万个孩子取了名字。猪八戒网曾被评为中国年度"最佳商业模式十强"企业。

创新服务方式是抓手。要善于利用现代科技，创新服务方式，优化服务。在这方面各地也有很多探索。例如针对公共文化体育设施产品类型单一、服务方式落后、资源使用效率低、闲置现象严重等问题，株洲市在全国率先推出"韵动株洲"综合文体服务云，以此实现服务推广、预约预定、菜单配送、评价反馈等多样化、精准化服务。"韵动株洲"已有 2 个公共体育场、4 个公共文化场馆、12 个社会文体场馆、50 个文体社团、99位文体名师入驻平台，微信公众号"粉丝"达 15 万人，累计使用次数超过 2000 万次，大大提高了文化馆所的使用率。

创新制度设计是保障。各地发展文化产业的积极性很高，也都做了各种支持文化产业发展的制度设计，但如何提高这些制度设计的针对性、有效性仍然是亟待解决的问题。比如，多年来，地方党委政府通常采取设立文化产业专项资金的方式支持当地文化产业发展。但是实践证明，这种支持文化产业发展的方式，效果并不好。究其原因，一是"吃偏饭"，专项资金大都用于支持国有文化企业；二是"撒胡椒面"，没有重点；三是评选方式是封闭式的，容易以偏概全。北京市委宣传部落实国家"双创"要求时，对小微文创企业转变扶持方式，结合文化产业特点，连续两年通过举办"北京市文化创意创新创业大赛"为小微文创企业脱颖而出搭建服务平台，让小微文创企业公开同台竞争。评委采取多元化的组合，由专家、官员、投资机构负责人等多种类型人员所组成，保证了公正性，取得了良好的效果，受到了小微文创企业的欢迎，激发了社会创造活力，产生了良好的社会反响。

创新产业布局是重要内容。合理的文化产业空间布局，有利于发挥比较优势，形成规模效益。南京市提出建设"创意文化产业功能区"的构想，根据不同区域的资源禀赋，把南京市区划分为 12 个功能区，实行差异化发展。南京市文化产业功能区的建设突破了传统文化产业园区的空间束缚，有利于在更大的空间整合文化资源。

创新是国家和民族发展的不竭动力，也是文化产业发展的不竭动力。"十三五"时期我国文化产业要保持创新活力，实现提质增效，应坚持以下三点。第一，市场是激发创造活力最深厚的基础。文化产业的兴起是消费需求的呼唤，是市场培育的结果，要健全有利于激发创造活力的文化市场体系。第二，高素质的消费者是激发创造活力的土壤。从某种意义上说，有什么样的消费者，就有什么样的文化产业。要不断提高消费者的素质，形成尊重个性和差异、尊重创造、开放包容的社会氛围。第三，良好的政策环境是激发创造活力的保证。大道至简，政府应按照"放管服"要求，坚持有所为、有所不为，重点是管好市场失灵领域，鼓励文化产业各个门类积极探索创新型发展的新路子。做到以上三点，实现文化产业提质增效的目标就指日可待。

推动文化产业转型升级和提质增效[*]

——《文化部"十三五"时期文化产业发展规划》解读

引　言

　　在经济转型升级中，文化产业的地位和作用更加凸显，主要体现在以下五个方面：一是模仿型排浪式消费阶段基本结束，以个性化、多样化为主要特征的文化消费将在整体消费结构中占据更重要的位置；二是信息技术快速发展，互联网与文化内容结合的文化创意产业将成为经济转型升级的助推器；三是生产小型化、智能化、专业化成为产业组织新特征，文化产业易于创业创新的特点将得到进一步发挥；四是绿色低碳循环发展新方式逐渐形成，文化产业的资源消耗低、环境污染少的优势将更加显现；五是文化产业与相关产业的融合发展，有助于提升产品附加值、延伸产业链，在促进经济结构调整方面的作用将更加显著。

　　为推动文化产业成为国民经济支柱性产业，2017年4月，文化部印发了《文化部"十三五"时期文化产业发展规划》（以下简称《规划》）。文化部文化产业司从成立之日起就承担着两大重要职能：一是完善文化产业政策，二是推动文化产业发展。从很大程度上来讲，《规划》是着眼于全面阐述"十三五"时期文化产业发展的一个规划，《规划》的主要内容可以用"贯穿一条主线""突出两大重点""落实九大任务""提出六项保障措施"来概括。

---

　　* 本文于2017年10月8日发表在《人文天下》，收入本书时有改动。

一 贯穿一条主线

《规划》约 2 万字，其主线可以归结为贯彻中央推进供给侧结构性改革的精神，核心是要解决文化产业供不适需的问题。

"十二五"期间，文化产业发展取得了很大成绩，但文化产品不适应文化市场消费需求的问题依然十分突出。以电影为例，近十年来，电影业是我国文化产业领域中发展最快的行业之一，电影票房收入快速增长。但电影业本身也存在着供不适需的问题。数据表明，近五年，我国电影产品出口创造的收入始终在低位徘徊，有的年份甚至是负增长。相反，好莱坞电影在国内创造的票房总收入却不断提升，两者形成了明显的反差。图书业也类似，目前，我国年生产图书的总量超过 30 万种，从数量上看大大超过美国生产图书的数量，但在国际图书市场中畅销的图书，或是受到国际社会认可的图书少之又少。所以说，文化产业和其他经济领域一样，都迫切需要解决供需结构失衡的问题。

二 突出两大重点

第一个重点是促进文化产业转型升级。随着信息技术的发展、人们生活水平的提高以及我国服务业在整个国民经济中所占比重大幅度的提升，文化产业出现了很多新的业态，文化产业转型升级的问题也愈加突出。

第二个重点是促进文化产业提质增效。解决供不适需，需要提质增效。就文化产品来说，单纯的数量没有多大意义。要在文化市场站得住脚，靠的是优质产品。2016 年，腾讯公司花费 86 亿美元收购了芬兰的一家"超级细胞"游戏公司，这家游戏公司创办时只有 6 个人，发布的游戏产品只有 4 款，但是创造的利润却十分惊人。正午阳光影视有限公司出品的影视产品尽管数量不是很多，但总体质量高、口碑好。但是在中国，无论是游戏公司还是影视公司，像超级细胞、正午阳光这样的企业还很少，这就是提质增效要解决的问题。

所以，促进文化产业转型升级和提质增效是文化部"十三五"时期文化产业发展需要解决的两大重点问题。

三　落实九大任务

（一）促进产业结构优化升级

"十三五"时期文化产业发展的特点可以概括为四个发展，即平台化发展、融合发展、共享发展和特色发展。

第一个是平台化发展，包括两个方面。一个是互联网、移动互联网平台，比如大家熟悉的搜索平台、社交平台、网络视频平台、网络文学平台等。前些年网上交易以产品为主，近几年滴滴、摩拜单车、网上创意交易等服务业开始走红，这是平台化发展的一个重大变化。另一个是实体平台，文化产业发展需要搭建公众服务平台，包括金融服务、技术服务、人才培训服务、版权交易服务等。所以说，重视平台搭建是"十三五"时期文化产业发展的一个重大任务。

第二个是融合发展。融合发展是比较热的一个话题，当下文化产业的发展不只是提供文化产品和文化服务，同时还要重视文化创意与制造业、农业、街区等融合，通过融合增加其他产业的附加值。文化的产业化、产业的文化化，体现的正是这种精神。

第三个是共享发展。主要体现在共享资金、共享平台和共享空间三个方面。共享资金，如《大圣归来》这部动画片，以共筹资金的方式投资了1000万元，最后分红3000万元。猪八戒网通过搭建共享平台，为希望获得创意产品与有创意能力的人之间搭建一个共享的平台。猪八戒网创办以来，给10万个小孩起名，给60万个公司设计过商标，给50万家企业设计过网站。现在这家公司年收入有310亿元。共享空间有很多，比如腾讯在全国创办的众创空间、李开复的创新工厂等。

第四个是特色发展。特色发展近来引起了广泛关注。在文化产业发展方面存在一些认识误区，人们往往以为文化产业很"高大上"，中心城市才有资源和实力发展文化产业，文化产业跟县域经济、跟农村没有什么关系。其实不然，小城镇和乡村依托特色资源，发展特色文化产业，同样有很大的空间。

（二）优化区域发展布局

国家提出了"一带一路"倡议和京津冀协同发展、长江经济带发展战略。文化产业如何对接这三大战略是"十三五"时期文化产业发展需要解决的重大问题。有关部门正在制定相关的文化产业发展规划。在此之前，文化部制定的《藏羌彝文化产业走廊总体规划》也是致力于优化区域发展布局的一个区域性文化产业发展规划。优化区域发展布局一是要加强区域合作，二是要突出区域优势，做到优势互补，共同发展。

（三）培育各类市场主体

在培育市场主体方面，文化部做了很多工作。比如，正在推进的国家文化产业示范区建设、国家文化产业创新试验区建设等。

文化产业园区是培育各类市场主体的重要平台，因此，各地都十分重视文化产业园区建设。值得注意的是，随着我国文化产业转型升级，文化产业园区的形态和经营方式也在发生着深刻变化。文化产业园区的突出特点是企业集聚和产业集聚。从这个角度看，实际上在文化产业园区这个概念提出之前，文化产业园区早就形成了。如黄南州著名的四寨子从事唐卡生产已经有上千年的历史，很多年以前就已经形成了企业集聚。云南大理自治州新华村几乎家家户户都从事银（铜）器加工和银（铜）器交易。这两个工艺村就是早期的文化产业园区。世纪之交，便有了文化产业园区的概念。起初的特点是房东式管理，提供的是一些最基本的服务，如北京798艺术区业主管理部门。以后开始发展到提供更多样的公共服务，包括税收减免、技术平台服务、投融资支持等方面，如上海的德比公司。文化产业园区管理也开始出现连锁经营的模式。再到后来，又出现了网上文化创意产业园区，猪八戒网就搭建了巨型线上文化产业园区。注册用户有1900万，包括1000万家服务买家，600万家以小微文化企业为主体的卖家，每天发布需求信息2万多项，为25个国家提供定制化服务，年交易额达310亿元。猪八戒网又开始尝试建设线上和线下结合的园区，将线上大量的数据和资源在线下落地。此外，文化产业园区的形态更加多样化，如创意工场、众创空间。南京提出建设文化产业功能区，试图在更大的空间集聚各种要素资源。

从文化产业园区可以看出，培育各类市场主体的方式也在随着文化产业的发展而不断丰富。

（四）扩大有效供给

扩大有效供给首先要做好文创产品，文化创意人才培养和扶持是做好产品的基础。现在有一种现象，一些城市的工作重心在转移，原来是比较重视招商引资，现在更重视吸引人才。比如武汉近些年积极招收大学生，提出招智引资。

（五）扩大和引导文化消费

文化部、财政部正在通过国家文化消费试点城市建设、改善消费条件、释放消费需求等方式，扩大和引导文化消费。需要指出的是，扩大文化消费应该把供给侧结构性改革和扩大文化消费结合在一起，关键是改善产品质量。单纯就消费谈消费容易陷入政府财政为文化消费买单的误区。

（六）健全投融资体系

健全投融资体系是支持文化产业发展的基础性工程。与大陆相比，台湾文化产业发展之所以远逊于大陆：一是信息技术发展远远落后于大陆，信息技术特别是互联网对文化产业的支撑作用没有发挥出来；二是金融管制过于严格，金融业对文化产业的支持作用没有充分发挥。当然，金融管制严格可以避免金融风险，如何在这两者中间把握好一个合理的尺度，是重要问题。

推动文化金融合作有许多途径。一是设立文化产业专项资金和文化产业引导资金。二是与银行、中介服务机构、金融工具合作，如与银行建立战略合作关系，建立文化小贷公司、租赁公司、担保公司、创新工场等。北京正在尝试建立文化产业"补贷投"联动机制。为解决文创企业融资难问题，2016年底，北京建立了财政资金、银行贷款、股权融资三方联动机制，简称"补贷投"；政府搭平台，推动银行、融资租赁、股权投资机构等金融机构为文创企业降低融资成本，简化审批程序，提供一揽子金融服务。这些金融创新为文化产业发展提供了有力的支持。

（七）加强科技创新与转化

文化装备在文化产业发展当中的作用越来越突出，提高文化科技创新能力、促进文化科技成果转化十分重要。2017 年 3 月 16 日，我国自主原创的手机（移动终端）动漫标准，正式由国际电信联盟发布成为国际标准，成为我国文化领域首个国际技术标准。这也说明我国许多文化装备正在与国际先进水平比肩。

（八）完善现代文化市场体系

重点包括完善网络文化内容监管体系、健全文化市场信用体系等。

（九）坚持开放发展

主要任务有建设国家对外文化贸易基地、动漫游戏产业"一带一路"国际合作行动计划等。

四　提出六项保障措施

第一，创新体制机制。包括简政放权，落实"放管服"改革精神，创新文化文物单位运行体制机制等。2016 年文化部出台的《关于推动文化文物单位文化创意产品开发的若干意见》对公共文化机构机制改革具有指导作用，值得关注。

第二，推进法治建设。包括制定文化产业促进法、修订营业性演出管理条例等。

第三，完善经济政策。包括加大资金、基金支持力度，完善文化用地政策以及税收优惠政策等。

第四，强化人才支撑。包括成立文化产业专家委员会，举办各类人才培训班、研修班等。

第五，优化公共服务。支持建设各类平台是文化部门的重要任务，如信息共享平台、信用服务平台、技术支撑平台、投融资平台等。

第六，加强统计应用。这是客观准确把握文化产业发展情况的一项基础性工作，文化部一直在大力推动。

　　"十三五"时期将是文化产业转型发展的重要时期。正如《文化部"十三五"时期文化产业发展规划》所提出的："我国文化产业发展正处于可以大有作为的重要战略机遇期，也面临着不少困难和问题。站在新的历史起点上，面对新形势新要求，要进一步坚定文化自信，增强文化自觉，坚持创新驱动，推动文化产业转型升级、提质增效，实现文化产业成为国民经济支柱性产业的战略目标。"

党的十九大关于文化建设的四个突出特点[*]

一 党的十九大报告明确了新时代文化建设的基本方略

党的十九大报告中提出了新时代文化建设的基本方略，可以概括为四句话：明确了文化建设在中国特色社会主义建设总体布局中的定位，提出了新时代文化建设的目标，指出了新时代文化建设的着力点，提出了新时代文化建设的基本要求。

第一，党的十九大报告进一步明确了文化建设在中国特色社会主义新时代的基本定位。党的十九大报告指出，中国特色社会主义新时代的主要矛盾是人民日益增长的美好生活需要和不平衡不充分的发展之间的矛盾。这意味着在当代中国从站起来、富起来向强起来的转换中，当代中国人的需求也在发生深刻变化，已经由主要满足物质需求转化为主要满足精神需求。文化建设的核心就是满足人的精神需求。满足文化需求是满足人民日益增长的美好生活需要的重要内容。这说明，在中国特色社会主义新时代，文化建设的地位更加重要，作用更加凸显。

第二，提出了新时代文化建设的目标。就是坚持中国特色社会主义文化发展道路，激发全民族文化创新创造活力，建设社会主义文化强国。

第三，指出了新时代文化建设的着力点。一言以蔽之，当今和未来相当长一段时间里，建设中国特色社会主义文化，就是秉承中国的文化价值理念，坚持中国的文化立场，立足于当代中国的文化发展现状，思考和解决当代中国人关心的文化问题，提出中国的文化方案。

第四，提出了新时代文化建设的基本要求。就是三个坚持：坚持为人

---

[*] 本文于 2017 年 11 月 10 日发表在《行政管理改革》，收入本书时有改动。

民服务、为社会主义服务，坚持百花齐放、百家争鸣，坚持创造性转化、创新性发展。

二　党的十九大报告强调文化自信的基础性地位

坚定文化自信是党的十九大报告当中文化建设部分的关键词。党的十九大报告中提到，"没有高度的文化自信，没有文化的繁荣兴盛，就没有中华民族伟大复兴"。可以讲文化自信是处于一种基础性的地位。为什么总书记把文化自信提得这么高？笔者认为有以下几个方面的原因。

第一，文化自信是建设社会主义文化强国的动力之源。我们讲文化自信是基于对文化发展规律的认识和把握，我们之所以能够坚定文化自信，首先是基于中国强大的经济实力，其为当代中国文化的繁荣提供了保障。从历史上看，一个国家、一个民族国力强盛，一个国家的文化往往也会比较繁荣。

第二，先进的文化理念是经济发展、社会进步最重要的动力之一。就像党的十九大报告所讲的，没有高度的文化自信，没有文化的繁荣兴盛，就没有中华民族伟大复兴。把文化自信作为文化乃至民族复兴的一个动力之源。总书记的论述深刻体现了辩证法的思想和逻辑，马克思主义讲经济是基础，但也讲上层建筑，包括意识形态，对经济基础有强大的反作用力。

第三，推动中国文化繁荣兴盛需要坚定文化自信。党的十九大报告中提出的，我们中华民族五千多年文明历史所孕育的中华优秀传统文化，党领导人民在革命、建设、改革中创造的革命文化和社会主义先进文化，都是我们中国特色社会主义文化的优势所在。有以上三种文化的支撑，我们应该有足够的自信。

三　创新是党的十九大报告的主线，也是推动新时代文化繁荣兴盛的主线

强调创新的重要性是党的十九大报告的一个突出特点，可以讲，创新是党的十九大报告的主线，也是推动新时代文化繁荣兴盛的主线。报告开

篇就讲"登高望远、居安思危,勇于变革、勇于创新,永不僵化、永不停滞";在谈到新时代中国特色社会主义思想的精神实质和丰富内涵时,在第三大部分第七条"坚持社会主义核心价值体系"中,强调要"推动中华优秀传统文化创造性转化、创新性发展";在第七大部分"坚定文化自信,推动社会主义文化繁荣兴盛"中,在论述新时代文化建设目标时提出,要"激发全民族文化创新创造活力,建设社会主义文化强国";在谈到繁荣发展社会主义文艺时,强调要"提升文艺原创力,推动文艺创新";在谈到推动文化事业和文化产业发展时,强调要"深化文化体制改革,完善文化管理体制"。此外,还强调要激发和保护企业家精神、鼓励创新文化等。总之,创新贯穿在总书记有关文化建设论述的全过程,也是推动新时代文化繁荣兴盛的主线。这也提示我们要鼓励创新创造,就一定要营造一个宽松的环境。正像党的十九大报告所讲的,要坚持为人民服务、为社会主义服务,要坚持百花齐放、百家争鸣,需要有包容的精神,需要鼓励探索、宽容失败,营造一个有利于创新创业的环境。

四 党的十九大报告的论述体现了辩证思维

党的十九大报告有关文化建设方面的论述很有张力,为政策落实保留了很大的伸缩空间,具有很大的弹性。比如,第七大部分"坚定文化自信,推动社会主义文化繁荣兴盛",第一点"牢牢掌握意识形态工作领导权"中,一方面强调要"落实意识形态工作责任制,加强阵地建设和管理",另一方面也强调要"注意区分政治原则问题、思想认识问题、学术观点问题",这实际上是告诫我们既要坚持原则,又要区别对待;既有集中又有民主,既有纪律又有自由,既有统一意志又有个人心情舒畅、生动活泼。又比如提出要"深入挖掘中华优秀传统文化蕴含的思想观念、人文精神、道德规范",同时强调要"结合时代要求继承创新,让中华文化展现出永久魅力和时代风采",这些论述都充分体现了辩证的思维。在具体落实过程当中,文化领域大量的问题都涉及如何处理好原则性和灵活性、普遍性和特殊性的关系,也是在考验我们的智慧。

发挥好文化在国家发展中的先导作用[*]

　　党的十九大报告关于文化建设部分的论述有一个突出特点，就是高度重视文化的价值和地位，强调发挥文化在新时代中国特色社会主义建设中的先导作用。党的十九大报告指出："文化是一个国家、一个民族的灵魂。文化兴国运兴，文化强民族强。"这一论述一以贯之地体现在习近平同志的一系列论述中。如2014年，习近平在文艺工作座谈会上的讲话中指出，没有中华文化繁荣兴盛，就没有中华民族伟大复兴。一个民族的复兴需要强大的物质力量，也需要强大的精神力量。没有先进文化的积极引领，没有人民精神世界的极大丰富，没有民族精神力量的不断增强，一个国家、一个民族不可能屹立于世界民族之林。这一论述反映了以习近平同志为核心的新一届中央领导集体对文化在人类文明中的独特位置、对人类社会发展的特点和规律、对文化发展的特点和规律的新的深刻认识。

一　文化在人类文明成果中最具持久价值

　　文化的内涵非常丰富，通常是指一个国家、一个民族千百年来形成的价值观、生活方式和行为方式。为了简单地说明文化的特点，有人用了这样一个形象的比喻：吃饭不是文化，如何吃饭、吃什么饭才是文化。文化体现在一个民族日常生活和创造性活动中，反映了一个民族观察问题、判断问题和处理问题的方式，决定了一个民族选择什么样的生活方式和制度，决定了一个民族的创造力。

　　古往今来，人类社会有着无比丰富的经济活动、社会活动和文化活动，在各个领域都有许许多多杰出的创造，但真正能留存下来、富有活力

---

　　[*]　本文于2017年12月7日发表在《中国国情国力》，收入本书时有改动。

并仍然能够给予人类以滋养的主要是文化，包括文化传统、生活习俗、宗教观念、各种思想学术文学典籍、绘画、音乐、工艺品、建筑和园林等。

文化是人类文明成果当中最稳定的部分。一个民族的文化传统是在历史演变过程中逐步沉淀和确立下来的，也是最稳定、最能够体现本民族相互认同的内容。如中华民族讲究尊老爱幼，崇尚尊师重教，注重德才兼备、以德为先等都是千百年来形成的文化认知、文化共识。又如 2010 年 12 月广州举办的《十年春运》摄影展，形象、真切地反映了来自全国各地的农民工为了与家人团聚不畏艰难回家过年的场景，极具震撼力。是什么在支撑这些数百万农民工回家过年的信念？是千百年来根深蒂固的春节家人团聚的习俗，是孝敬父母、关爱子女的传统观念。

文化是人类文明成果当中最有价值的部分。随着人类社会由工业社会向消费社会转型，文化的价值和作用越来越凸显，也越来越受到国际社会的重视。20 世纪 80 年代，日本学者上野光平在《现代流通论》中，把当代消费品分为耐用消费品和具有永久性财富产品两类。他认为，汽车、电冰箱、洗衣机和电视等属于耐用消费品，有艺术价值的建筑、绘画和影视产品等属于具有永久价值的产品。上野光平认为，当时日本尽管在经济方面已经是世界第二大强国，但与欧洲国家相比，强项是在耐用消费品的生产上，在永久性财富这类精神产品生产方面跟欧洲国家相比还有很大差距。他提出，日本未来应该把创造具有永久价值的产品作为主要追求，并建议日本倡导"文化立国"，此主张很快被日本政府所接受。"文化立国"被日本视为近代以来的"第三次远航"。

二　文化在人类文明成果中最具特色

2014 年，习近平主席在联合国教科文组织发表演讲时说："我访问过世界上许多地方，最喜欢做的一件事情就是了解五大洲的不同文明，了解这些文明与其他文明的不同之处、独到之处，了解在这些文明中生活的人们的世界观、人生观、价值观。"[1] 一个国家、一个民族的文化传统对这个国家或民族选择什么样的政治制度、经济体制等都会产生极为深刻的影

---

[1] 《习近平谈治国理政》，外文出版社，2014，第 259 页。

响。中国有一句格言，叫"橘生淮南则为橘，生于淮北则为枳"，说的就是这个道理。

2014 年 2 月，习近平总书记在中央党校省部级领导干部学习贯彻十八届三中全会精神全面深化改革专题研讨班上的讲话中强调："一个国家选择什么样的治理体系，是由这个国家的历史传承、文化传统、经济社会发展水平决定的，是由这个国家的人民决定的。我国今天的国家治理体系，是在我国历史传承、文化传统、经济社会发展的基础上长期发展、渐进改进、内生性演化的结果。"① 实际上，国外也同样十分重视文化传统对政治制度、企业管理制度的影响。西方有一句格言，叫"文化是制度之母"，说的是有什么样的文化就会有什么样的制度设计。文化不同，相似的制度却可能产生完全不同的结果。需要指出的是，习近平总书记强调要尊重不同民族文化特色、文化差异，同时强调不同民族的文化具有共同性，不同民族具有共同价值和追求。2013 年，他在十八届中央政治局第十二次集体学习时的讲话中要求，要善于挖掘和传播"跨越时空、超越国度、富有永恒魅力、具有当代价值的文化精神"。

三　文化最具有感染力和心灵穿透力

习近平同志十分重视和强调文化最具有感染力和心灵穿透力这个特点。以文学作品为例，习近平同志在多个场合都谈到文学名著在他人生经历中的影响：谈到他年轻时读了俄国作家车尔尼雪夫斯基的小说《怎么办》，对他世界观形成的影响；谈了他年轻时酷爱读书，并深受滋养的经历；还特别谈到他当年在陕北农村插队，听说一个知青有《浮士德》这本书，于是走了 30 里路去借，后来这位知青又走了 30 里路来取回这本书的往事。

文化思维包括哲学思维、宗教思维、道德思维和艺术思维，文化作用于人的情感和心灵，有着强大的感染力，具有改变人、塑造人的巨大力量。《论语》《易经》《三国演义》《水浒传》《西游记》《红楼梦》《格萨尔王传》等这些思想名著和文学名著，影响和塑造着一代代人的思想观

① 《习近平谈治国理政》，外文出版社，2014，第 105 页。

念和审美情趣，是一个民族最宝贵的财富之一。思想文化正是通过其独有的感染力和心灵穿透力影响着社会，改变着人的行为判断。美国女作家斯托夫人的小说《黑奴吁天录》引发了美国废除黑奴的运动。我国新民主主义革命时期，看了巴金的《家》《春》《秋》而走上革命道路的年轻人也不在少数。

四　文化是影响社会进程的强大力量

文化的力量像水，看似柔弱，实际上很强大；文化像空气，有时看似无形，却须臾不可或缺。文化有极大的冲击力，具有改变世界的强大力量。2014年，习近平总书记在文艺工作座谈会上提到德国哲学家雅斯贝尔斯在《历史的起源和目标》中提出的"轴心时代"理论：公元前800年至公元前200年是人类文明的"轴心时代"，这时期是人类文明精神的重大突破时期。当时古代希腊、古代中国和古代印度等国家都产生了伟大的思想家，他们提出的思想原则塑造了不同文化传统，并一直影响着人类生活。

先进的文化理念是经济发展、社会进步的重要动力。马克思讲过，理论一旦掌握群众，就会变成巨大的物质力量。近些年来，随着工业社会向消费社会转型，探讨文化与经济的关系、分析文化对经济的影响，成为经济学界、文化学界的一个热点话题。美国经济学诺贝尔奖获得者、就业与增长理论的奠基人费尔普斯的专著《大繁荣——大众创新如何带来国家繁荣》的核心观点就是文化价值观是社会进步的动力之源。这本书分析了欧洲资本主义兴起的原因后认为，新的文化价值观的确立，即个体生命自由和追求幸福重要性理念的确立，是欧洲资本主义兴起的最根本的原因。在此之前，学术界大都是从地理学的角度或技术进步的角度来解释欧洲资本主义的兴起，通常把它归结为地理大发现或归结为科技进步。费尔普斯认为这些固然很重要，但是根本的原因还是新的文化价值观的确立。

国家科技巨大进步和经济腾飞往往也有赖于文化变革的力量。从欧美国家看，从16世纪开始，近代500多年来，世界科技和经济中心经历过依次从意大利、英国、法国、德国再到美国的五次转移，每一次转移都跟文化变革息息相关。16世纪中叶到17世纪初，意大利是世界科技和经济中心。意大利的崛起得益于文艺复兴。恩格斯对意大利的文艺复兴给予了极高的评价，说这是一个人类历史上从未有过的需要巨人也产生了巨人的时代，如达·芬奇、米开朗琪罗、但丁等。18 世纪 60 年代，英国开始了工业革命，并成为世界科技和经济中心。英国的崛起在很大程度上得益于提倡新教精神，注重现世生活。18 世纪下半叶到 19 世纪上半叶，法国成为世界经济和科技的热土。启蒙运动无疑为法国的崛起提供了强大动力。19 世纪下半叶到 20 世纪初，欧洲的中心在德国，德国的思想革命——狂飙运动为德国崛起奠定了思想基础和文化基础。20 世纪上半叶以后，美国成为世界的经济和科技中心，它的崛起同样得益于新教精神，得益于对个体价值和权利的崇尚。

总之，坚定文化自信，充分认识文化的价值，充分认识文化在经济社会发展中的先导作用，是学习领会党的十九大报告有关文化建设部分的思想内涵和精神实质、建设新时代中国特色社会主义文化的重要内容。

《实践是检验真理的唯一标准》发表的价值和意义[*]

　　《实践是检验真理的唯一标准》一文的发表，是中国当代史上的一个具有标志性意义的大事件。作为恢复高考后的第一届大学生，我亲身经历了这篇文章发表和引发大讨论的全过程，对其价值和意义有深切的体会。

　　第一，《实践是检验真理的唯一标准》的发表和引发的大讨论极大地推动了思想上的拨乱反正、正本清源，为改革开放新局面的形成奠定了坚实的思想基础。"文化大革命"以后，尽管"四人帮"被粉碎，但教条主义依然盛行，"两个凡是"的影响还很大。从文化领域看，当时，抒发个人情感的流行歌曲被视为黄色歌曲、靡靡之音而受到批判；表现少数民族女性肌肤之美的首都机场壁画因被认为有伤风化而遭到抨击；描写"文化大革命"时期民生多艰的"伤痕"文学被抨击为"暴露文学"；表现对社会、人生思考的"朦胧诗"被批评为格调低下、晦涩难懂、背离革命文艺传统；等等。1978 年已经恢复高考，但教师授课讲的仍然是样板戏、"三突出"，学生对此十分不满。《实践是检验真理的唯一标准》的发表和由此所引发的大讨论，犹如隆冬里的一声春雷，给中国人带来了一场期盼已久的新思想的春雨。当时许多大学生几乎每天都兴奋地关注着围绕《实践是检验真理的唯一标准》一文展开的讨论，交流最新信息，以各种形式参与这场讨论。随着这场讨论的不断深入，长期的思想禁锢终于被破除，拨乱反正、正本清源的态势逐步形成，人们长期被压抑的情感得到极大的释放，出现了前所未有的思想解放和自由抒发情感的激动人心的情形。

---

　　[*] 本文根据笔者 2018 年 5 月 10 日在中央党校（国家行政学院）举办的纪念《实践是检验真理的唯一标准》发表 40 周年座谈会上的讲话整理而成。后于 2018 年 5 月 23 日发表在《学习时报》，收入本书时有改动。

第二，《实践是检验真理的唯一标准》的发表和引发的大讨论启示我们，思想的力量不在如何艰深和高远，而在脚踏实地、思考现实、破解难题。社会在不断发展，思想、理论必须不断创新。但也要看到，人们的思想不是线性发展的。在人类历史的特定时期，往往出现教条主义盛行、社会陷入认识误区的情形。在这种情况下，以敢为天下先的精神匡正时弊，呼吁重视人类认识的基本特点和规律，重温人类思想先进成果，就更为重要。这篇文章的宝贵之处在于它以巨大的勇气和胆识，不惧权威，不畏教条，不畏流言，直面现实，切中时弊，解决现实问题；这篇文章的价值在于它对思想的冲击力，并由此引发了一场时代性的大讨论，推动了历史进程。

第三，《实践是检验真理的唯一标准》的发表和引发的大讨论还启示我们，思想或理论不应该高居于象牙之塔、庙堂之上。思想和理论的精髓就存在于日常生产和生活之中，思想和理论的力量就蕴含在生活常识和普遍人性之中。因此，从某种意义上说，实事求是就是尊重群众的社会实践和日常生活，就是强调恪守常识、尊重人性。《实践是检验真理的唯一标准》给我们的最大启示是，在任何时候都必须坚持一切从实际出发、理论联系实际、实事求是、在实践中检验真理和发展真理这一马克思主义观察问题、判断是非的基本立场和基本原则，这也是纪念《实践是检验真理的唯一标准》发表40周年的意义所在。

提升农村公共文化服务效能的
五个着力点 *

提高农村公共文化服务效能是农村公共文化建设的重点。

自 21 世纪初提出建设公共文化服务体系以来，我国农村公共文化服务建设取得了很大成绩。2019 年，全国共有县级图书馆 2753 个，文化馆 2938 个，乡镇综合文化站 33997 个，农家书屋 640000 个。通过实施广播电视村村通、乡镇综合文化站建设、农家书屋建设、农村电影放映工程、全国文化信息资源共享工程等文化惠民工程，为农民提供基本农村公共文化服务。近年来，为解决部分农村公共文化服务设施"沉睡"问题，各地对 7937 个乡镇综合文化站进行了专项治理，提高了农村公共文化服务设施使用效率，1600 个县建立了文化馆总分馆制，1705 个县建立了图书馆总分馆制，努力将文化资源输送到乡村，并取得了新的成效，但农村公共文化服务效能不高的问题仍普遍存在。具体表现在公共文化供需不对路、产品单一、农民参与热情不高等方面。

笔者认为，提升农村公共文化服务效能应抓住以下五个着力点。

一 善用农村文化资源

截至 2019 年，我国公共文化服务设施和文化惠民工程都是按照统一标准进行设计的。这些基本公共文化服务项目的设计有其合理性，在满足农民公共文化需求方面发挥了积极的作用。要提高农村公共文化服务效能还要善用农村文化资源。我国农村文化历史悠久，底蕴深厚。农村公共文化服务建设既需要将图书馆、文化站等具有城市文化特征的公共文化服务设

---

* 本文发表在《行政管理改革》2019 年第 5 期，收入本书时有改动。

施带进农村，又需要依托农村文化资源开展公共文化服务，包括利用农村祠堂、戏台等公共空间，依托农村传统节庆活动等文化习俗，借助非遗技艺等生产方式、生活方式等开展公共文化活动，应尽可能地让农村公共文化服务通文脉、接地气。比如，在中国传统元宵佳节期间，山西许多地方组织民间社火表演活动，地方特色浓郁，深受农民喜爱。还要看到，我国农村文化具有鲜明的地域性、民族性、差异性等特点。因此，农村公共文化服务供给应结合当地文化特点，尊重当地农民的文化需求，提供有针对性的文化产品，做到一地一策。

二　按照农民的意愿提供公共文化服务

多年来，我国农村公共文化产品提供采取的是自上而下的行政化配置，这是造成农村公共文化服务供需脱节、农村参与公共文化服务热情不高的重要原因。以图书为例。据调查，农村留守儿童多，对高质量的动画书籍需求量很大，但各地配送的图书中这方面书籍却很少。又如，笔者在云南少数民族地区调查时发现，当地人能歌善舞，有本民族独有的乐器，但上级单位提供的公共文化产品往往是全国统一的标配乐器，最终导致这些标配乐器使用效率不高。

前几年，重庆的一项有关公众参与公共文化服务活动的调查表明，在选择经常参与的公共文化活动中，占比最高的不是文化惠民工程项目，而是居民自行开展的文化娱乐活动。这说明，提高农村公共文化服务效能的关键是还权于民，让农民自己决定选择什么样的公共文化服务。这就需要改变长期以来计划式、标准化提供公共文化产品的做法，做到尽可能地按照农民的意愿提供公共文化服务。

三　拓展农村公共文化服务内涵

21世纪初确定的文化惠民工程更多的是从政府文化部门职能出发确定设计的。这些基本公共文化服务项目在满足农民的教育、娱乐需求方面发挥了重要作用。随着农村公共文化服务需求的不断增长，迫切需要进一步拓展公共文化服务内涵。近些年，各地都在这方面做了一些探索。如浙江农村的文化礼堂建设、安徽农村的文化大院建设等，就是拓展农村公共文化服务内涵的一项举措，收到了良好的成效。

拓展公共文化服务内涵还有很多工作要做。笔者认为，有两个领域应予以特别关注。第一，农村公共文化服务应该成为邻里守望相助、共筑精神家园、增加农民凝聚力的平台。目前，我国农村的基本特点是，青壮年劳动力大都外出打工，留守农村的都是老人、儿童和妇女。许多家庭饱受亲人分居之苦，留守儿童、老人的心理健康问题十分突出。这就要求农村公共文化服务不仅要提供知识和娱乐服务，还要关注农民的心灵世界等深层次领域，努力为农民的心理健康提供服务。第二，农村公共文化服务应努力成为创造财富、创造价值的平台。一是努力提供更多的创业辅导和就业信息，满足农村年轻人的创业需求，增加对农村年轻人的吸引力；二是促进农村公共文化服务与文化产业、旅游业的结合，发挥公共文化事业引领文化产业和旅游业、文化产业和旅游业涵养公共文化事业的作用。鹤庆县新华村银器加工业历史悠久，是国内著名的银器加工基地，当地自然资源也十分丰富。前些年，新华村建设了国内首家银器加工博物馆，这既形象地记载了当地银器加工历史，也成为游客游览的一个项目，实现了农村公共文化事业与文化产业、旅游业的融合，受到了当地居民和游客的一致好评。

四　整合资源

整合不同系统的公共服务资源。宣传系统、组织系统、教育系统、共青团系统、妇联系统、体育系统党委政府等部门都有各自的农村公共服务设施或项目。重复建设、多头管理等问题十分突出。提高农村公共文化服务效能迫切需要整合资源、统筹管理。

2015年，国务院办公厅出台了《关于推进基层综合性文化服务中心建设的指导意见》，提出了建设集宣传文化、党员教育、科学普及、普法教育、体育健身等功能于一体的基层综合性文化服务中心的要求。一些地方已经取得了一定的成效，还应该继续加大力度。值得一提的是，整合资源还包括利用现有乡村文化资源开展公共文化服务。比如，应考虑在周六、周日和学生放学以后，如何利用乡镇中小学操场等为农民提供公共文化服务，尽可能地避免农村文化广场的重复建设。

五 落实中央"放管服"精神

近年来，各部门、各地方都在落实中央"放管服"要求，通过简政放权、放管结合、优化服务，提高政府效能，激发市场活力。提高农村公共文化服务效能同样迫切需要落实"放管服"要求。应重点在以下三个方面下功夫。

第一，权力下移。基层公共文化单位最熟悉农村的文化环境，最了解农民的文化需求。应赋予基层公共文化单位在选择农村公共文化服务项目和方式上更大的自主权，调动基层公共文化单位的积极性。

第二，既重视标准化，又重视差异化。农村公共文化服务既有总体要求，也要考虑不同区域的不同要求；不同区域的公共文化服务既有共性，也有个性。应深入研究农村公共文化服务如何在标准化与差异化、共性和个性之间求得最佳的平衡。

第三，推动公共文化服务社会化。调动社会力量参与农村公共文化服务建设是提高农村公共文化服务效能的重要途径。一是鼓励更多的社会力量参与农村公共文化服务。以农村电影放映工程为例，浙江新农村院线承担了浙江省农村放映工程年度农村电影供片发行任务。该公司充分尊重农村群众观影选择权，建立农村群众观影需求调查机制，分层建立农村观众需求调查分析机制，建立按需放映服务机制，提升供需对接，收到了良好的效果。二是适应数字化时代的要求，鼓励更多的互联网企业参与提供公共文化服务产品。在数字化时代，数字图书馆、数字娱乐产品的使用率大大提升。因此，全国文化信息资源共享工程改变了原来由政府直属机构独家提供数字产品的方式，更多采取委托提供数字化产品的方式，提高了效能。如通过购买喜马拉雅音频公司的阅读产品，为公众提供多样化的公共文化服务，提高了公共文化产品的针对性。三是鼓励新乡贤加入农村公共文化服务建设。新乡贤是指那些热心参与乡村振兴的外来人才。画家林正禄支持漈下村创办绘画业就是一例。漈下村是福建省屏南县八大历史文化名村之一，当地山川秀美，古村落保留完好，深受游客喜爱。多年前画家林正禄来漈下村写生，被古村风情所吸引，在当地创办了村民美术学校，给当地农民以及他们的孩子讲授绘画创作，引起了当地人的浓厚兴趣。一些村民放下锄头、拿起笔头，从事绘画业，这既丰富了当地文化业态，也增加了农民的收入。林正禄先生以艺术支持乡村振兴的事迹在当地传为佳话。

参考资料

［1］《2015 年中国游戏产业报告》，http：//www. cgigc. com. cn。

［2］《2016 年中国游戏产业报告》，http：//tech. hexun. com/2016 – 12 – 16/ 187368550. html。

［3］郭建革：《我国移动终端游戏行业发展概况及趋势》，《经营管理者》 2016 年第 1 期。

［4］向朝楚：《当前移动游戏发展所存在的问题》，《成都大学学报》（社 会科学版）2015 年第 6 期。

［5］零点有数：《手游新规影响有多大——〈关于移动游戏出版服务管理 的通知〉的影响评估》，《市场研究》2017 年第 1 期。

［6］《关于移动游戏出版服务管理的通知》，http：//www. sapprft. gov. cn/ sapprft/govpublic/6679. shtml。

［7］《文化部关于规范网络游戏运营加强事中事后监管工作的通知》，ht-tp：//zwgk. mcprc. gov. cn/? classInfoId = 21。

［8］〔韩〕魏晶泫：《网络游戏产业发展战略》，清华大学出版社，2008。

［9］《版号新政一年观察：出版社业务量大增　代办行业价格混乱》，ht-tps：//baijiahao. baidu. com/s? id = 1571959291243454&wfr = spider&for = pc。

图书在版编目（CIP）数据

文化建设前沿问题研究／祁述裕著．--北京：社
会科学文献出版社，2020.8
ISBN 978 - 7 - 5201 - 7316 - 2

Ⅰ.①文… Ⅱ.①祁… Ⅲ.①文化事业 - 建设 - 研究
- 中国 Ⅳ.①G12

中国版本图书馆 CIP 数据核字（2020）第 179904 号

文化建设前沿问题研究

著　　者／祁述裕

出 版 人／谢寿光
组稿编辑／蔡继辉
责任编辑／王玉霞
文稿编辑／王　娇

出　　版／社会科学文献出版社·城市和绿色发展分社（010）59367143
　　　　　地址：北京市北三环中路甲29号院华龙大厦　邮编：100029
　　　　　网址：www. ssap. com. cn
发　　行／市场营销中心（010）59367081　59367083
印　　装／三河市龙林印务有限公司

规　　格／开　本：787mm×1092mm　1/16
　　　　　印　张：19.5　字　数：312千字
版　　次／2020年8月第1版　2020年8月第1次印刷
书　　号／ISBN 978 - 7 - 5201 - 7316 - 2
定　　价／98.00元